단 하나의 사표

단 하나의 사표
내란의 밤, 류혁은 왜 사표를 던졌나

1판 1쇄 펴냄 2025년 12월 3일

지은이 류혁
발행인 김병준 · 고세규
발행처 생각의힘
편집 박승기 · 정혜지 **디자인** 이소연 · 김경민 **마케팅** 김유정 · 신예은 · 최은규

등록 2011. 10. 27. 제406-2011-000127호
주소 서울시 마포구 독막로6길 11. 2, 3층
전화 편집 02)6925-4183, 영업 02)6925-4188 팩스 02)6925-4182
전자우편 tpbook1@tpbook.co.kr 홈페이지 www.tpbook.co.kr

ⓒ 류혁, 2025
* 이 책은 저작권법에 의해 보호를 받는 저작물이므로
  저자와 출판사의 허락 없이 내용의 일부를 인용하거나 발췌하는 것을 금합니다.
* 책값은 뒤표지에 있습니다.
* 잘못된 책은 구입하신 서점에서 교환해 드립니다.

ISBN 979-11-94880-36-3 (03810)

내란의 밤, 류혁은 왜 사표를 던졌나

단 하나의 사표

류혁 에세이

생각의힘

추천사

문형배

전 헌법재판관

류혁 전 법무부 감찰관이 《단 하나의 사표》라는 책을 냈다. 그는 2024. 12. 3. 비상계엄 선포 당시 법무부 감찰관이었다. 비상계엄 선포 후 소집된 법무부 회의에서 류혁은 박성재 장관에게 "계엄과 관련된 일체의 지시나 명령은 이행할 생각이 없습니다. 그렇기 때문에 바로 사직서를 제출하도록 하겠습니다"라고 말하고 사직서를 제출하였다.

그는 특이한 경력의 소유자다. 서울대학교 공과대학을 졸업하고 변침하여 사법시험에 합격하였다. 검사로 임용되었다가 퇴직 후 삼성전자에 취직하였으며, 다시 검사로 복귀하였다. 내가 창원지방법원 형사부 재판장으로서 근무할 당시 그는 공판관여 검사였다. 그는 강직한 검사로 소문 나 있어 나는 조금 긴장하고 있었다. 아니나 다를까 우리가 음주운전력자를 보석으로 석방하자 그는 법정에서 재판부에 항의하였다. 시간이 지나 우리는 서로를 이해하였고, 내가 창원지방법원을 떠날 무렵에는 식사도 같이 하였다. 그는 나에게 이임 선물로 별자리에 관한 책을 주었다.

이 책에는 재판장과 공판관여 검사로서 우리가 겪었던 일화도 소개되어 있다. 그리고 우리의 인연은 비상계엄으로 이어졌다. 나는 그가 법무부 감찰관직을 사직하였다는 언론 기사를 보고 '역시 류혁답다'라고 생각하였다. 탄핵 선고가 있고 내가 퇴임한 후 어느 날 그는 나에게 수고하였다며 전화를 하였다.

이 책은 류혁의 자서전이다. 제1부 계엄 그날, 제2부 그날의 나를 만든 것, 제3부 내가 살아온 길로 구성되어 있다. 다양한 취미, 첫사랑 이야기, 결혼 이야기(같은 사람이다), 검사 시절 일화가 눈에 띈다. 비상계엄이라는 역사적인 순간에 법무부 고위 관리는 어떻게 생각하고, 어떻게 행동했나를 생생하게 알 수 있다. 동시대인으로서 고민하였을 여러분에게 일독을 권한다. 나는 이 책을 읽은 후 '별을 좇아가는 자유로운 영혼 이야기'를 읽은 느낌이 들었다. 류혁 감찰관 고생 많았소! 그리고 부럽소.

| 머리말

평화로운 일상을 살아가고 있던 평범한 사람들에게 지난 계엄은 전혀 예상하지 못한 '폭거' 내지는 '인위적 재난'과도 같은 것이었다. 평범하기만 했던 초겨울의 그날은 우리 사회가 하루하루 더 나은 모습으로 발전하고 있다는 내 믿음이 순식간에 무너진 날이기도 했다. 21세기 발전된 대한민국에 권위주의 시절로의 회귀와 독재를 꿈꾸는 시대착오적인 인물들이 국가 요직을 차지하고 있다는 사실에 경악할 수밖에 없었다. 평범한 일상 속에서 나만의 가치를 찾아 열심히 살려고 애써왔던 노력이 깡그리 무시당한 느낌도 들었다. 정치적 이해관계나 사리사욕을 앞세워 개인의 일상과 자유를 함부로 짓밟아도 된다는 폭력적 심성이 엿보여 소름이 돋기도 했다. 계엄 선포 장면을 반복해 지켜보면서 거대한 이념이나 논리, 철학을 떠나 내 일상과 존엄은 스스로 지켜야겠다는 생각, 또 반드시 지켜내고야 말겠다는 굳은 각오가 마음속에서 솟아올랐다.

계엄 사태 이후, 벌써 1년 가까운 시간이 흘렀다. 느닷없었던 비상계엄은 6시간여 만에 해제되었지만 그 여파는 쉽게 가라앉지 않았다. 평소와 달리 잠을 설치는 날도 꽤 많았다. 윤석열 전 대통령을 비롯한 주모자들의 궤변과 반성 없는 모습에 화가 치밀어 오르기도 했다. 상식에 어긋난 거짓말, 책임 회피, 억지 주장, 체포방해, 출석요구 불응 등의 법질서 우롱 행위 등을 보고 있노라면, 평정심이 무너지고 때로는 생활리듬마저 흐트러져 버리기도 했다. 이 때문인지 헌법재판소의 파면 결정을 초조하게 기다리던 약 4개월의 기간은 국가적으로는 물론, 개인적으로도 참 힘든 시간이었다.

시작보다는 끝이 중요하다는 말이 있다. 자리에 연연할 상황이 전혀 아니었기에 공직에 대한 미련은 크지 않았다. 아무리 사소할지라도 비정상적 계엄과 관련된 업무나 지시를 수행함으로써 계엄 사태가 원활하게 돌아가는 것에 기여할 생각은 조금도 없었기에 사표를 낸 것도 후회스럽지 않았다. 조금은 후련함마저 느껴지기도 했다.

나를 정말 힘들게 했던 것은 불법적 계엄 선포로 국민의 일상을 파괴한 주모자와 그 옹호 세력들이 보여준 후안무치함이었다. 권력에 대한 집착, 둘러대기, 거짓말, 책임 회피, 위선뿐만 아니라 자신들 안위를 지키기 위해 각종 술수와 계략, 비상식적 언행을 일삼는 사람들을 보며 국민의 한 사람으로서 크게 분노할 수밖에 없었다. 또 이런 행태를 보이고 있는 사람들이 모두 한때는 우리 사회의 엘리트로서 높은 지위는 물론 여러 사회적 혜택을 누려오던 최고 고위직 인사들이었다는 사실이 너무도 실망스러웠다. 국민들의 평온한 일상을 파괴하고도 자신들의 안위만을 위해 갖은 술수를 부리려 드는 그들의 비겁함과 치졸함, 뻔뻔스러운 언행과 회피성 행태를 보며 분노하기도 했다. 소위 엘리트를 자칭해 온 사람들의 민낯을 적나라하게 보여준 것이 12.3 계엄 사태였다.

계엄 당일, 나의 항의성 질문을 묵살하고 회의를 주재하려 드는 장관의 모습을 보며, 내가 믿고 신뢰했던 시스템 그 자체에 본질적 배신감까지 느꼈다. 그 순간 '나 자신은 스스로 지킬 수밖에 없겠다'는 절박함도 밀려왔다. 서글픈 일이지만 짧은 그 순간, 사직의 결심은 더욱 확고해질 수밖에 없었다.

어찌 보면 역사책이나 재난 영화에서나 볼 수 있었던 위기 상황, 극한상황에서의 다양한 인간들의 천태만상을 한꺼번에 볼 수 있는 기회였던 것 같기도 하다. 차이점이라면 그때, 그리고 지금 우리가 보고 있는 것은 과거의 일이나 픽션이 아니라 그야말로 우습기도 하고 때로는 서글프기도 한 현재 진행형 실화라는 점 정도가 아닐까 싶다.

2024월 12월 3일, 그날은 요즘과 같은 자유롭고 발전된 세상에도 자신의 사적 이해관계를 지키기 위해 시민들의 일상을 함부로 짓밟으려 드는 폭력적인 국정 최고책임자가 존재할 수 있음을 분명하게 깨닫게 해준 날이었다. 또한 국가 시스템 속에서 인정받고 출세가도를 달려온 소위 최고 국가 엘리트들이 출세욕, 보신주의에 눈이 멀어, 국민 전체에 대한 봉사와 헌신이라는 공직의 본질적 가치를 송두리째 저버릴 수도 있다는 것을 깨닫게 해준 날이기도 했다.

그날의 사표는 내 일상을 지킴과 동시에 어떠한 상황에서도 나다움을 잃지 않겠다는 결심의 표현이기도 했다. 아무리 조직 구성원으로 불가피한 상황이라고 하더라도, 계엄 선포의 동기와 방식 등에 전혀 동의하지 않으면서 법무부 감찰관으로서의 임무를 수행한다는 것은 결코 나답지 않은 행동이라는 생각이었다.

설령 계엄이 일시적으로 성공한다고 해도, 과거 12. 12. 사태 때처럼 세월이 흐르면 무엇이 옳고 그른 것인지 명백히 밝혀질 것임은 너무나도 분명해 보였다. 그런 순간이 왔을 때 '나는 그저 실국장급 실무자로서 관련 법에 따른 내 임무를 수행했을 뿐'이라며 내 자신의 모습을 정당화하는 것은 내가 옳다고 생각하는 것, 내가 살아온 방식과는 전혀 어울리지 않는다는 확신이 들기도 했다.

세상을 모두 얻더라도 내 자신의 모습을 잃으면 결국 모두 잃은 것이라는 말이 있다. 그 순간 계엄이 성공해 어떤 일이 닥치더라도 나 자신의 모습은 확실히 지키고 싶었고, 그 순간의 사표는 그런 내 확고한 의지의 표현이었다.

 이 책은 그토록 지키고 싶었던 나의 일상을 만들고 가꾸어 온 흔적이기도 하다. 이제는 돌아갈 수 없는, 지나가 버린 과거의 풍경을 담은 나 자신만의 기록 사진첩인 셈이다. 그날 내 행동의 근원이 되었으며 어떤 폭압에도 결코 양보할 수 없었던 나의 소중한 일상과 행복에 대해 하나씩 이야기해 보려 한다.

차례

추천사 5

머리말 7

| 1부 | 계엄 그날 | 15 |

| 2부 | 그날의 나를 만든 것 | 47 |

| 3부 | 내가 살아온 길 | 135 |

책을 마치며 379

1부

계엄 그날

12월 3일
- 바로 그날

2024년 12월 3일 화요일. 그날은 일과 중에 어떤 일이 있었는지 잘 기억나지 않는다. 그날 저녁 늦게 벌어진 사건이 워낙 충격적이고 예상 밖의 일이었기에 그럴 수도 있겠지만, 그보다는 그날이 너무나도 평온하게 보낸 하루였기 때문이 아닌가 싶다.

월요일인 12월 2일부터 목요일인 12월 5일까지 아내가 동네 친구들과 제주도 여행을 떠나기로 했다. 내가 집안일을 챙겨야 하니 그 주에는 특별한 약속을 잡지 않고 일찍 퇴근을 하기로 했다.

12월 3일은 정말 평범한 날이었다. 청사 지하 트레드밀에서 달리기를 하기로 마음먹고 일찍 집을 나섰다.

휴대폰 앱에 저장된 운동 기록을 살펴보니 그날 1km에 5분 53초의 페이스로 총 5.1km를 달렸다고 한다. 운동을 마친 시간이 오전 7시 46분인 것을 보니 아마 과천청사에 도착했던 시간은 7시 무렵이었을 것이다. 너무나 평범한 하루였기 때문인지, 그날 사무실에서 어떤 일이 있었는지는 아무리 애를 써봐도 도무지 기억이 나지 않는다.

퇴근 후 집에 와서 대학원 연구실에서 돌아온 아들과 함께 저녁을 차려 먹고, 청소, 설거지 등 이런저런 집안일들을 일찍 모두 마쳤다. 다음 날 일기예보를 확인하며 새벽에 한강을 달린 후 출근하기로 마음먹고 운동복을 미리 챙겨놓은 다음, 저녁 10시 무렵 일찍 잠자리에 들었다.

잠이 막 들었을 무렵, 아이가 나를 흔들어 깨웠다. 제주도에서 엄마가 '큰일이 난 것 같으니 아빠를 깨워 뉴스를 보시도록 해야 한다'고 급히 전화를 했다는 것이다. 잠이 덜 깨 정신이 없는 상황에서 무슨 일이냐고 물었더니, 아이는 걱정스러운 표정으로 "계엄이 선포되었다는데요, 계엄이 선포되면 어떻게 되는 거예요?"라고 물었다. '계엄'이라니, 무슨 말인지 도무지 이해가 가지 않았다. '그럴 리가 있겠느냐'고 묻기도 했다. 어쩌면 그 무렵 흔히 돌던 가짜뉴스의 하나가 아닐까도 생각을 했다.

그러나 텔레비전 속보와 인터넷 뉴스를 통해 접한 '계엄 선포' 소식은 사실이었다. 너무나도 당황스러워서 순간적으로 전혀 어떤 상황인지 판단이 서지를 않았다.

'전쟁이라도 났나?', '엄청난 국가적 비상 상황이 발생한 건가. 아니면, 국가 요인에 대한 유고 상황이라도 생긴 건가' 등등, 별의별 생각들이 정신없이 머릿속을 스쳐 지나갔다.

계엄 선포의 정확한 이유를 알기 위하여 TV로 대통령의 계엄 선포 담화를 지켜보았다. 반복해서 들어보아도 담화문의 내용이 도무지 이해가 가지 않았다. '저것이 계엄 선포 이유의 전부인가' 하는 의문이 들기도 했다. 어느 날 갑자기 특별 방송에 나와 모든 국정 혼란의 책임을 야당 등에 전가하며 '반국가세력을 일거에 척결하겠다'라고 소리치는 대통령의 모습은 너무나도 비현실적이었다.

한편, '구국의 일념'으로 계엄을 선포하려 한다며 계엄 담화문을 읽어 내려가는 대통령의 모습에서는, 자신과 뜻을 같이하지 않는 사람들을 적으로 간주하고 무력을 통해서라도 자신의 뜻을 관철하고야 말겠다는 고집과 폭력성이 느껴졌다.

담화문을 읽어 내려가는 그의 행동에서 풍겨 나오는 비언어적 표현에서 '설득', '호소', '간절함' 등과 같은 메시지는 전혀 느낄 수 없었다. 그처럼 중요한 순간에 수행원이 의자를 빼주는 장면을 여과 없이 방송으로 내보내고, 위압적인 자세와 고압적인 표정으로 '앉은 채'로 담화문을 읽어나가는 그의 모습은, 절체절명의 위기상황을 극복하고자 헌신하는 민주국가의 지도자가 취할 수 있는 행동이 아님은 분명했다.

계엄 선포라는 심각한 상황이니, 법무부에서도 어떤 형태로든 후속 조치에 대한 지시가 있을 듯싶었다. 곧바로 실국장들이 연락을 주고받는 단톡방을 열었다. 실국장들도 깜짝 놀랐는지 서로 문자를 주고받으며 최대한 상황을 파악하려 노력하고 있었다. 최소 20년 이상의 오랜 공직 경력을 가진 실국장들도 이런 황당한 사태는 처음 겪어보는 것이었다. 그 단톡방에서조차 납득이 갈 만한 계엄 선포의 진짜 이유를 아는 사람은 한 사람도 없는 것 같았다. 그저 모두들 놀라고 당황한 모습이었다.

'실국장님들은 즉시 장관회의실로 모이세요. 장관님께서도 용산에서 법무부로 복귀 중이십니다'라는 취지의 기획관리실장의 메시지가 단톡방에 올라왔다. 이제 다시 출근 준비를 해야 했다.

회의에 참석하라는 메시지를 받은 후, 짧은 시간이었지만 치열하게 내가 어떻게 해야 할지를 고민했다. 계엄 선포행위의 위헌성, 선포문 내용의 황당함, 대통령이 보여준 태도의 폭력성 등을 보면, 계엄과 관련된 직무 집행에는 절대로 관여해서는 안 된다는 생각이 들었다. 사직을 하는 것이 현 상황에서 최선의 방법이라는 판단은 바로 내릴 수 있었다. 다만, 출근 지시를 무시하고 집에서 버틸 것인지, 아니면 출근을 해서 사직서를 내야 할지를 놓고 잠시 고민을 했다. 이런 고민을 하는 중에도 텔레비전 방송에서는 대통령 담화 모습을 반복해서 보여주고 있었다. 다시 봐도 대통령의 담화 장면에서는 '권위주의' '불통' '독재' '광기' '고집' '독선' '군사독재' '5공 회귀' 등 부정적 느낌의 단어들만 수없이 떠올랐을 뿐, '호소' '설득' '충정' '헌신' 등과 같은 긍정적인 단어는 단 하나도 떠오르지 않았다.

어쩌면, '가상의 적을 향해 맹렬히 돌진하는 돈키호테', 여러 과학적 증거에도 불구하고 천동설이 옳다고 주장하며 이를 강요하려 드는 고약한 중세 종교 재판관, 불의를 강요하며 불법을 일삼는 탐관오리의 모습이 느껴졌는지도 모르겠다.

'하다 하다 이제는 계엄을 다하네….' 나도 모르게 혼잣말을 중얼거렸던 것 같다.

두려운 마음도 있었지만, 그냥 조용히 사표를 내고 자리를 떠나는 것보다는 계엄 선포에 따른 법무부 회의에 기꺼이 참석해서 내 견해를 분명하게 밝히고 사직하기로 마음을 굳게 먹었다.

"아빠는 출근할 거야. 그리고 그만둬야겠다. 가서 사표 내고 올게"라고 아들에게 이야기를 했다. 아들이 놀라, "아빠, 영장 없이 체포도 한다는데 안 돼요. 상황을 좀 지켜보시죠"라며 출근 준비를 하는 나를 말리려 들었다.

"아니야, 아빠는 그만두어야겠어. 너무 걱정하지 말아."

그렇게 이야기를 하며 막 집을 나서려는데, 아들 녀석이 아내에게 전화를 걸어 나를 바꿔주었다. 자기 힘으로는 나를 말릴 수 없으니 아내에게 전화를 걸어 도움을 청했던 모양이다.

"어차피 봄철 간부 인사에 맞추어 그만두려고 생각 중이었는데, 오늘 그만둬야겠어."

"꼭 그래야겠어요? 포고문을 보면 별 내용이 다 있던데, 위험한 것 아니에요?"

"너무 걱정하지 말아. 별일이야 있겠어? 어쨌든 난 그만둬야겠어. 이상하다고 생각은 했지만, 이제는 정말 별걸 다 하네. 계엄이 뭐래. 참을 수가 없어."

내 결심이 확고함을 알았는지 아내도 나를 더 설득하려고 들지는 않았다. 내 마음을 충분히 이해한 것 같았다.

"알겠어요. 그럼 가서 절대로 화내지 말고, 차분하게 그만두겠다고만 이야기를 하세요. 이유를 얘기할 것도 없구요. 밤 운전 조심하고, 돌아와서 꼭 전화해요."

아내와 전화를 마치고 집을 나서려는데 그래도 여전히 걱정이 되는지 아들 녀석이 다시 내게 이야기를 했다.

"아빠, 괜찮으시겠어요? 정말 조심하세요."

아들을 안심시킬 겸 농담을 보태어 씩 웃으며 이야기를 했다.

"걱정하지 말아. 아빠 법무부 감찰관이라서 교도관분들 많이 알아. 그분들이 아빠한테 아주 험하게 대하지는 않을 거야."
 그러고는 집을 나섰다.

12월 4일 새벽,
법무부에서

　애써 웃음을 지으며 집을 나섰지만, 엄청난 상황에 흥분이 되어서인지 차분하게 마음을 가라앉힐 수가 없었다. 커피나 각성제라도 잔뜩 먹은 듯 늦은 밤임에도 머릿속이 맑고 또렷했다.

　2011년 라식수술 이후, 낮에는 안경을 안 쓰고도 큰 어려움 없이 생활이 가능했지만, 야간 운전은 늘 어렵게 느껴졌다. 게다가 상당한 흥분 상태이고 밤이 늦었기에 무조건 조심해서 천천히 운전을 하기로 마음먹었다.

　마포 집에서 출발하여 과천 법무부청사로 출근하는 내내 라디오를 켜놓고 여러 생각을 했다. 출근하는 동안 사직 결심은 더 굳어져만 갔다. '사직하겠다는 소신은 반드시 지키되,

아내의 말처럼 절대로 화는 내지 말고 차분하게 내 의사를 전달하자'라고 마음을 다지며 과천청사로 차를 몰았다.

평소에는 자동으로 출입 등록이 된 차량의 번호판을 인식하여 차단기가 올라가기에 청사 정문 부근에 차량이 몰리는 경우는 거의 없었다. 하지만, 그날은 청사 방호팀에서 일일이 차량 탑승자 신원을 확인하고 있어서 청사로 진입하려는 차량들이 길게 줄지어 진입을 기다리고 있었다.

신분증을 보여주고 차단기가 설치된 정문을 통과한 후 1동 법무부 건물 부근에 차를 댔다. 건물 1층에서 엘리베이터를 기다리는데 때마침 차관도 청사에 도착했다. 차관에게 인사를 하고 함께 엘리베이터를 타고 7층 장관회의실로 올라갔다.

엘리베이터 안에서 법무차관에게 '오늘 소집된 회의가 계엄 관련 회의가 맞다면 바로 사직하겠다'고 이야기를 꺼냈다. 평소 생각이 깊고 과묵한 차관은 무척이나 놀란 듯했다. 커진 눈으로 나를 쳐다보다가 고개를 숙이며 말없이 한숨을 푹 쉬었다. 갑자기 무거워진 분위기를 풀 겸, '걱정하지 마세요. 그만두면 하와이도 가고 신나게 놀러 다닐 거라고 일전에 얘기했지 않습니까'라며 웃음을 지었다. 내 마음을 아는지 차관은 말없이 나를 쳐다볼 뿐이었다.

차관과 함께 장관회의실로 들어섰다. 장관실에 부속된 회의실에서는 이미 여러 실국장을 비롯한 열댓 명 정도의 법무부 주요 간부들이 심각한 표정으로 회의를 하고 있었다.

당시 누가 그 회의실에 있었는지 일일이 기억할 수는 없다. 다만 실국장 회의에 공식적으로 참여하는 실국장들 이외에도 몇몇 실국의 주무 과장들이 참석하는 등, 평소보다는 참석 인원이 조금 더 많았던 것 같다.

내가 회의실로 들어서 평소 앉는 자리 쪽(법무부장관 바로 반대편)으로 다가가자, 누군가 자리에서 황급히 일어나며 나에게 자리를 양보해 주었다. 쳐다보며 괜찮다는 표정을 지은 후, 당시 무언가 한참 이야기를 하고 있던 법무부장관에게 물었다.

"장관님, 그런데 혹시 이게 계엄 관련 회의인가요?"

회의에 늦게 왔으면서도 건방지게 자신의 말을 끊고 엉뚱한 질문을 한다고 생각을 한 것인지, 장관이 퉁명스럽게 대답했다.

"예, 그래요!"

내가 계엄 선포에 얼마나 부정적인 생각을 가지고 있으며 어떤 결심으로 회의에 참석을 한 것인지는 전혀 눈치를 채지 못한 듯했다. 어쩌면, '감찰관씩이나 된 사람이 이렇게 심각한 상황에서 중요 회의에 늦고, 회의 중에 상급자의 말을 끊기까지 하다니'라고 생각하며 나중에 혼쭐을 내줘야겠다고 생각했을지도 모른다.

나는 계속 이야기를 이어가려는 장관의 말을 끊고 단호한 태도로 내 의사를 분명하게 밝혔다.

"계엄 관련 회의라면 저는 참석하지 않겠습니다. 그리고 계엄과 관련된 일체의 지시나 명령은 이행할 생각이 없습니다. 그렇기 때문에 바로 사직서를 제출하도록 하겠습니다."

약간은 놀란 듯싶기도 했지만, 장관은 곧바로 그러려면 그러라는 표정을 짓더니 나를 향해 "그렇게 하세요!"라며 큰 목소리로 화를 냈다.

그만두겠다는 말을 꺼내면서 더 심한 반응을 예측하기도 했었다. 속칭 '반국가사범'으로 현행범 체포가 된다든가 그 자리에서 갖은 비난과 욕설을 듣는 험악한 상황을 상상하기도 했었다. 그런데 장관의 반응은 신경질에 가까운 '그렇게 하세요!'라는 것이었다.

홧김에 순간적으로 내뱉은 감정적 발언인지는 모르겠지만 그런 말을 들으니 한편으로는 다행스럽다는 생각도 들었다. '공개적으로 그만두어도 된다고 했으니 나중에 번복은 못하겠지'라는 생각에 어떤 면에서는 조금은 안심이 되기도 했던 것 같다. 상대적으로 너무나도 다행스럽기만 한 반응이었다. 한편으로는, 급박하고 혼란스러운 상황에서 정확한 판단력을 잃고 우왕좌왕하는 듯해서 측은한 감정도 조금은 일었다.

장관회의실은 장관부속비서실과 바로 연결이 되어 있다. 회의실을 나와 부속실 직원들에게 '사직서를 제출할 생각이니 종이와 펜을 달라'고 했다. 대검 조직범죄과장으로 근무할 당시 함께 근무하기도 했던 장관 비서관(서기관)이 법무부 메모 용지와 펜을 가져다 건네주었다. 표정이 무척 어두웠다.

건네받은 용지에 일신상의 사유로 사직한다는 취지를 기재하고 날짜를 마저 기재하려다가 장관 비서관에게 "오늘이 12월 3일인가요?"라고 물었다. 비서관은 "방금 전 자정을 지나서 4일입니다"라고 대답했다. 손목에 차고 있던 시계를 확인해 보니 시계 바늘이 자정을 지나 00:09을 가리키고 있었다. 날짜에 덧붙여 정확한 시각까지 기재를 하기로 마음을 먹었다. '이 시간부로 너희들과는 절연이다'라는 각오를 확실히 표현하고 싶은 오기도 발동했던 것 같다.

2024년 12월 4일 00:09이라고 사직서 제출 시각을 적고, 장관 비서관에게 건네준 후, "여기까지인가 보네요. 이제 집에 가려고 합니다"라고 이야기를 하며 부속실 직원들과 차례로 악수를 했다. 순간 뭔가 모를 분노가 울컥하며 치밀어 올랐다.

집을 나서기 전에 아내가 전화로 차분히 사직을 하고 조용히 돌아오라고 그처럼 신신 당부를 했는데, 화가 치밀어 올라 도무지 약속을 지킬 수가 없었다. 회의가 한참 진행 중이던 장관회의실의 문을 벌컥 열었다. 한참 이야기 중이던 장관 쪽을 쳐다보며 "아무리 여야가 극한 대립을 해도 계엄이 뭡니까!" 한마디를 내뱉고 문을 '쾅'하고 거칠게 닫아버렸다.

장관실을 막 나서려는데 험악한 상황을 조금이라도 누그러뜨리려고 했는지 후배인 모 간부가 나를 쫓아 나왔다. "저도 도무지 이해가 가지 않고 감찰관님과 같은 생각입니다." 그 말을 들었지만 전혀 화가 가라앉지 않았다. "말이 중요한 것이 아니지. 그렇게 말했으니 언젠가 행동할 수도 있겠네"라며 어깨를 툭 쳐주고 엘리베이터로 향했다.

집으로 돌아와서

 그 시각 법무부 1층 출입 게이트를 반대 방향으로 빠져나가는 사람은 나 혼자였던 것 같다. 소집 연락을 받은 직원들이 모두 긴장된 표정으로 청사로 들어서고 있었다. 낯익은 직원들은 나를 알아보고 인사를 하기도 했다. 나도 아무 말없이 인사를 건네기는 했지만 화가 난 어두운 표정을 완전히 숨길 수는 없었다. 어쩌면 나를 마주친 직원들은 다들 출근을 하는 와중에 감찰관이 무슨 일로 청사 밖으로 나가는 것인지 의아해했을 것이다.
 차를 몰고 과천정부청사 정문을 빠져나가는데, 엄청나게 많은 차들이 환하게 헤드라이트를 켜고 청사 안으로 물밀듯 몰려 들어오고 있었다. 그런 차량들과 반대 방향으로 나 혼자 정문을 빠져나가는 느낌이 너무나도 비현실적이었다. 정문을 통과할 때까지 혹시나 싶어 꽤나 긴장을 했는데 무사히 정문을 통과하자 조금은 마음이 놓였다. 한밤중이라 그런지 집까지는 그리 오래 길리지 않았다. 오는 내내 라디오 방송을 들어보니 상황은 여전히 혼란스러웠다. 운전을 하면서도 '이제 집에 도착하면 어떻게 해야할지' 골똘히 생각에 잠겼다.

집에 도착해서 현관문을 열고 들어서니 아들이 걱정이 되는지 현관문을 겹겹으로 잠갔다. 아들은 무사히 돌아온 아빠의 모습을 보고 조금은 안도하는 것 같았다.

귀가 직후, 곧바로 SNS에 접속해 간단히 '법무부에 사직서를 제출하고 귀가했습니다. 오늘은 이래저래 푹 쉬려고 합니다'라는 내용으로 사직했다는 글을 올렸다. 불필요해 보이는 설명은 하나도 덧붙이지 않았다.

그 글을 올린 지 5분도 채 되지 않았을 때였다. SNS 친구 사이인 모언론사의 L 기자로부터 연락이 왔다.

"왜 사직하신 겁니까? 계엄 때문에?"

"예! 이게 말이 됩니까?"

화가 정말 많이 나서 그랬는지, 아니면 공감이 가는 기사를 꽤 많이 써온 기자라 믿음이 가서 그랬는지 거침없이 내 생각을 밝혔다. 이 사태를 어떻게 생각하느냐는 질문에 '이건 내란'이라고 단호하게 이야기를 하기도 했다. 그 기자분이 '그

말 그대로 써도 되느냐'고 묻기에 그렇게 해도 된다고 대답했다. 한편으로는 걱정도 되었지만, 사직까지 하며 공무원 신분을 버리겠다고 결심한 마당에 그런 소신을 구태여 숨길 이유가 없다는 생각도 들었다.

평소 같았으면 정신없이 자고 있을 시간이었지만, 엄청난 뉴스에 놀라서 그런지 전혀 잠이 오지 않았다. 충격적인 상황에 각성이 되어서 정신이 갈수록 또렷해지는 느낌이었다. 앞으로 사태가 어떻게 진행될까 조금은 걱정이 되기도 했다. 그런 걱정을 하고 있는 중에 L 기자로부터 문자 메시지가 왔다. 국회에서 계엄해제요구안이 의결되었다는 내용이었다. 정말 고맙고 다행이라는 생각이 들었다.

12월 4일 새벽 2시가 조금 넘었을 무렵, 내가 계엄의 부당성을 비판하며 사직을 했다는 소식이 L 기자의 보도로 알려지게 되었다. 이 기사를 본 여러 언론사 기자분들로부터 계속 전화가 왔고, 전화를 받다 보니 잠이 오기는커녕 갈수록 정신이 말똥말똥해졌다. 계엄해제요구안이 가결되었음에도 계엄이 해제되었다는 소식은 좀처럼 들려오지 않았다. 한편으로는 걱정스럽기도 했다. 계엄이 해제되었다는 발표를 기다리며 여러 전화를 받다 보니 어느새 아침이 되어버리고 말았다.

원래 예정대로라면 운동화 끈을 졸라매고 신나게 한강을 달리고 있을 시간이었는데, 집에서 언론사뿐 아니라, 지인, 친척 등으로부터 오는 연락을 받고 답하느라 바빴다. '잘했다'는 격려 전화가 대부분이었지만, 앞으로의 일을 걱정하시는 분도 적지 않았다.

많은 분들과 계엄 사태에 대한 이야기를 나누었다. 곰곰이 생각해 보니 국회의 계엄해제요구안 의결에 따라 대통령이 어쩔 수 없이 계엄을 해제하기는 했지만, 앞으로 이 사태가 진정되기는 쉽지 않아 보였다. 이제 사직서를 내고 공무원의 신분을 벗어 던지기로 결심은 했지만 여러모로 정말 걱정스러웠다.

비정치적인 사람의
가장 정치적인 선택

살면서 SNS든 매체든 공개적으로 정치적 견해를 밝힌 적은 한 번도 없었다. 공직 생활을 한 탓인지 그런 정치적으로 무관심한 듯한 태도가 오랜 습관이 되기도 한 것 같다. 창피한 이야기이지만 어쩌면, '고도의 정치비관여층'으로 살아왔다고 감히 얘기할 수도 있을 듯싶다. 여러 동호회 모임에서는 물론, SNS든 어디에서든 정치적 발언을 하거나 글을 올려본 적은 단 한 번도 없었다. 내가 가끔씩 사용하는 페이스북도 나에게는 기억할 만한 개인적 일상을 정리해 올려놓는 '일지' 비슷한 개념의 공간일 뿐이었다.

그러던 내가 계엄 선포 이후로 참 많은 변화를 경험하게 되었다. 계엄에 대한 내 입장을 밝히는 언론 인터뷰도 하고 그

중 한 언론에는 계엄 사태와 관련된 기고문까지 쓰게 되었으니 말이다. 어떤 면에서는 이런 상황도 내가 살아왔던 평온한 일상이 무너졌음을 보여주는 것 같았다.

MBC 인터뷰

12월 4일 오전 무렵, MBC 기자분으로부터 계엄 사태 및 사직서 제출 이유와 관련된 인터뷰 요청을 받았다. 인터뷰 요청이 낯설기도 했지만 정치적 현안에 견해를 한 번도 밝혀본 적이 없는 나로서는 망설일 수밖에 없었다. 하지만, 몇몇 선배들의 권유와 '지금과 같이 불확실한 상황에서 계엄의 부당성을 확실히 지적해야 할 필요가 있다'는 생각에 인터뷰에 응하기로 마음 먹었다.

집 근처 서강대 학생회관에서 30분 정도 인터뷰를 했다. 최대한 차분히 인터뷰에 응하려고 했는데, 흥분한 탓인지 순간순간 목소리가 커지는 것이 느껴졌다. 미치광이 같은 한 사람의 행동에 의해 수많은 사람들의 소중한 일상이 완전히 망가져 버렸다는 사실, 그리고 이런 잘못을 저지른 사람들이 여전히 요직을 차지하여 그 자리에 버티고 있다는 사실, 또 이런 행동을 그대로 내버려두면 또 이런 일이 반복될 수도 있다는 걱정 때문인지 꽤나 격앙된 어조로 인터뷰에 응했던 것 같다.

인터뷰에서 불법적 계엄 선포 행위에 대해서는 탄핵 절차를 밟아야 함은 물론 내란죄로도 엄하게 처벌받도록 해야 한다고 분명히 의견을 밝혔다. 인터뷰를 모두 마치고도 흥분과 분노가 쉽게 가라앉지 않았다. 완전히 밤을 새우고 한숨도 못 잤는데 졸리지 않은 것이 신기했다. 그렇게 오랜 시간 잠을 자지 않고도 쌩쌩하게 버틴 경우는 그때가 처음이었다. 12월 4일, 걱정과 흥분이 가라앉지 않은 상태로 한참 이런저런 생각을 하다가 그날 저녁 11시가 넘어서야 겨우 눈을 붙일 수 있었다.

계엄에 관해 쓰다

계엄 사태 며칠 후, 평소 알고 지내던 한겨레 신문 K 기자로부터 연락이 왔다. 계엄 사태 기록 차원에서 기고를 받고 있는데 혹시 글을 써줄 수 없느냐는 것이었다. 마음도 가라앉힐 겸 잠시 여행을 다녀오기로 해서 마감 기한에 맞추기는 좀 힘들어 보였다. 사양하려다가 경험했던 일의 기록 차원에서라도 꼭 써달라는 부탁에 그러겠노라 약속을 했다.

내가 생각하는 계엄과 관련된 법률적 쟁점에 대해서는 조금씩이라도 모두 언급을 하기로 마음을 먹었다. 그날 있었던 일, 앞으로 예상되는 법률적 쟁점, 내 나름의 소회 등을 하나씩 차례로 써나가기 시작했다. 마감 기한에 쫓겨 침침한 눈에 휴대전화 자판을 눌러가며 글을 쓰느라 꽤나 애를 먹기도 했지만 내가 하려던 이야기들은 모두 담았다.

시간이 제법 흘렀지만, 기고문(2024. 12. 19. 자)을 다시 보니 그 무렵 느꼈던 그때 그 감정이 생생하게 그대로 되살아나는 듯하다. 계엄 이후에는 평소와 달리 깊이 잠에 들지 못하는 경우가 많았다. 잠을 설치기도 하고 새벽녘에 깨었다가 그대로 아침을 맞이하는 때도 있었다. 예전처럼 꾸준히 운동을 하려고 노력을 했지만 몸 상태가 도대체 정상으로 회복되지 않는 느낌이었다. 아마도 계엄 사태로 인한 정신적 스트레스 때문이 아니었나 싶다.

사건 이후, 체포영장 집행 파동, 구속 취소, 즉시항고 포기 등 많은 우여곡절이 있었다. 계엄 세력의 복귀를 주장하거나 탄핵을 반대하는 대규모 시위가 벌어지는 등 사회적으로 큰 혼란을 겪기도 했다. 그런 모습을 지켜보는 것이 너무나 불쾌하고 힘들었다. 예상보다 사태가 장기화될 수도 있다는 생각에 걱정이 앞서기도 했다.

곽종근 사령관과 생수 한 병

　누군가를 소환해 본 적은 있어도 소환당해 본 적은 없었는데 증인 소환장을 받았다. 내란 관련 국정조사 특별위원회에 증인으로 출석하여 잠깐이지만 계엄 선포 당일의 상황에 대해 증언을 했다. 내가 증인으로 출석했던 2025년 2월 4일 국조특위 출석자의 대부분은 국방부 소속 공무원이거나 현역 군인들이었다. 그중에서 내 옆자리에 앉아 있던 곽종근 전 특전사령관의 모습이 특히 기억에 남는다.

　그날 특위 위원들로부터 가장 많은 질문을 받은 사람은 곽종근 전 사령관과 저 멀리 창가 쪽의 박안수 전 육군참모총장이었다. 두 사람은 계엄 사태 직후 구속되어 구금 상태에서 구속자의 신분으로 국조특위에 출석했다. 다른 출석자들이나 나는 혹시라도 있을지 모르는 질문을 기다리며 조용히 앉아 지켜보고 있는 상황이었다. 가만히 앉아만 있는 것도 고역이었다.

곽종근 사령관은 계엄 사태 이후 자신의 잘못을 깨닫고 계엄 전후에 벌어진 일에 대해 정말 솔직하게 답변을 하고 있었기에 수시로 증언대로 불려 가 증언을 하고 다시 자리로 돌아오는 일을 반복하고 있었다. 건조한 장소 탓인지 목마름을 느낀 곽 사령관이 자신의 계호업무를 담당한 군사경찰(헌병) 쪽을 쳐다보았다. 특위장의 열띠고 엄숙한 분위기 때문이었는지 군사경찰들은 곽 사령관과 눈을 마주치지 못한 채 다른 쪽만을 쳐다보고 있었다. 다른 군 관계자들은 모두들 생수병을 하나씩 지참하고 있었는데, 구속 상태였던 곽 사령관은 아무도 챙겨주지 않아 마실 물이 없어 고생하고 있었다. 그러다가 또 호명을 받으면 물도 제때 마시지 못한 채 다시 증언대로 나가 증언을 하는 그런 상황이 계속되었다.

아무 말도 없이 앉아만 있는 나도 목이 마른데, 수시로 불려 나가며 증언을 하는 곽 사령관은 훨씬 더 목이 마를 것 같았다. 잠시 특위장 밖으로 나가다가 입구 쪽에 앉아 있던 군사경찰에게 곽 사령관 쪽을 가리키며 슬쩍 말을 건넸다.

"사령관님께서 목이 좀 마르신 모양인데요. 하실 말씀도 있는 모양이에요."

오전은 그렇게 마치고, 오후 일정에 맞추어 들어오며 생수 두 병을 사서 하나는 옆자리의 곽종근 사령관 의자 위에 올려 두었다. 오후 일정 시작 직전 군사경찰들에게 이끌려 들어오는 곽종근 사령관의 손에는 작은 생수병이 하나 들려 있었다. 그는 자리에 앉으려다가 의자 위의 생수병을 보고 내 쪽을 쳐다보았다.

"아… 제 것 사면서 하나 더 샀습니다."

곽 사령관은 웃으며 자리에 앉으려다가 무엇인가 생각이 났는지 제일 안쪽 창가 자리를 쳐다보았다. 그러더니 옆에 서 있던 군사경찰에게 자신이 들고 있던 물병을 넘겨주었다. 처음에는 생수가 두 개가 생겨서 필요가 없다며 돌려준 것인 줄로만 알았다. 그러나 군사경찰은 생수병을 들고 안쪽 창가 자리로 가서 그곳에 앉아 있던 박안수 참모총장에게 건네주는 것이었다. 고마워하는 박안수 참모총장에게 군사경찰은 손짓으로 곽종근 사령관 쪽을 가리켰다. 곽 사령관과 박안수 총장 두 사람이 잠시 서로를 쳐다보며 가벼운 목례와 함께 눈인사를 나누는 듯 보였다.

자기도 처음 겪는 어려운 상황에서 다른 사람의 처지를 이해하고 챙기려고 노력하기는 쉽지 않다. 그런데 최소한 곽 사령관은 그런 상황에서도 박안수 참모총장을 챙기는 모습을 보여준 것이었다. 이러한 행동뿐만 아니라 이후 형사법정이

나 헌법재판소에서의 태도 등에 비추어 보면 이러한 모습이 결코 우연이 아니었음은 확실해 보인다.

 이런 선한 면을 간직한 사람이 고약한 윗자리 사람에게 충성을 강요당하며 내란 주요 가담자가 되어 그 자리에 불려와 고초를 겪고 있다는 사실에 마음이 무거워졌다.

탄핵 선고의 날

계엄 선포 사태가 발생한 지 넉 달이 지난 2025년 4월 4일, 드디어 헌법재판소에서 피청구인 윤석열 전 대통령에 대한 파면 결정이 내려졌다.

"피청구인 대통령 윤석열을 파면한다."

너무나도 당연한 결론이었다. 터무니없는 주장, 그럴듯해 보이는 주장 등 많은 의견들이 난무했지만, 나는 단 한 번도 탄핵심판청구 인용 이외의 결론을 생각해 본 적이 없었다. 그런데도 파면 주문을 듣는 순간 큰 안도감이 느껴졌다. 여러 감정들이 솟구쳐서 잠시 울컥하기도 했다. 합당한 결론을 확인한 데서 오는 '다행스러움' 때문이거나 그동안 느꼈던 억울함 비슷한 감정이 일순간에 해소되는 개운함 때문이었을 것이다. 남의 물건을 훔쳐가서 원래 자기 것이었다며 터무니없는 주장을 하는 악당으로부터 드디어 물건을 되찾은 듯한 후련함 비슷한 감정도 느꼈던 것 같다.

 탄핵 선고 이후 빠르게 마음의 평정을 되찾을 수 있었다. 모든 것이 정상을 되찾아가는 느낌이었다. 아침에 일어나 출근을 할 곳이 없다는 점, 그 때문에 시간 여유가 꽤 많아졌다는 점 말고는 크게 달라진 것이 없는 일상 생활로 돌아갈 수 있었다. 탄핵 선고 이후에도 여러 크고 작은 사건들이 쉴 새 없이 일어났지만, 계엄 선포라는 엄청난 사태에 비하면 사소하게 여겨질 뿐이었다.

 규칙적으로 출근해야 할 직장이 없어진 대신 꾸준한 운동으로 생활의 중심을 잡기로 했다. 때마침 출전하기로 한 마라톤대회, 철인3종경기 등 몇몇 대회가 있어 운동을 열심히 해야 할 동기를 제공해 주기도 했다. 조금씩 몸과 마음이 안정을 되찾아감을 느낄 수 있었다.

 시간 여유가 많아졌으니 예전부터 버킷 리스트에 올려놓았던 몇몇 여행 계획을 실천에 옮기기로 했다. 아주 멀리, 아주 오래 떠나려는 계획도 있었지만, 여러 사정상 포기하고 짧은 여행으로 대신하기로 했다. 따뜻한 바다로 가서 늘 보고 싶었던 '환도상어Thresher Shark', '만타 가오리Manta Ray' 등을 모두 가까운 거리에서 직접 만나볼 수 있었다. 직장 사정상 쉽게 떠날 수 없었던 탐조探鳥 여행을 봄철 외딴 섬으로 떠나기도 했다.

계엄 이후, 많은 분들을 만나 다양한 이야기를 나눌 기회가 있었다. 좋아하는 취미나 운동 이야기를 하기도 하고 앞으로의 여행 계획 등, 다양한 주제로 이야기를 나누었지만, 계엄 사태 등 심각하고 무거운 주제로 이야기를 하는 경우도 적지 않았다. 그런 와중에 '그런 혼란스러운 상황에서 어떻게 그렇게 빨리 판단을 하고, 그처럼 단호하게 결단을 내릴 수 있었는지'를 묻는 분들을 가끔씩 만날 수 있었다. 그때마다 내 나름 꽤나 열심히 대답을 하려고 했지만, 충분히 납득할 만한 훌륭한 대답을 내놓지는 못했던 것 같다. 그런 이유에 대해 진지하게 고민해 보거나 차분히 생각을 정리해 본 적이 한 번도 없었으니 당연히 그럴 수밖에 없었던 것 같기도 하다.

사태 이후, 친한 선후배나 동료들은, '원래 말을 안듣는 녀석'(선배), '좌파도 아니고 우파도 아닌 낭만파'(후배), '뼛속 깊은 백수 본능의 발현'(천문 동호인), '진정한 운동권'(철인3종 동호회 회원) 등의 농담으로 나를 놀리며 나름의 이유를 주장하기도 했다. 생각해 보면 공감이 가는 부분이 아주 없지는 않은지라 슬며시 웃음이 나오기도 한다.

'내가 그날 왜 그랬을까?'

한참이나 시간이 지난 요즘에 와서 이런 생각이 무슨 소용이 있을까 싶기도 하다. 하지만, 이런 의문이 가끔씩 떠오르는 것은 피할 수가 없는 일인 듯싶다. 그럴 때마다 나름 궁리를 해보기도 하고, 나를 잘 아는 주변 사람들에게 이유를 묻기도 하지만, 아직까지 만족할 만한 대답은 찾지 못했다.

그 사람이 어떤 사람인가를 정확히 알고 싶으면 그 사람의 '입(말)'이 아니라 '행동'을 보라는 이야기가 있다. 그렇다면, 내가 지금까지 살며 버텨온 방식, 내가 좋아하는 것들, 내가 지나온 길 등을 차분히 뒤돌아보면 그날 내 행동의 이유를 조금이라도 쉽게 이해할 수 있지 않을까? 언젠가 돌이켜 볼 수도 있는 혼자만의 비망록으로 삼기 위해서라도 내 지나온 길을 차분히 정리해 보려 한다.

2부

그날의 나를 만든 것

내 생각에 충실한 삶
- 자유로운 영혼, 조르다노 브루노

자유로운 영혼을 지녔던 브루노는 시인이면서 철학자로 인생의 대부분을 유럽을 방랑하면서 보냈다. 그는 가는 곳마다—이탈리아, 제네바, 프랑스, 영국, 독일—철학자와 상인들에게 편견을 벗어던지고 하고 싶은 일에 주저하지 말고 잠시 멈추어 한두 가지의 의문을 품어보라고 가르치며 다녔다.○

어느 천문 관련 서적의 위 글만 보면, 근세 자유주의자일 듯도 싶지만, 조르다노 브루노는 1548년 이탈리아의 나폴리에서 태어난 중세 말의 사람이다. 우리나라로 치면 조선 명종 시대의 사람인 셈이다. 카톨릭 수도사로서 신학은 물론, 화학, 천문, 수학, 연금술 등 여러 분야에서 학식이 높았던 브루노는 '중세의 끝, 그리고 르네상스의 시작'을 상징하는 인물로 일컬어지기도 한다.

'천동설'이 상식으로 받아들여지던 시기에 브루노는 '지동

○ 《아름다운 밤하늘》, 쳇 레이모, 사이언스북스, 2004, 39쪽 참조

설'을 지지하고, 한 걸음 더 나아가 '다원적 우주론'까지 주장하기 시작했다. 그 무렵의 통념과 교회의 거룩한 가르침에 정면으로 도전한 것이다. 당연한 일이지만, 그 시대의 보수적 교회는 한때 장래가 촉망되는 뛰어난 '수도사'였던 브루노의 변절과 이단적 주장을 그대로 내버려둘 수 없었다.

브루노는 카톨릭 교회의 가르침에 어긋나는 불온한 사상을 가졌다는 이유로 7년이 넘게 투옥되어 모진 고초를 겪었다. 오랜 고통 속에서 자신이 가진 일부 종교관의 오류를 인정하고 교황청의 교리와 가르침을 받아들이기도 했다. 하지만 그런 어려움 속에서도 '우주는 무한하며 태양은 수많은 항성 중 하나에 불과하고, 그 항성들은 저마다 지구와 같은 행성들을 거느리고 있다'는 다원적 우주관은 포기하지 않았다. 하지만, 자신의 우주관을 포기하지 않고 이를 고집한 대가는 아주 무거웠다. 조르다노 브루노는 종교재판을 통해 사형을 선고받고 1600년 2월 17일 로마 '캄포 데 피오리' 광장에서 화형에 처해졌다.

내가 조르다노 브루노를 처음 알게 된 것은, 칼 세이건의 《코스모스》라는 책을 통해서였다. 이 책에는, 브루노의 희생을 기려 달의 운석구 하나가 '브루노'로 명명되었다는 사실, 브루노가 '다원적 우주론'을 지지하고 '우주 등방성'을 최초로 주장한 사람이라는 사실 등이 간략히 언급되어 있다.

그 후 잊고 지내던 브루노의 이야기를 다시 접하게 된 것은 2006년 무렵, 이런저런 이유로 마음의 안정을 찾지 못하고 있던 시절이었다. 그 무렵 우연히 구입한 과학 서적과 모 외국 방송의 다큐멘터리에서 잊고 지내던 브루노를 다시 만날 수 있었다. 엉뚱할지도 모르지만, 브루노 이야기를 통해 힘들었던 시기에 참 많은 위로를 받았다. '브루노 같은 고통을 견뎌낸 사람도 있는데, 이런 정도로 힘들어 해서는 안 된다'는 생각을 하기도 했던 것 같다. 브루노가 화형에 처해진 장소인 캄포 데 피오리를 꼭 방문해 봐야겠다는 생각을 하게 된 것도 그 무렵이었다.

브루노는 사형을 선고받으며 종교 재판관들을 향해 '사형을 선고받는 나보다 선고하는 당신들이 더 두려워하고 있는 것 같다'○라는 유명한 최후 진술을 하였던 것으로도 유명하다. 이러한 최후 진술을 하는 브루노의 모습이 캄포 데 피오리에 세워진 브루노 기념 동상에 부조로 세겨져 있다고 하니 더욱 가보고 싶었다.

중세 카톨릭 교회는 기존 질서를 부정하는 위험 인물이자 이단 사상가인 브루노를 7년간 감옥에 가두어 놓고 자신의 생각이 잘못된 것임을 공개적으로 인정할 것을 강요했다. 그럼에도 불구하고 브루노가 자신의 뜻을 굽히지 않자, 불온한 말을 내뱉는 브루노의 혀에 쇠꼬챙이를 찔러 넣어 더는 말을 할

○ *Maiori forsan cum timore sententiam in me fertis quam ego accipiam*(Perhaps you pronounce this sentence against me with greater fear than I receive it)

수 없도록 만든 후, 캄포 데 피오리 광장으로 끌고 가 산 채로 불태워 죽이는 잔혹한 방법으로 사형을 집행했다. 화형 이후에 남은 잔해와 브루노의 유해 일부는 근처 티베르강에 버려졌다.

그 후 브루노의 생각이 옳은 것이었음이 밝혀지고 그가 억울하게 처형되었다는 인식이 널리 퍼지기 시작했다. 브루노는 '과학의 순교자matyr of science', '르네상스 시대의 시작을 알리는 인물'이자 '자유사상의 선구자'로 불린다. 빅토르 위고 등 19세기 말 지식인들은, 1899년 브루노가 처형당했던 바로 그 자리인 캄포 데 피오리 광장에 중세 수도사의 복장을 갖춰 입고 항의하는 듯한 모습으로 교황청을 바라보며 서 있는 브루노의 동상을 세웠다.

캄포 데 피오리 광장은, 고대 로마 시대, 그리고 브루노가 처형당했던 중세 시대까지는 티베르 강가의 들꽃이 가득한 너른 벌판이었다. 그 때문에 우리말로 '꽃밭'이라는 뜻의 캄포 데 피오리라는 이름이 붙은 것이라고 한다. 하지만, 오늘날에는 광장을 중심으로 건물이 가득 들어서 있는 어수선한 시장통으로 그 모습이 완전히 바뀌었다. 지금의 분주한 모습을 보고, 그곳이 끔찍한 처형이 이루어진 중세의 사형 집행 장소였음을 떠올릴 사람은 아마도 많지 않을 것이다.

2008년 여름, 가족과 함께 처음으로 로마를 방문하게 되었다. 오전 일찍 일어나 콜로세움, 포로 로마나 등을 돌아본 후, 택시를 타고 조르다노 브루노의 동상이 세워져 있는 캄포 데 피오리 광장으로 향했다. 마침 점심시간이라 광장 주변 식당에서나 간단히 식사를 하기로 했다. 광장 한구석 테이블에 앉아 브루노의 동상을 바라보며 제법 많은 생각을 했던 것 같다. 길지 않았지만 참 많은 감정들이 오고 간 시간이기도 했다. 식사 후 다음 장소로 떠나며 '다음에 로마에 또 오게 되면 꼭 다시 들러야겠다'고 마음먹었다.

그로부터 10년이 흐른 2018년 3월 초 로마 출장길에 캄포 데 피오리 광장을 다시 찾을 수 있었다. 낮 일정을 모두 마치고 저녁 식사도 할 겸, 후배 검사와 함께 캄포 데 피오리 광장으로 향했다. 변한 것은 없었고 봄철이라 날씨만 예전보다 쌀쌀하게 느껴졌을 뿐이다. 어떤 이유에서였는지 조르다노 브루노의 동상 주변에 많은 화환과 꽃다발이 놓여 있었다. 조르다노 브루노가 처형된 것이 2월 17일이니 어쩌면 브루노를 기념하는 추모행사가 있었던 것도 같았다.

후배 검사는 브루노가 어떤 사람인지 잘 모르는 모양이었다. 기왕 들른 김에 브루노의 동상 앞에 서서 브루노가 어떤 사람이고, 어떤 이유로 이곳에서 처형되었는지 꽤 자세히 설명을 해주었다. 동상 옆면에 새겨진 부조들이 각각 어떤 장면을 나타낸 것인지도 덧붙이면서 말이다.

나도 모르게 꽤나 열띤 설명을 했던 모양이다. 캄포 데 피오리 광장의 브루노 동상에 관해서만큼은 훌륭한 가이드 노릇을 한 셈이었다. 설명을 모두 마치고, 궁금한 점이 없느냐고 묻자 한참 설명을 듣던 후배가 나에게 물었다.

"혹시 이 사람이 실장님(당시 나는 금융정보분석원 심사분석실장이었다)의 정신적 멘토 같은 사람 아닙니까?"

예상하지 못했던 질문에 잠시 생각을 하다가 이렇게 대답했다.

"훌륭한 사람이지. 하지만, 멘토라기보다는 혹시 만나게 된다면 손을 꼭 잡고 따뜻하게 위로해 주고 싶은 사람이야. 마음고생이 심하던 시절에 이 사람한테 위로를 많이 받았거든. 그런 점에서 참 고마운 사람이야."

조르다노 브루노의 화형이 집행된 지 꼭 400년이 되던 서기 2000년, 교황 요한 바오로 2세는 조르다노 브루노 사형 집행을 공식적으로 사과하였다.

같은 시대, 다른 삶
- 트라우들 융에와 소피 숄

 트라우들 융에Gertraud "Traudl" Junge는 1920년에 독일 뮌헨에서 태어났고, 소피 숄Sophia Magdalena Scholl은 1921년생으로 동시대에 살았던 사람들이다. 비슷한 시기에 태어났지만 두 사람은 삶은 너무나도 달랐다.

 1942년 겨울, 당시 22살이었던 트라우들 융에는 히틀러의 비서가 되었다. 1943년에는 히틀러의 전속 부관과 결혼하였지만, 무장 친위대Waffen SS 장교였던 남편이 노르망디에서 전사하여 1년 만에 남편을 잃었다. 융에는 히틀러 최후의 날, 그의 구술 유언을 기록으로 정리한 사람으로도 잘 알려져 있다. 말년에는 자신의 과오를 후회하며 회고록을 출판하기도 했다.

 영화 〈다운폴〉은 히틀러의 비서였던 트라우들 융에의 기억에 따라 베를린 함락 당시 히틀러 최후의 순간을 생생하게 영화화한 작품이다. 마지막 순간까지 망상에 사로잡혀 이미 소멸한 서류상의 부대에 명령을 내리고 광기에 가까운 독설을 내뱉는 히틀러와 추종자들의 모습, 종말을 직감한 가담자들이 스스로 목숨을 끊거나 발악에 가까운 저항을 하며 최후의 순간을 맞이하는 모습, 전쟁통에 비참하게 희생되는 평범한 시민들의 모습이 아주 사실적으로 묘사되어 있다.

영화 끝 부분에는 융에 본인의 생전 인터뷰가 포함되어 있다. 노인이 된 트라우들 융에가 젊은 시절을 돌아보며 담담히 고백을 하는 장면은 꽤나 인상 깊었다.

"나는 어렸어요. 전범 재판 과정에서 밝혀진 유태인 학살 등 나치 정권의 만행은 나 자신과는 아무 관계가 없는 일이라고 생각했습니다. 그런 일이 벌어지고 있는 줄 알지 못했구요. 하지만, 나중에 길을 걷다가 소피 숄의 기념비를 보고 나와 같은 또래의 사람들(소피 숄과 오빠인 한스 숄)이 나치 정권의 부당함을 폭로하며 저항을 하다가 사형을 선고받고 죽어갔음을 알게 되었습니다. 그때 깨달았어요. 나도 원했더라면 진실을 알 수 있었고 그들처럼 행동할 수도 있었음을 말이에요."

융에와 비슷한 나이의 소피 숄은 1921년 5월 9일 독일 남부 포르히텐베르크에서 태어났다. 대학생 시절 소피는 세 살 위 오빠 한스와 함께 나치 정권에 반대하는 지하 저항 조직인 '백장미단'을 결성했다. 오빠 한스는 나치 청년 조직인 히틀러유겐트의 단원이기도 했지만 그 무렵에는 '우생학' 등 나치당의 여러 정책에 의문을 품고 반나치 활동에 적극 가담한 때였다. 소피는 동부전선의 전황이 한창 악화되어 가던 1943년 2월 18일 뮌헨 대학교 구내에서 백장미단의 여섯 번째 저항 전단지를 살포하다가 경비원의 신고로 붙잡히게 되었다. 소피와 한스뿐만 아니라 친구인 크로스토프 프롭스트도 함께 검거되어 재판을 받게 되었다. 백장미단에 대한 재판은 전례 없이 신속하게 진행되었다. 체포된 지 나흘 만인 1943년 2월 22일 나치 국민법원 Volksgerichtshof의 정치판사로 악명이 높았던 롤란트 프라이슬러°는, 소피, 한스 그리고 또 다른 관련자인 크리스토프 프롭스트 세 사람 모두에게 사형을 선고했다. 당연히 항소 기회는 주어지지 않았다. 판결에 대한 집행은 신속하게 이루어져 세 사람 모두 선고 당일인 2월 22일 단두대에서 차례로 처형되었다.

사형 집행의 순간, 한스는 '자유는 영원하라'라는 유언을, 소피는 '태양은 아직도 빛난다'라는 유언을 남겼다고 전해진다.

'백장미단'이라는 말을 처음 들은 것은, 오래전 고등학교 1학년 때 독일어 선생님으로부터였다. 당시 선생님께서 독일 고유 이름에는 '잉에', '한스' 등이 있다고 하시면서 '백장미단이라는

° 피고인들을 조롱하고 폭언을 퍼붓는 것으로 악명을 떨쳤다. 1944년에는 '히틀러 암살사건'의 재판장을 맡아 주요 관련자들에게 무더기로 사형을 선고하기도 했다. 프라이슬러의 재판 진행 모습은 나치 정권의 선전 필름으로 촬영되어 지금도 그대로 남아 있다. 1945년 2월 3일 재판 도중, 미군 B-17 폭격기의 융단 폭격에 무너진 국민법원 건물의 기둥에 깔려 그 자리에서 사망했다.

것도 있었지'라며 잠시 언급을 하셨다. 아마도 '한스'와 '잉에'라는 이름을 말씀하시며, 한스 숄과 소피 숄, 그리고 남매의 맏이인 잉예 숄을 떠올리셨던 것 같기도 하다. '백장미단'의 원 단어인 'Die Weiße Rose'도 함께 알려주셨다. 하지만, '백장미단'이 무엇인지는 더 말씀은 없으셨다. 나도 그저 낭만적 이름의 비밀결사일 것이라고 생각을 하며 넘어갔던 것 같기도 하다.

다시 '백장미단'이라는 이름을 접하게 된 것은 대학 시절이다. 나는 1987년 3월에 대학에 입학한 87학번이다. 요즘 같은 세상에는 믿기 어려운 일이지만, 당시 입학 오리엔테이션 프로그램에는 안기부 소속 강사가 나와서 신입생들을 상대로 '운동권 의식화 과정과 주의할 점' 등을 설명해 주는 과정도 포함되어 있었다.

당시 그 강사는, 금서 목록과 비슷한, 신입생들이 읽지 말아야 할 책들을 열거한 '의식화 서적 목록'을 나누어주었다. 지금 기준으로는 좀처럼 이해하기 힘든 일이지만 《난장이가 쏘아올린 작은 공》, 《한국전쟁의 기원》, 《해방전후사의 인식》 등과 같은 꽤 많은 소설책, 사회과학 서적들이 그 목록에 포함되어 있었다. 목록에 포함된 여러 책들 중 하나가 《아무도 미워하지 않는 자의 죽음》이라는 제목의 책이었다. 《난장이가 쏘아올린 작은 공》을 '난쏘공'으로 줄여서 부르듯, 이 책도 '아미자'로 줄여 부르곤 했다. '아미자'는 한스 숄, 소피 숄 남매의 만인 '잉에 숄'이 가족들의 이야기와 동생들의 마지막 날을 담담한 문체로 써 내려간 책이었다.

원래 읽지 말라고 하면 궁금해서라도 어떻게든 읽어보고 싶은 마음이 무럭무럭 솟아나는 것이 사람의 심리가 아닌가. '아무도 미워하지 않는 자의 죽음'이라는 제목의 책은 그 시절 과 학생회방이나 친구들의 책꽂이에서 쉽게 볼 수 있었던 흔한 책이기도 했다. 자연스레 나도 손때가 묻은 그 책을 몇 번쯤 읽어보게 되었다.

큰 정의감을 마음속에 품고 살던 것도 아니었는데, 안타까움, 알 수 없는 분노 등이 어우러진 감정을 한꺼번에 느꼈던 것 같다. 세상을 바라보는 관점의 균형을 조금씩 잡기 시작한 때도 그때가 아니었나 싶다. 그때까지 내내 옳다고 배워온 집단주의적 사고로부터 벗어나는 출발점이 된 것 같기도 하다. 개인적 일상의 소중함을 강조하는 여러 내용들에 큰 공명감이 느껴졌다. 독일어 선생님이 백장미단에 대해 자세히 말해주지 않은 이유도 짐작이 갔다. 여러모로 좋아하던 분이기도 했고 그 무렵 갑자기 지병으로 돌아가셨기에 더욱 생각이 났던 것 같기도 하다. 수십년이 지났지만 지금도 'Die Weiße Rose!'라고 특유의 억양으로 말씀하시던 선생님 모습이 어제 일처럼 생생하다.

꽤 오래전에 백장미단 사건을 다룬 영화를 텔레비전 방송을 통해 우연히 보게 되었다. 2000년대 초반 무렵이었던 것으로 기억한다. 결말을 알고 있었기에 무거운 마음으로 영화를 볼 수밖에 없었다. 어둡게 묘사된 장면들을 접하며 계속 볼까 말까를 고민하기도 했다. 결론적으로 본 것이 잘한 결정이었다. 책을 읽으며 장면을 머릿속으로 떠올리는 것과 재현된 모습일지라도 그 장면을 눈으로 직접 보는 것은 느낌이 너무나도 달랐다. 한스 숄, 소피 숄 남매가 처형을 앞두고 마지막으로 담배를 피우는 장면에서는 마치 내가 그 자리에서 집행을 기다리고 있는 듯한 두려움마저 일었다. 아직 담배를 피우던 시절이라 줄담배를 하며 '마지막 담배가 어떤 맛일까?' 곰곰이 생각해 보기도 했다.

솔직히 나라면 숄 남매처럼 용감하게 행동하지는 못했을 것 같다. 확률적으로 보자면 숄 남매와 트라우들 융에 사이 어딘가 회색지대에서 평범한 삶을 살았을 가능성이 가장 높을 것이다. 하지만 최소한 적극적 부역자가 되지 않으려고 나름 최선을 다하지 않았을까? 내 자신의 소중한 일상을 단단히 지키려고 노력하면서 말이다.

'언제쯤이면 그날이 올까요? 평범하게 살아가는 수백만 시민들의 작은 행복보다 더 중요한 것은 없다는 사실을 이 나라는 언제쯤 깨닫게 될까요?'○

책의 어떤 부분보다 이 문장이 가장 마음에 와닿았다. 집단을 위한 개인적 희생을 하찮게 생각하는 일부 사람들에게 꼭 해주고 싶은 말이기도 하다.

○ 《아무도 미워하지 않는 자의 죽음》, 잉게 숄, 평단, 2021, 103쪽.

My Idols
- 아이작 뉴턴, 아인슈타인 그리고 맥스웰

존경하는 사람, 좋아하는 사람이 누구인지에 따라 정체성은 크게 달라질 수밖에 없다. 사람들은 존경하는 사람의 행동을 의식적으로 모방하기도 한다. 때로는 그와 자신을 동일시하며 취미, 습관, 말투, 정치적 견해 등 정체성의 많은 부분을 만들어가기도 한다. 늘 그렇지는 않지만 존경하는 사람이 누구인지에 따라 사람의 인생이 크게 달라지기 마련이다.

1994년 10월 사법시험에 합격한 이후 검찰 등 법조 직역에서 계속 일해왔다. 약 30년이니 제법 오래 법조인으로 살아온 셈이다. 하지만 나는 법조인으로서의 모습이 내 정체성의 주요 부분이라고 생각하지는 않았다. 자기 부정일 수도 있겠지만 업무 외의 영역에서는 의도적으로라도 법조인이 아닌 것처럼 행동하려고 발버둥을 쳤던 것 같다. 나는 법조인으로서의 일들을 적성에 잘 맞는 직업(지청 특수 또는 강력검사 시절) 또는 빵을 위한 학문Brotwissenschaft°이라고만 생각했을 뿐이었다.

'검사'라는 일을 장래 직업으로 꿈꾸게 된 것은 대학교 3학년 시절이었다. 그 전까지 내가 나중에 검사가 될 것이라고 생각해 본 적은 한 번도 없었다. 검사라는 직업이 도대체 무슨 일을 하는지 알지도 못하던 때였다. 그때까지 내가 존경하는 인물들은 대부분이 과학자, 발명가, 엔지니어였고, 내 장래 희망도 '공대와 자연대' 사이를 벗어난 적은 한 번도 없었다. 나에게는 뉴턴, 아인슈타인, 라이트형제 등과 같은 인물들이 요즘의 아이돌과 같은 숭배와 존경의 대상이기도 했다.

아이작 뉴턴—거인들의 어깨 위에 서서

누군가 '인류 역사상 가장 뛰어난 천재가 누구라고 생각하느냐'고 묻는다면 나는 주저함 없이 '아이작 뉴턴'이라고 대답하겠다. 존경하는 위인으로서의 위대한 과학자인 뉴턴은 모방하고 닮고 싶은 대상이기도 했지만, 다른 한편으로는 나에게 엄청난 '좌절감'을 느끼게 한 사람이기도 하다.

뉴턴의 천재적 지력은 늙어도 지칠 줄 몰랐다. 1696년 스위스의 수학자 장 베르누이가 동료 수학자들에게 그 당시까지 미

○ 빵을 뜻하는 Brott와 지식을 뜻하는 Wissenschaft의 합성어이다.

해결로 남아 있던 최속 강하선○의 문제를 도전 형식으로 제시했다. 이 문제는 연직면 위의 두 점이 서로 떨어져 있을 때⋯ (중략) 도전장이 뉴턴에게 전달된 시각은 1697년 1월 29일 오후 4시. 그때부터 그다음 날 아침 출근 전까지, 뉴턴은 변분법∞이라는 전혀 새로운 분야의 수학을 발명했고 이것을 이용해서 최속 강하선의 문제를 해결한 뒤, 정리된 답을 돌려보냈다. 뉴턴의 풀이는 그의 요구대로 익명으로 발표됐다. 그러나 해결책의 뛰어남과 독창성으로 말미암아 저자의 이름이 저절로 밝혀졌다. 베르누이는 해답을 보자, '발톱 자국을 보아하니 사자가 한 일이다'라고 평했다고 한다. 그때의 뉴턴 나이가 55세였다.

뉴턴은 평생을 열심히 공부해도 제대로 이해하기 어려운 광학, 역학 등 어려운 물리학의 '여러 분야'를 개척했다. 그뿐만 아니라 물체의 운동을 객관적으로 서술하기 위한 수학적 도구로서 미적분을 발명하기도 했다. 그런 엄청난 업적만으로도 부족했는지 까다로운 문제 하나를 멋지게 풀어내기 위해 하룻밤 사이에 수학의 한 분야를 만들어냈다. 누구는 배워서야 겨우 이해를 하는데 그런 여러 수학 분야를 만들어냈다니 주눅이 들지 않을 수 없었다.

1987년 3월 서울대학교 전자공학과에 입학을 했다. 동네

○ 《코스모스》 제1판 7쇄 159쪽에서는 '최속 강하선'이라는 표현으로 번역되었으나, '최단강하곡선' 또는 '최단 시간 강하곡선'이라는 표현이 더 이해하기 쉬울 것이다.

∞ Calculus of variations. 공대생의 경우, 일반적으로 2학년 공학수학 시간에 변분법을 배우게 된다.

의 수재를 나름 자부했건만, 대학교에서 배우기 시작한 공대생용 일반물리학의 뉴턴 역학 부분은 고교 물리 수준을 훨씬 뛰어넘는 어려운 레벨이었다. 때로는 교재가 영어 원서임을 탓하기도 했지만 수업에 임하는 동기생들의 자신감 가득한 모습에 기가 죽을 수밖에 없었다. 열심히 애를 써도 각 단원 마지막에 마련된 연습들을 제대로 풀지 못할 때가 많았다. 300년 전 뉴턴이 《프린키피아》로 발표한 이론을 나는 300년이 지난 지금도 제대로 이해하지 못하고 있다는 생각에 쓴웃음을 짓기도 했다.

뉴턴과 동시대의 사람들도 그가 이루어낸 뛰어난 업적에 감탄하며 그 비결을 무척 궁금해했던 모양이다. 어떤 이로부터 '도대체 그와 같은 성과를 어떻게 이루어냈느냐'라는 질문을 받은 뉴턴은 다음과 같이 대답했다고 한다.

'내가 더 멀리 볼 수 있었다면, 그것은 내가 거인들의 어깨 위에 서 있을 수 있었기 때문입니다.'○

뉴턴은 자신이 만들어낸 만유인력 법칙이 자신의 노력만으로 이루어낸 결과가 아니라 선대 과학자인 갈릴레이, 데카르트, 케플러 등의 발견에서 비롯되었다고 이야기를 한 것이다. 실제로 뉴턴의 만유인력 공식은 뉴턴 역학 제2법칙과 케플러 제3법칙으로부터 어렵지 않게 유도될 수 있다.

뉴턴은 죽기 얼마 전, 자신이 이룩한 업적에 대한 세상 사

○ "If I have seen further, it is by standing on the shoulders of giants."

람들의 칭찬에 다음과 같이 답하기도 했다.

> 세상 사람들에게는 내가 어떻게 비춰질지 모르겠지만, 내가 볼 때 나 자신은 기껏해야 해변가에서 뛰어놀고 있는 어린아이와 같은 존재에 불과했다고 생각한다. 가끔씩 매끈한 조약돌이나 예쁜 조개껍질을 발견하고 즐거워하고 있지만, 거대한 진리의 대양은 아직도 그 모습을 드러내지 않은 채 내 앞에 펼쳐져 있다.

어린 시절에는 뉴턴과 같은 위대한 과학자들의 어깨 위에 올라 멀리 바라볼 수 있는 사람이 되기를 꿈꾸었다. 하지만 삶의 방향이 바뀌어 생각했던 그런 길을 가지는 못했다. 오르려다 미끄러진 것도 아니었던 것 같다. 솔직히 기가 죽어 오를 생각을 일찌감치 스스로 포기한 것이 아니었나 싶다. 가끔씩은 '좀 더 용감했더라면' 하는 생각에 오래전의 결심을 뒤돌아볼 때도 있었다. 어쨌거나 '드러나지 않은 거대한 진리의 대양'이라는 말에서 느껴지는 위대한 과학자의 겸손함에 존경심이 절로 우러날 뿐이다.

제임스 클라크 맥스웰—진로 변경의 주범

제임스 클라크 맥스웰은, 오늘날 현대 문명의 근간인 전기

전자공학 분야의 기초라고 할 수 있는 '전자기학'을 정립한 뛰어난 물리학자이다. 이처럼 우리가 누리고 있는 현대 과학 문명에 엄청난 기여를 한 사람이지만, 뉴턴이나 아인슈타인에 비해서 일반인들에게는 잘 알려져 있지 않다.

어느 학교를 다니든 전기전자공학을 전공하는 공학도라면 누구나 '전자기학'이라는 어려운 전공필수 과목을 이수해야만 한다. 대학 시절 2학년이 되어, 처음으로 접하게 된 여러 전공과목 중, 전자기학은 '넘사벽'이라는 말이 딱 들어맞을 정도로 난해한 과목이었다. 내가 머리가 나쁘다고 생각해 본 것은 그때가 처음이었다. 물리학 천재들이 만들어놓은 복잡하고 어려운 이론의 벽은 너무나도 높아서 아무리 애를 써도 도무지 이해가 되지 않았다.

다른 전공과목인 공학 수학이나 전기회로, 전자공학실험 등은 공부량에 비례하는 성적이 나왔지만, 전자기학은 완전히 차원이 다른 과목이었다. 다른 과목보다 훨씬 많은 시간을 들여 열심히 노력을 했건만, 성적은 평균점 부근을 맴돌 뿐이었다. 그런 와중에도 천재적 재능을 가진 몇몇 동기생들은 놀라운 성적을 거두기도 했다. '누군 이런 이론을 만들기까지 했는데, 이걸 이해도 못하는 내가 계속 이 공부를 계속해도 되나' 하는 걱정을 하기도 했다. 일반 물리 수업 시간에 느꼈던 좌절감과는 비교도 되지 않을 정도였다. 어쩌면 이런 경험 때문에 법조인으로 진로를 변경하지 않았을까 생각하기도 한다.

  2000년대 초반, 법조인이 되어 법조 직역에서 일하고 있는 전기전자공학과 후배들과 모임을 했던 적이 있다. 진로를 바꾸어 사법시험에 합격한 내 이야기를 듣고 자극이 되어 법 공부를 시작했다는 후배 한 명이 나에게 법 공부를 시작한 계기가 무엇이냐고 물었다. 그때 나는 웃으며 "전자기학이 너무 어려워서! 전자기학이 조금만 더 쉬웠더라면 내 진로가 바뀌었을 수도 있지!"라고 대답했다. 그 말을 들은 후배들이 모두 웃으며 같은 취지의 이야기를 했던 것을 보면, 전자기학은 누구에게나 쉽지 않은 과목이었던 것 같다.

  2016년경 본가에 갔다가 30년 가까이 된 1학년 시절의 전자과 과티와 함께 직접 쓴 전자기학 연습문제 풀이 몇 장을 발견했다. 거의 다 버렸는데 그런 물건들은 어머니께서 보관을 해놓으셨다고 했다. '이 문제를 내가 풀었던가?' 싶을 정도로 도무지 이해조차 가지 않는 복잡한 수식과 계산을 적어놓은 리포트 용지를 보니 감회가 새로웠다. 과거의 고생했던 기억들도 생생하게 떠올랐다. '그 많은 옛날 책들 중에서 왜 하필이면 이게 남아 있지?'라며 떨떠름해하기도 했다. 모두 버리려다가 기념 삼아 남겨두는 것도 괜찮은 것 같아 잘 보관하기로 마음을 고쳐먹었다.

  후에 '물리전자', '통신방식', '신호 및 시스템' 등 다른 상급

과목을 수강하면서 전자기학을 완벽하게 이해하지 못하더라도 응용 과목을 배우는데 큰 지장이 없다는 사실을 알게 되었다. 하지만 그때는 이미 전자공학에 마음을 접고 진로 변경을 심각하게 고민하고 있었던 때였다. 이미 마음이 떠나 돌아갈 생각은 전혀 없었다. 돌아가기에는 이미 늦었다는 성급하고 철없는 생각도 했던 것 같다.

힘들었던 대학교 2학년 시절, 전자기학 문제 풀이로 끙끙거리던 나에게 누군가가 '완벽하게 이해하지 못하더라도 실무 연구를 하는 데는 큰 지장이 없다, 나중에 꼭 필요한 때가 되면 다시 공부해도 된다'라는 조언을 해주었더라면, 내 인생이 바뀌었을지도 모른다는 생각을 요즘도 가끔씩 한다. 못 가본 길에 대한 '후회'까지는 아니지만, 최선을 다하지 못한 아쉬움은 길게 남는다.

알베르트 아인슈타인

아인슈타인은 뉴턴과 함께 내가 존경하는 과학자들 중 한 사람이다. 상대성 이론 때문에 애를 먹었지만, 아인슈타인은 내 기억 속에 '맥스웰'처럼 고통스러운 이름으로 남아 있지는 않다. 아인슈타인이 천재 과학자라는 사실, 그리고 상대성 이론을 만든 사람이라는 것은 누구나 알지만, 아인슈타인의 상대성 이론을 완전하게 이해하기는 정말 어렵다. 우리가 일상에서 경험하는 세상에서는 그 이론이 실제로 적용되는 것을 느끼기 어렵고 우리의 기존 상식과는 어긋나는 부분도 많기 때문일 것이다. '제대로 이해한 것 같다고 생각한다면 잘못 이해한 것'이라는 말이 있을 정도로 상대성 이론을 이해하는 것은 정말 쉽지 않다. 쉽지 않지만 이런 예를 들어보자.

시속 50킬로미터로 달리는 자동차 안에서 시속 50킬로미터의 속도로 야구공을 던진다면, 그 자동차 밖에서 자동차를 관찰하고 있는 관찰자의 눈에는 야구공이 시속 몇 킬로미터로 날아가는 것처럼 보일까? 이 문제는 너무나도 쉽다. 대부분의 사람들은 '시속 100킬로미터'로 날아가는 것처럼 보인다고 금방 대답을 할 것이다.

그렇다면, 초속 3만 킬로미터의 속도로 날아가는 우주선 안에서 진행 방향과 같은 방향으로 전조등을 켠다면 그 우주선 밖에 있는 사람의 눈에 그 전조등에서 나온 빛의 속도는 어떻게 보이게 될 것인가?

우리가 살고 있는 일반적인 세상에서의 상식에 의하면, 당연히 '초속 3만킬로미터+광속'이 되어야 하겠지만, 아인슈타인의 상대성 이론을 공부한 우리는 이러한 답이 잘못된 것이며, 그 경우에도 역시 '광속'으로 일정함을 알고 있다. 얼핏 보기에 단순해 보이는 이야기이지만, 이 광속 불변의 법칙에서 상대성 이론의 모든 결론이 이끌어져 나오게 된다. 광속에 가까운 속도로 운동하는 사람의 시간이 늦게 흐르고, 질량이 증가하며, 길이가 짧아지고, 강한 중력이 공간을 왜곡하고 시간을 천천히 흐르도록 하는 현상이 모두 이 광속 불변의 법칙과 불가분의 관계에 있으니 말이다.

앞서도 이야기했지만 대학교 3학년 이전까지 나는 줄곧 이과 쪽 공부를 해왔고 이과 쪽 진로 이외의 다른 길을 한 번도 꿈꾸어 본 적이 없었다. 나에게 있어 아인슈타인은 요즘 아이돌 스타와 같은 존재가 아니었나 싶다. 지금도 누군가가 나에게 '마이클 잭슨', 'BTS', '아인슈타인' 중에서 누구의 사인을 갖겠느냐고 묻는다면 나는 잠깐도 주저함 없이 바로 '아인슈타인'이라고 대답할 것이 분명하니까 말이다.

아인슈타인은 뛰어난 과학자이기도 했지만, 어찌 보면 '위대한 반골'[○] 내지 '개인주의자', '자유주의자', '평화주의자'였다. 누구보다 철저한 과학의 신봉자이면서도 종교적으로는 철저한 '유신론자'이기도 했다. 이와 같은 아인슈타인의 생각들은 아인슈타인이 남긴 여러 말을 통해서도 다시 한번 확인할 수 있다. 비교적 많이 알려지고 나 자신도 공감했던 아인슈타인의 말들을 몇 개 정리해 보면 다음과 같다.

'신은 주사위 놀음을 하지 않는다.'[∞]

[○] 과거 발간되었던 아인슈타인 전기의 한국어 부제로 쓰인 적도 있다.
[∞] 양자역학의 여러 주장을 반박하며 했던 말로 유명하다. 닐스 보어를 중심으로 한 코펜하겐 해석과 하이젠베르크의 불확정성의 원리를 부정하면서 한 말이다.

'처음으로 나의 정치적 신념을 고백합니다. 국가가 인간을 위해 존재하는 것이지 사람이 국가를 위해 존재하는 것이 아닙니다.'

'상상력은 지식보다도 중요하다.'

'교육이란 학교에서 익힌 것들을 모두 잊어버린 뒤에도 남아 있는 것들이다.'

'상대성 이론이 사실로 밝혀진다면○, 독일 사람은 나를 독일인이라고 할 것이고, 프랑스 사람은 나를 세계시민이라고 할 겁니다. 하지만, 사실이 아니라면 독일 사람은 나를 유태인이라고 하고, 프랑스 사람은 나를 독일인이라고 하겠죠.'

아인슈타인은 유머 감각이 꽤나 뛰어난 사람이기도 했던 모양이다.

대학교 3학년 1학기에 전공필수 과목인 '현대 물리' 과목을 수강하게 되었다. 그 학기에 들었던 다른 어떤 과목보다도 재미를 붙였다. 별도로 공부를 하지는 않았지만, 최소한 수업은 열심히 듣기로 마음을 먹었다. 알쏭달쏭한 느낌이었지만 교수님께서도 열정적으로 강의에 임하셨다. 다만, 그런 훌륭

○ 상대성 이론은 1919년 아서 에딩턴의 일식 관측에 의해 분명하게 입증되었다.

그날의 나를 만든 것

한 강의에도 불구하고 내가 그 내용을 제대로 이해를 한 것인지는 도무지 확신을 할 수가 없었다. 그래도 현대 물리학 전반을 두루 다루는 내용이라 유익하다고 생각하고 꽤 열심히 들었던 것 같다. 현대 물리 과목은 크게 상대성 이론과 양자역학 두 가지 분야로 나뉘어져 있었다. 상대성 이론도 어려웠지만 양자역학 부분은 과거에 공부해 본 그 어떤 분야보다도 난해하고 버거운 과목이었다.

아직까지도 수업시간에 들었던 '트윈 패러독스', '슈뢰딩거의 고양이', '불확정성의 원리' 등 여러 가설, 문제와 이론들의 명칭은 잊을 수 없다. 수식들은 모두 잊었지만, 이런 이름들은 쉽게 잊히지 않는 것 같다. 이해와는 별개의 문제이지만 말이다.

결과적으로 좋은 학점도 받지 못했다. 당연히 내가 상대성 이론과 양자역학을 제대로 이해했을 리도 없다. 대학 졸업 이후 내내 법조인으로 살았으니 그때 배웠던 내용이 업무적 측면에서 큰 쓸모가 있었을 리도 없다. 하지만 요즘도 그때 강의시간에 들었던 내용들을 종종 떠올려 보곤 한다. 이 수업은, 우리가 경험하고 있는 세상 너머에 이해하기 어려운 무엇인가가 분명히 존재하고 있다는 사실을 꾸준히 생각하도록 하는 계기를 만들어주었다. 그것만으로도 수업의 의의는 충분했던 듯싶다.

평범한 일상과 우리 주변 시공간에 대한 관심
- 《코스모스》

초등학교 6학년 무렵, TV 방송을 통해 다큐멘터리 〈코스모스〉가 인기리에 방영되기 시작했다. 지금은 작고한 칼 세이건이 나레이션을 맡은 프로그램이었다. 볼 만한 프로그램이 많지 않았던 때라서 그런지 상당히 인기를 끌었던 것으로 기억한다. 그 당시만 해도 지금처럼 도시 불빛이 밝지 않고 야간 통행금지도 있었기에 큰 도시에서도 웬만한 별자리, 새로 나타난 혜성 등은 쉽게 볼 수 있었던 때였다. 그러니 밤하늘에 대한 관심도 요즘보다는 훨씬 높았던 것 같다. 제작된 영상 수준도 그 당시 기준으로는 꽤 높았던 모양이다.

칼 세이건의 저서 《코스모스》는 이처럼 인기리에 방영되었던 TV 다큐멘터리의 내용을 보충하여 글로 옮겨놓은 책이다.

발간된 지 벌써 반세기가 다 되어가는 책이지만, 과학자, 과학사, 최신 우주론, 진화론 등을 폭넓게 다루고 있다. 워낙 잘 쓰여진 책이기에 요즘에 읽어보아도 시대에 크게 뒤떨어진다는 느낌은 들지 않는다.

1987년 상반기 대학 신입생 첫 학기에는 과학 분야 두 과목을 무조건 이수하도록 정해져 있었다. '물리학1' 과목은 필수 과목으로 무조건 들어야만 했다. 생물은 별로 좋아하지 않고, 화학을 두 학기 모두 듣기는 싫어서 선택 과목으로 평소 관심이 있었던 '천체물리학' 강의를 골랐다. 당시 우리나라 천체물리학 1세대 학자 중의 한 분인 현정준 교수님이 그 과목 강의를 담당하고 계셨다. 천문학 강의에 딸려 있는 실험 시간에는 특정 행성이나 천체에 대한 관측 데이터를 기본 자료로 받아 이를 이용하여 행성의 질량, 대기 성분 등 문제로 주어진 값을 계산하는 과제가 주어졌다. 나름 흥미로운 시간이었지만, 주어진 과제는 '지구와 달까지의 거리', '금성의 대기 성분 분석', '목성의 질량 계산' 등의 쉽지 않은 문제들이 대부분이었다.

가끔씩 들려주시는 미국에서 공부할 때의 일화도 매우 흥미로웠다. 대학교 1학년 때 나는 미국은커녕 비행기조차 타본 적 없었으니 유학생활 이야기가 엄청난 호기심을 불러일으킬 수밖에 없었다.

교수님은 애리조나의 '로웰 천문대'에서도 근무를 한 적이 있다고 하셨다. '로웰'이라는 이름에 귀가 번쩍 뜨였다.

칼 세이건의 책《코스모스》에는 천문대를 세워 평생 화성을 관측하였던 퍼시벌 로웰의 이야기가 꽤 많은 분량으로 서술되어 있다. 로웰이 화성 관측에 사용하던 구경 1미터의 거대한 굴절망원경 사진도 실려 있다. 로웰은 이 망원경을 이용하여 화성을 관측하고, 여러 과학 책에서 언급된 화성 운하의 그림을 그린 사람이기도 했다. 교수님의 이야기에 당연히 관심을 갖지 않을 수 없었다. 내게 천문학을 가르쳐주는 교수님이 그 천문대에서 직접 연구를 하신 적이 있다고 하니 로웰 천문대에 대한 궁금증도 부쩍 높아졌다. 로웰 천문대가 있는 애리조나 플래그스태프의 '마스 힐' 뿐만 아니라 애리조나 풍경에 대한 여러 이야기들도 흥미를 자극했다. 언젠가 기회가 되면 꼭 방문해 보겠다고 마음을 먹었다.

2003년 여름, 미국 해외연수를 마칠 무렵 가족들과 40번 고속도로를 따라 미국 횡단여행을 떠났다. 애리조나를 지나는 길에 드디어 '마스 힐'과 '베린저 운석공'을 방문했다. 유명한 관광지인 '세도나' 지역도 둘러보았다. 책에서 보고 수업 시간에 들었던 그 장소를 드디어 가본 것이다. 이처럼 여행 안내서가 되어주기도 한 셈이니《코스모스》라는 책이 어떤 식으로든 나에게 큰 영향을 주었음은 분명한 듯하다.

법무부, 검찰 근무를 하며 사무실을 옮길 때면 짐을 최대한 줄여서 늘 한 박스 분량이 넘지 않도록 했다. 불필요한 물건들은 모두 버리기도 했다. 적은 분량의 이삿짐이었지만, 손때 묻은 《코스모스》 한 권은 이삿짐 박스 한쪽 구석에 늘 자리를 잡고 있었다. 이 책을 버리면 이공계 출신인 내 정체성의 일부를 모두 잃어버릴지도 모른다는 걱정에서 그처럼 고집을 부렸던 것이었는지도 모르겠다.

《코스모스》와 같은 책으로 우주론과 현대 물리학 이론을 접하다 보면 우리가 직접적으로 느끼며 살아가는 일상 너머에 무엇인가 거대한 미지의 세계가 있고, 우리의 이해관계와 무관한 실체가 확실히 존재한다는 사실을 깨닫게 된다. 책에 언급된 장소를 방문해 보고 싶기도 하고, 사진 등을 통해 보았던 수성, 목성, 토성 등과 같은 행성과 성운, 성단, 은하와 같은 우주 천체를 직접 관측해 보고 싶다는 생각도 자연스레 들기 마련이다. 당시 수업에서 학교 천문대의 망원경으로 천체관측을 해볼 수 있는 기회가 있었는데 그걸 놓친 것이 참 아쉽다 (그래서 후에 천체관측 취미가 생긴 걸까).

워낙 《코스모스》를 좋아하다 보니, 저렴한 버전의 영문판도 하나 구입을 했다. 하드커버판, 애장판, 칼 세이건의 부인 '앤 드루얀'의 서명본 등 여러 권의 책을 구입하거나 얻어서, 가지고 있는 책은 모두 다섯 권이나 된다. 똑같은 책을 꽤 많이 구입한 셈이다. 10여 년 부터는 《코스모스》를 여러 권 구입해서 후배나 직원들이 전출할 때마다 기념 선물로 주기도 했다. 여지껏 구입한 책이 대략 백여 권은 되지 않을까 싶다. 《코스모스》를 가장 많이 구입한 사람이 어쩌면 나일 수도 있겠다는 생각을 하기도 한다.

좋아하는 책, 갖고 싶은 책 등, 책에 대한 취향은 서로 많이 다르기 마련이다. 내가 책을 선물했던 후배나 직원들에게 '그 책 읽어 보았느냐, 읽어보니 어땠느냐'라고 물으면, 멋쩍게 웃어넘기며 읽어보지 못했다고 대답하는 경우가 대부분이었다. 내가 책을 주었던 법무·검찰 후배, 직원들에게는 그 책이 선배·상사로부터 억지로 넘겨받은 두껍고, 무겁고, 어렵기만 한 부담스러운 선물이 되었던 모양이다.

《코스모스》는 바쁘고 분주한 일상 속에서도 가끔씩 우리를 둘러싼 거대한 우주 공간의 존재를 한 번쯤 돌이켜 볼 수 있기를 바라며 준, 나름 뜻깊은 의미를 담은 선물이었다. 책을 받은 사람들이 각자 전 우주만큼 소중한 존재임을 느낄 수 있기를 바라며 건넨 마음의 선물이기도 했다. 살면서 단 한 번이라도 우리를 둘러싼 우주의 무한함에 대해 생각해 보는 것도 나름 큰 의미를 갖는 일이 될 수 있을 것이니 말이다.

우주 공간의 크기는 인간의 능력으로는 쉽게 인지하기가 어려울 정도로 엄청나게 거대하다. 인간은 평소 자주 접하던 크기만 이해할 수 있을 뿐, 아주 작거나 지나치게 거대한 것은 그 크기를 쉽게 가늠하지 못한다고 한다. 일례로 지구로부터 태양까지의 거리는 약 1억 5,000만 킬로미터로서 이를 1천문단위(1AU = 1 astronomiacal unit = 약 1억 5,000만 km)라고 하는데, 이는 자연계에서 가장 빠른 빛의 속도로도 8분 20초가 걸리는 거리에 해당한다. '일 억 오천', '팔 분 이십 초'라는 자주 보았던 숫자의 익숙함 때문에 그 거리가 별것이 아니라고 생각을 할 수도 있다.

이를 일반적인 거리 감각으로 바꾸면 이 거리가 얼마나 엄청난 거리인지를 알 수 있다. 1억 5,000만 킬로미터의 거리는 우리가 자동차를 몰고 하루에 1,000킬로미터씩 꾸준히 이동한다고 해도 총 15만 일이 소요되는 거리에 해당한다. 햇수로는 약 410년이 걸려야만 도달할 수 있는 거리인 것이다. 한편, 1년에 2만 킬로미터 정도를 주행하는 평균적인 운행 패턴으로는 약 7,500년이 걸려야만 도착할 수 있는 엄청난 거리이기도 하다.

한 가지 예를 더 들어보기로 한다. 태양에서 가장 가까운 태양계 밖 첫 번째 항성은 프록시마 센타우리, 즉 센타우르스자리 프록시마 별이다. 이 항성은 태양으로부터 약 4.25광년의 거리에 있다.

빛의 속도로 약 4년 3개월이 걸리는 이 거리가 어떤 거리인지를 체감하기 위해서는 100원짜리 동전을 사용하는 것이 좋다. 아까 이야기했던 1천문단위의 거리는 참고가 될 수 있다. 지구궤도를 100원짜리 동전 크기로 축소하여 약 24밀리미터 직경의 100원짜리 동전 한가운데 태양을 두었다고 보면 동전의 직경은 2천문단위가 된다. 가운데 중심에 태양이, 그 테두리를 지구가 공전하게 되는 것이다. 물론 그 거리는 연간 2만 킬로미터의 주행패턴으로 볼 때 7,500년이 걸리는 거리에 해당한다. 이런 축소 비율에 따르면 위 프록시마 센타우리 항성은 동전 중심으로부터 약 3.2킬로미터의 거리에 떨어져 있는 작은 점 하나에 해당한다는 계산을 할 수 있다.

우리가 잘 아는 것처럼, 우리 은하에는 이런 별들이 수천만 개 이상 존재한다. 또한 우주 전체에는 수없이 다양한 모양의 은하들이 수천만 개 이상 있으며, 지금 관측된 가장 먼 은하까지의 거리는 120억 광년을 훌쩍 넘는다고 한다. 정말 어마어마한 크기가 아닐 수 없다. 어쩌면 우주의 크기를 묘사하기 위한 새로운 형용사를 만들어야 할지도 모를 노릇이다.

《코스모스》의 맨 앞 페이지에는 자신의 부인인 '앤 드류얀'에게 바치는 헌사가 있다. 기억에 남는 글이기도 하고 《코스모스》라는 책이 전달하고자 하는 바를 함축한 문장이 아닌가 싶다.

광활한 우주 공간과 끝없이 이어지는 시간의 영원함 속에서 같은 행성과 같은 시대를 아내 앤과 함께 공유할 수 있었던 것은 나의 기쁨이었다.

In the vastness of space and the immentsity of time, it is my joy to share a planet and an epoch with Annie.

복잡한 세상이지만, 우리 모두가 같은 시대에 같은 지구 행성에서 태어나 함께 살아가고 있다는 사실은, 그야말로 엄청난 인연이 아니고서는 불가능한 일임이 분명하다.

내가 지키고 싶은 일상들

체중 감량과 마라톤 도전기

대학교 1학년 때인 1987년 봄부터 피워오던 담배를 19년 만인 2006년 12월 30일에 끊었다. 하루에 두 갑 이상 피워오던 골초였던 나로서는 담배를 끊는 것이 정말 힘들었다. 금단 증상을 극복하기 위해 사탕, 과자 등 군것질거리를 달고 살아서 그랬는지 체중이 90킬로그램에 육박할 정도로 급격히 불어버렸다. 옷도 모두 새로 바꿔야 했고 힘들고 숨이 차서 불어난 몸무게를 도무지 감당할 수 없었다.

2009년 가을, 서울중앙지검 부부장 시절부터 승용차 통근을 그만두고 대중교통을 이용해서 출퇴근하기 시작했다. 버스 출근을 마음먹었던 첫날, 내 결심을 시험이라도 해보려는 듯 비가 꽤 내렸다. '오늘 말고 내일부터'라고 나를 유혹하는 듯했다. 포기하고 싶은 마음을 겨우 이겨내고 우산을 쓰고 버스로 출근을 했던 기억이 생생하기만 하다.

대중교통을 이용한 출근과 간식 자제, 구내식당 이용 등의 방법으로 10킬로그램 이상의 체중을 감량했다. 그 정도 체중을 감량하니 버리지 않고 옷장에 걸어두었던 옷들을 다시 입을 수 있었다. 하지만 아직도 몸은 무겁기만 했고 업무량이 상당하다 보니 특별한 운동은 꿈도 꾸기 어려웠다. 그렇게 정체 상태로 몇 개월을 보내다가 2010년 여름 부산지검 공판부장으로 자리를 옮기게 되었다.

달리기를 시작하게 된 것은 공판부장으로 근무하던 끝 무렵인 2011년 5월경이었다. 선배 부장 등과 함께 가끔씩 치던 테니스를 장마 때문에 그만둘 수밖에 없었다. 장마철에 대체 훈련 삼아 아시아드 경기장 보조운동장을 살살 달리기 시작했는데, 생각보다 재미있었다. 체중도 조금씩 줄어들기 시작했다. 순발력이나 민첩성을 요하는 탁구, 테니스 등 여러 운동은 어렵게만 느껴졌는데, 평범하기만 한 달리기 운동은 의외로 나에게 잘 맞는 것 같다는 느낌이 들었다. 체중도 조금씩이지만 매일 꾸준히 줄어들고 있었다. 제대로 재미가 붙은 것이다. 공부도 시작했다. 달리기에 대한 글도 여럿 찾아보며 진지하게 러닝이라는 운동에 대해 알아가기 시작했다.

'인간 기관차'라는 별명으로도 유명한 전설적 마라토너인 에밀 자토페크는 "새는 날고, 물고기는 헤엄치고, 인간은 달린다"라는 말을 했다고 한다. 연구 결과에 의하면, 인간은 빨리 달릴 수 있는 능력을 갖추지는 못했지만, 어떤 동물보다도 꾸준한 속도로 오래 달릴 수 있는 강한 지구력을 갖추고 있다고 한다. 꾸준한 속도로 계속해서 달릴 수 있는 능력을 갖춘 인간은 선사시대 때부터 집단을 이루어 목표물인 사냥감을 끈질기게 쫓아 지쳐 쓰러지도록 하는 방법으로 사냥을 했다. 이른바 '지구력에 의한 추적 사냥 기법'을 활용했던 것이다. 오지에 사는 일부 원시 부족의 경우 아직도 이런 방법으로 동물들을 사냥하는데, 이런 방법이 몰래 숨어서 사냥하는 것보다 성공 가능성 등 사냥 효율을 더 높일 수 있는 것으로 밝혀졌다고 한다.

요즘 시대에 이처럼 사냥을 목적으로 달리기를 시작하는 사람은 아마도 없을 것이다. 하지만 이런 이야기들 덕분에 달리기라는 운동에 큰 흥미를 갖게 되었다. 꾸준히 뛰는 것이 인간 본래의 모습임을 알고 나니 훈련을 하면 더욱 잘 달릴 수 있을 것이라는 자신감이 솟기도 했다. 달리기가 갈수록 재미있어졌다.

처음에는 정규 운동장 한바퀴 400미터도 제대로 뛰기 힘들었는데, 꾸준히 달리기를 하다보니 5킬로미터의 거리를 가볍게 완주할 수 있었다. 한 달쯤 지났을 무렵에는 체중도 20대

때의 몸무게 수준으로 줄어들었다. 시간이 지남에 따라 달릴 수 있는 거리가 늘어나고 달릴 수 있는 속도도 점차 빨라졌다.

2011년 10월 10킬로미터 거리의 달리기 대회에 출전하여 51분의 기록으로 완주할 수 있었다. 첫 대회 참가였다. 비록 10킬로미터 대회였지만 완주의 기쁨은 그 이후 어떤 대회 때보다 컸다. 걱정이 되어 따라온 아내도 무척이나 기뻐하며 축하해 주었다. 더 열심히 훈련을 하기로 마음먹었다.

어느 날 17킬로미터 정도의 거리를 달리고 마포대교를 건너 집으로 돌아오는 길이었다. 갑자기 머릿속이 상쾌해지더니 나와 바깥세상의 경계가 모두 허물어지고 하나가 된 듯한 신기한 기분이 느껴졌다. 100여 미터 이상을 달리는 동안 내내 그런 기분을 느꼈던 것 같다. 정말 상쾌하고 행복한 느낌이었다. 말로만 듣던 '러너스 하이'라는 것을 처음 경험해 본 순간이었다. 초등학교 동창인 전문의 친구에게 물어보니 도파민과 베타 엔도르핀의 폭발적 분비로 인한 증상일 수도 있다고 했다. 재미있기도 하고, 한편으로는 제대로 방향을 잡고 훈련을 하고 있다는 확신도 갖게 되었다.

2012년 3월에는 서울국제마라톤(동아마라톤)에 참가하여 처음으로 42.195킬로미터의 정규 풀코스 마라톤을 완주했다. 그 이후 코로나 사태 때를 제외하고 매해 2~3회씩 풀코스 마라톤 대회에 참가해 왔다. 최소한 20여 회 이상 풀코스 마라톤을 완주한 셈이다. 2013년 여름에는 강화도 한 바퀴를 달리는 100킬로미터 거리의 울트라 마라톤에 참가하기도 했다. 죽도록 힘들었지만 밤새도록 달려 아침을 맞이하던 순간은 잊을 수 없을 만큼 행복했다.

비슷한 페이스의 주자들과 함께 어울려 뛰다 보면 알 수 없는 깊은 동료애가 느껴지는 경우도 있다. 강화 서부 해안도로를 달리며 바라본 해질녘 석양 등, 강화도의 여러 풍경들은 너무나도 아름다웠다. 저녁이 되어 밤 9시 무렵에는 여름 별자리가 보이기 시작하더니 자정이 넘어서는 능선 위로 겨울 별자리들이 하나둘씩 떠오르기 시작했다. 75킬로미터 지점까지는 그래도 참을 만했는데, 그 거리를 넘어서면서부터는 너무나도 고통스러웠다. 마음속으로 '완주, 완주'를 외치며 안간힘을 써서 간신히 나머지 코스를 마칠 수 있었다.

완주 후 골인지점을 통과할 때 느낀 감정은 엄청난 고통과 성취감, 안도감과 기쁨이 혼합된 말로 표현하기 힘든 벅찬 느낌이었다. 골인 순간 엄청난 안도감이 느껴지기도 했다. 엄청나게 기쁠 줄 알았는데 '성공', '성취'보다 '마무리의 느낌'이나 '안도감'이 더 강했다. '죽을 때가 이처럼 감동적인 것이라면, 죽는 게 하나도 두려울 이유가 없겠다'라는 황당한 생각도 들었다.

완주 후 몸도 제대로 못 가눌 정도로 힘들고 고통스러운 상태에서 겨우 대회본부를 찾아가 완주 기록이 기재된 기록증을 받을 수 있었다. 완주 기념품은 5킬로그램짜리 강화쌀 한 포대와 이런저런 지역 농산품이 들어 있는 제법 무거운 봉투였다. 다리가 천근만근인데 이런 무거운 기념품을 받아드니 곧 쓰러질 것 같았다. 엄청난 고생 끝에 받은 기념품이니 억지로 받아들고 겨우 집으로 돌아왔다. 아마도 이때 받은 기념품 봉투가 살면서 가장 무겁게 느껴졌던 5킬로그램짜리 물건이었을 것이다.

유행처럼 얼마쯤 뛰다가 스쳐 지나갈 줄 알았던 마라톤 취미에 푹 빠져 있는 나에게 주변 사람들은 '마라톤의 어떤 점이 그렇게 좋으냐'고 묻는다. 어떤 친구들은 '그 힘든 운동이 뭐 그리 좋다고 계속하느냐. 이제 나이에 걸맞은 취미를 찾아보라'며 잔소리를 하기도 한다.

동의하기 어려운 질문인지라 말없이 웃어넘기기는 했지만, 그럴 때마다 '내가 왜 이런 지구력 운동을 좋아하는지', '달리기를 계속해야 할 합당한 이유가 무엇인지'를 곰곰이 생각해보게 된다.

달리기는 체력의 기본이라고 할 수 있는 '유산소 능력'을 강화하는 데 큰 도움이 된다. 달리기를 하면서 발생하는 착지 충격은 근육을 강화하고 골밀도를 높이는 효과가 있다. 혈액순환이 좋아져 두뇌 활동을 활발하게 하고 인지 기능 향상, 기억력 증진, 우울증 완화 등의 숨은 효과도 있다는 연구 결과도 쉽게 찾아볼 수 있다.

사실 여러 이유로 심한 스트레스를 받는 상황에서도 달리기를 하면 기분이 좋아지고 그때까지 받았던 업무 피로감이 모두 사라지는 느낌이었다. 2011년 달리기를 시작한 이후 성격도 많이 변했던 것 같다. 아내도 언젠가 나에게 "당신은 운동을 시작한 다음부터 정말 좋은 쪽으로 많이 변했어요"라며 격려를 해주기도 했었다.

특별한 준비가 없어도 그저 간단한 운동복에 러닝화만 있으면 바로 달리기를 시작할 수 있다. 시원한 바람을 맞으며 집 근처 한강 산책로를 달리다 보면, 그 순간만큼은 나는 세상에서 가장 행복한 사람이라고 생각하게 된다. 때로는 달리면서 경험하는 육체적 고통이 일상의 정신적 고통을 모두 잊게 만들어주기도 한다. 달리는 순간뿐만 아니라 달리기를 마친 이후에도 이런 기분 좋은 느낌은 쉽게 사라지지 않는다. 호흡을 가다듬으며 주로를 달리는 단순한 동작만으로도 이처럼 대단한 행복감을 느낄 수 있다는 것이 신기할 뿐이다. 달리기를 마치는 순간에는 모두가 행복한 '승자'가 될 수가 있다. 한 사람이 '승자'가 되면 누군가는 '패자'가 될 수밖에 없는, 승부를 겨루는 운동과는 분명히 구별되는 차이점이기도 하다.

2014년 여름, 사고로 오른쪽 대퇴부에 심한 부상을 입어서 오래 재활을 해야만 했다. 무엇보다 달리기를 하지 못하는 것이 너무 괴롭고 힘들었다. 사고 후 약 8개월이 경과한 2015년 3월, 대퇴부에 박아넣은 철심을 그대로 둔 채로 이를 악물고 뛰어 동아마라톤 풀코스를 다시 완주할 수 있었다. 그동안 고생 때문인지 완주 후 오랜 만에 코끝이 찡하는 감동을 느낄 수 있었다. 그 이후로도 매해 최소 두세 번씩은 풀코스 마라톤 대회에 꾸준히 참가하고 있다. 하지만, 부상 후유증으로 조금은 불편해진 다리, 장거리 훈련 부족 등 여러 이유로 울트라마라톤에는 다시 도전해 볼 엄두를 내지 못하고 있다. 큰 부상 이후 내 나름 재활의 기준을 '울트라마라톤 완주 성공'으로 잡았었다. 이 기준으로 보면 나는 아직도 완전히 회복하지는 못한 셈이다. 해가 갈수록 예전 같지 않아 힘들겠지만, 꼭 한 번은 울트라마라톤에 다시 도전해 볼 생각이다.

새로운 도전—수영 이야기

늦게나마 제대로 수영을 익히게 된 것은 참 고마운 일이다. 수영은 달리기 못지않게 좋은 운동이니 말이다. 달리기와 다르게 새로 배워야 하고 수영장을 찾아가야 하는 등의 몇몇 단점도 있지만, 이런 단점을 상쇄하고도 남을 정도로 많은 장점이 있는 운동이다.

지금은 철인3종 경기에도 참여하고 있지만, 40대 초반까지 나는 전혀 수영을 하지 못했다. 2011년 가을 무렵 부산지검 근무 시절, 선배의 권유로 사직수영장 기초반에 등록을 했다. 새벽부터 줄을 서서 수영등록 신청을 하는 것부터 쉽지 않았다. 수영 강습 그 자체보다 어려운 것이 '수영 강습 신청'이라더니 그 말이 사실이었다. 새벽 잠을 쫓아가며 차가운 물속에서 수모를 쓰는 법부터 배우기 시작했던 첫 수영 강습의 어색함과 두려움은 아직도 생생하다.

수영을 권유한 선배는, 이미 철인3종 경기를 수차례 완주해본 경험이 있는 연수반급 수영 실력자였다. 연수반 강습을 마치고도 거의 매일 2킬로미터 이상 꾸준히 자유 수영을 하고 있을 정도로 수영에 진심인 사람이었다. 망설이던 나에게 수영이 얼마나 좋은 운동인지를 열심히 설명하며 수영을 배우라고 권유했다.

"여기처럼 수영하기 좋은 곳은 전국 어디에도 없어. 국제 규격의 50미터 레인에서 언제나 자유 수영이 가능하니까 말이야. 관사에서도 가깝고 조금 낡았지만 시설도 나쁘지 않아. 여기서 수영을 배우지 않으면 어쩌면 평생 후회할지도 모른다구!"

두 달간 버티다가 10월이 되어서 드디어 수영 강습에 등록을 한 것이었다. 산책 삼아 시내에 나갔다가 동대문 DDP 부근 수영용품 전문점에서 수영복, 수모, 물안경, 수영가방 등 필요한 물건을 구입했다. 아내도 '열심히 배워보라'며 격려를 해주었다. 수영복, 수모, 물안경 등은 모두 바뀌었지만 그때 구입한 수영가방은 아직도 그대로 사용하고 있다. 만으로 13년이나 사용한 셈이다. 금속 부품에 녹도 슬고 모양새도 형편없어졌지만 정이 든 물건이라 쉽게 바꾸지 못하고 있다.

수영은 생각처럼 실력이 쉽게 늘지 않았다. 선배는 조급해하지 말라며 고쳐야 할 점을 매일 한두 가지씩 알려주었다. 이른바 '원포인트 레슨'이었다. 덕분에 빼먹지 않고 꾸준히 강습을 받으러 가게 되었다.

나이가 들어 시작한 수영 강습이었지만, 기초반에는 나 말고도 비슷한 또래의 수강생들이 꽤 있었다. 나처럼 처음 배우는 사람도 있었지만, 어떤 사람은 몇 번 실패 끝에 다시 도전을 하는 것이라고 했다. 앞 순번의 한두 사람을 제외하고는 다들 비슷한 처지, 비슷한 실력인지라 부담 없이 즐거운 마음으로 수영 강습에 임할 수 있었다. 그야말로 '시나브로' 수영 실력이 늘기 시작했다

한 달이 지나 자유형으로 25미터를 겨우 힘겹게 갈 수 있었다. 그것만으로도 엄청난 성과였다. 꾸준히 강습을 받으며 조금씩 거리가 늘기 시작하더니 수영 4개월 정도가 지나서는 드디어 1킬로미터를 자유형으로 완영할 수 있는 날이 오고야 말았다. 당시에는 접영을 막 배우기 시작했던 시절로 아직 팔꺾기 동작도 익히지 못한 상태였다. 팔을 곧게 뻗어 휘두르는 기초 자유형 방식으로 1킬로미터 완영을 하였던 것이니 나름 대

단한 성과였다. 기쁜 마음에 아내에게 전화를 걸어 한참 동안 자랑을 했다.

그 무렵부터는 수영에 재미를 붙여서 퇴근 이후 특별한 약속이 없으면 무조건 수영장에서 시간을 보내곤 했다. 저녁시간 내내 수영 연습을 하다가 저녁 10시에 문을 닫으면 그제서야 관사로 돌아오곤 했다. 운동에 방해가 될까 봐 술자리는 최대한 피하려고 노력했다. 어떤 사람들은 지방 근무를 하면 술을 너무 많이 마셔서 '지방'간이 되는 것이라는 '아재개그'를 하기도 했지만, 그런 말들은 선배나 나와는 완전히 무관한 얘기였다.

등록한 수영 강좌는 '화수목금토' 5일제 강습반이었다. 2011년 10월에 등록을 해서, 2012년 8월 중순까지 약 10개월간 토요일을 제외하고 매주 4일씩 꾸준히 출석을 했다. 해외 출장을 갔던 기간과 불가피한 사정으로 출석하지 못한 3일을 제외하고는 빼먹지 않고 강습을 받았다. 짜투리 시간이 나면 아침저녁으로 꾸준히 자유 수영 레인에서 수영연습을 했다. 나름 꽤나 노력을 한 것이다. 어떤 후배는 생활 패턴이 '선수촌'에서 훈련하는 사람 같다며 놀리기도 했다.

내가 다니던 '사직수영장'은 부산광역시에서 운영하는 공공 체육시설이었다. 이용요금이 저렴함은 물론, 사설 수영장에서는 보기 어려운 다양한 수영 강습 프로그램을 운영하고 있었다. 특별 강좌 중에는 선천적 또는 후천적 이유로 몸이 불편한 분들을 대상으로 한 특별 프로그램도 마련되어 있었다. 수영을 막 배우기 시작했을 무렵, 이 프로그램에 참여한 수강생들의 활기찬 모습을 처음 보았을 때의 놀라움은 아직도 생생하다. 물 밖에서는 불편해 보일 수도 있는 조건의 수강생들이었지만, 행복한 표정으로 수영 레인을 오가는 모습을 보니 나도 저절로 행복해지는 느낌이었다. 나이가 들어서도, 그리고 몸이 불편해지더라도 꾸준히 즐길 수 있는 '최후의 운동'이 수영이라는 말을 실감할 수 있었다. 수영이라는 것이 결코 힘으로만 하는 운동이 아니라는 것도 확실히 알 수 있었다.

인체를 구성하는 근육, 뼈, 지방 등 세 가지 요소 중 근육과 뼈는 물보다 무거워 가라앉고 지방은 가벼워서 물에 뜨게 된다. 평균적인 체지방률을 가진 성인 남자들의 경우, 숨을 완전히 내쉬어 폐를 수축시킨 경우 전신의 비중이 물의 비중보다 약간 높아져서 물에 가라앉는다. 하지만, 폐에 숨을 완전히 들이켜 부풀린 상태에서는 비중이 약 0.95g/ml 정도로 물보다 낮아서 물에 떠 있을 수 있게 된다. 다만, 평균적인 사람의 경우, 코와 입이 물 밖으로 나와 숨을 쉴 수 있는 상태로 마음의 평정을 유지하며 떠 있는 것은 어렵기에 공포감을 느끼고 허우적거리게 된다는 것이다. 이론은 쉽지만 물속에서 느끼는 당황과 공포는 별개의 문제일 수밖에 없다. 다만, 이런 사실을 이해하면 조금이나마 두려움을 잊고 수영에 익숙해지려고 노력하는 데 도움이 될 수는 있을 것이다.

수영에 익숙해졌다고 해도, 실외 수영 속칭 '오픈워터'라고 불리는 바다, 저수지, 강에서의 수영은 실내 수영장에서의 수영과는 너무나도 차이점이 많다. 우선 수영장의 경우, 실내 레인이 설치되어 있어 수영을 하는 방향에 신경을 쓸 필요가 없다. 하지만, 오픈워터 수영의 경우 헤드업 수영 또는 전방주시 sighting 등의 기술로 내가 어느 쪽으로 진행하고 있는지를 확인할 필요가 있다. 또한 수시로 변하는 수온, 조류, 위험한 너울, 유해 해양생물, 태양빛으로 인한 눈부심 등 신경을 써야 할 것이 실내 수영보다 훨씬 더 많아지게 된다. 이렇다 보니 '오픈워터' 수영 대회나 철인3종 경기에 참가하기 위해서는 별도로 이런 환경에 익숙해지기 위한 실외 수영 훈련이 필요하다.

수영을 배우기 시작한 지 7개월이 되었을 무렵인 2012년 5월 3일, 해운대에서 첫 바다수영에 도전하게 되었다. 표층 수온이 20℃ 내외인지라 체온을 유지할 수 있도록 바다수영용 웨트슈트WetSuit를 챙겨 입었다. 혹시나 모를 상황에 대비해 오리발도 착용했다. 손과 얼굴에 느껴지는 차갑고 탁한 바닷물의 느낌은 두렵기만 했다. 날씨는 맑았지만, 파도도 꽤 높은 편이어서 멀미로 인한 울렁거림이 느껴졌다. 하지만, 동료 두 사람의 도움과 격려 덕분에 첫 번째 바다수영을 무사히 마칠 수 있었다. 힘들었지만 실내 수영장에서의 수영과는 또 다른 재미가 있기도 했다. 매주 바다수영을 하기로 약속을 했다. 그때부터 인사이동으로 부산을 떠나게 된 그해 8월 중순까지 약 3개월여 동안 해운대 바다 수영을 했던 횟수는 총 15회 정도이다. 어느 수요일에는 동백섬 반대 편에서 입수하여 해안선을 따라 동백섬을 일주한 후 조선비치호텔 앞으로 출수하기도 했다. 토요일 오전에 약속을 잡아 조선비치호텔 앞에서 출발하여 연꽃등대까지 약 3.4킬로미터를 헤엄친 날도 있었다. 매주 화요일 저녁에는 그다음 날 새벽 바다수영에 생각에 마음이 늘 들뜨곤 했다. 부산에서 근무하며 얻은 너무나 행복한 추억이었다.

그때 기억이 너무나도 즐거웠던지라 부산을 떠난 지 오래된 요즘도 매해 5월 특정한 날에 예전 수영 멤버들이 정기적으로 모이고 있다. 2012년에 첫 입수를 했으니 이제는 10년도 훨씬 넘은 전통적 연례 행사가 된 셈이다. 정해진 날 새벽 6시 정각에 해운대 표석 앞에서 만나 기념사진을 찍고 바다로 향한다. 수영을 마친 후에는 늘 가던 단골 식당에서 아침을 챙겨 먹은 후 다음 해 다시 만날 날을 정하고 각자 인사를 하고 헤어지는 것이 전부이다. 어찌 보면 시시할 수도 있지만, 한 해의 여러 약속 중 가장 기다려지는 약속이기도 하다.

부산에서 배웠던 수영은 이제 평생의 취미 활동이자 일상의 일부가 되었다. 해운대뿐만 아니라, 한강, 미사리 조정경기장, 속초 청초호, 송지호, 경남 고성 당항포, 통영 미륵도, 철원 토교저수지 등, 꽤 많은 장소에서 실외수영을 경험해 보았다. 실내수영도 꾸준히 할 생각이지만, 완전히 다른 즐거움이 있는 실외수영을 그만두지는 않을 생각이다. 건강이 허락하고 기회가 주어지는 한 앞으로도 계속하겠다고 마음을 먹고 있다. 비유하자면, 수영장에서의 수영과 오픈워터 수영의 차이는, 러닝머신에서의 달리기와 멋진 풍경 속의 야외 달리기만큼이나 엄청나게 다른 것이니까 말이다.

운동인의 셈법, 자전거+달리기+수영=철인 3종

철인3종, 즉 트라이애슬론 경기는, 수영, 자전거, 달리기의 세 가지 종목의 결합으로 이루어진 지구력 레이스이다. 정해진 시간 내에 일정한 거리를 완주하여야만 완주자로서 인정을 받을 수 있다. 철인3종경기는 완주해야 하는 총 거리에 따라 여러 종류가 있지만, 올림픽코스[○], 킹코스(아이언맨코스)[∞], 하프코스[∞∞] 등 세 가지 거리의 대회가 주로 개최되고 있다.

> ○ 올림픽 철인3종경기에 채택된 거리로서 수영 1.5km, 자전거 40km, 달리기 10km로 이루어져 있고, 제한 시간은 3시간 30분이다. 우리나라에서 가장 역사가 긴 통영트라이애슬론 대회가 이에 해당한다.
>
> ∞ 철인3종 경기라고 하면, 보통 이 거리를 말한다. 수영 3.8km, 자전거 180.1km, 달리기 42.195km로 구성되어 있고, 환산하면 140.6마일이 된다. 경기 제한 시간은 17시간이다.
>
> ∞∞ 위 킹코스 거리의 절반 거리를 완주하는 철인3종 경기이며, 마일로 환산한 총 거리가 70.3마일이어서 '아이언맨 70.3'경기라고도 불린다. 전 세계적으로 가장 인기가 많은 철인3종 종목이다. 완주 제한 시간은 킹코스의 절반인 8시간 30분이다.

처음 마라톤에 입문하고 수영을 배우러 다니기 시작했을 때만 하더라도 내가 철인3종 경기를 완주하리라고는 꿈에도 생각하지 않았다. 2006년까지만 해도 엄청나게 담배를 피워 댔음은 물론, 처음 달리기를 시작한 2011년 봄까지는 뚱뚱한 몸매로 운동과 전혀 먼 취미생활을 즐기던 나였으니 그건 어찌 보면 너무나도 당연한 이야기일 것이다.

부산 근무 시절 수영을 배워보라고 권유했던 선배는 그 무렵 철인3종 경기에 푹 빠져서 매해 킹코스 철인3종 경기를 완주하고 있었다. 무슨 생각이 들었는지 2012년 4월 말 무렵 대구에서 그 해 첫 올림픽 코스 철인3종 대회에 출전할 예정인데 구경하러 올 생각이 없느냐며 물었다. 어쩌면 선배는 이미 나를 철인3종에 입문시키려고 작정을 하고 그때 그런 권유를 했을지도 모르겠다는 생각이 든다.

선배의 말이 있었는 데다가, 철인3종이라는 경기에 대한 궁금증이 더해져서 선배에게 구경을 가겠노라고 약속을 했다. 그해 3월에 풀코스 마라톤을 완주한 이후라서 극한의 지구력 운동이라는 철인3종 경기를 직접 보고 싶다는 생각이 들었던 것 같다. 그해 대구트라이애슬론 대회는 꽤 쌀쌀했던 2012년 4월 29일 대구 수성못에서 개최되었다. 이 대회 관람은 막 지구력 운동에 입문한 새내기인 나에게는 정말 신선한 충격이었다. 남들은 곤한 잠을 자고 있을 휴일 아침 새벽에 열심히 대회를 준비하고, 검정색 웨트슈트를 입고 도열을 한 선수들의 모습은 나에게 큰 자극이 되었다. 각 나이대별 그룹 중에서 내 나이 또래의 선수들을 보고 은근히 주눅이 들기도 했다. 전력을 다하는 선수들의 경기 모습을 보고 나태하게 살며 운동을 멀리했던 나의 게으름을 돌이켜 보게 되었다.

선수들 연령·구성을 보면, 당시 나와 나이 또래가 비슷한 40대 전·후반 그룹부터 50대 전반 그룹까지가 압도적으로 많았다. 나와 비슷한 나이 또래에서 이렇게 열심히 운동을 하며 자기 관리를 충실히 하는 사람이 많다는 사실도 신선한 충격이었다. 다들 정신없이 나처럼 사는 줄로만 알았는데 이렇게 건강하게 사는 사람이 많은 것을 보고 놀라지 않을 수 없었다. 큰 자극이 되었다. 좋은 기록으로 완주한 선배에게 축하의 말을 하고 서울로 올라오는 내내 그날 보았던 수많은 철인들의 건강하고 활기찬 모습이 머릿속에서 떠나지 않았다.

그 무렵부터 진지하게 철인3종 경기를 준비하기 시작했다. 선배가 소속되어 있는 '일산철인클럽'은 늘 훈련하는 장소들이 고양, 파주 부근으로 내가 살고 있는 마포로부터도 멀지 않은 곳이었다. 인적 구성 등 클럽 분위기도 좋다기에 곧바로 가입 신청을 했다.

그 무렵부터 새벽 5시 무렵 기상이 습관이 되었다. 새벽에 일어나 일주일에 이틀 정도는 동네 실내 수영장으로 수영 강습을 받으러 가고, 나머지 3일 정도는 한강변 산책로를 40분 정도 뛰었다. 주말에는 150킬로미터 내외의 장거리 자전거 코스를 주행하거나 20킬로미터 내외의 장거리 지속주 달리기를 하는 '생활 체육인'의 일상에 익숙해지기 시작했다.

철인3종은 운동이라기보다는 일종의 '생활 방식'이라고 부르는 것이 맞다고 이야기를 하는 사람들도 있다. 올림픽코스 정도의 거리라면 체력이 특출난 사람은 큰 준비 없이도 어떻게든 완주가 가능할 수도 있다. 하지만, 그 이상의 거리 즉 '하프아이언맨코스'나 '아이언맨코스'의 경우, 평소의 꾸준한 준비와 훈련 없이는 완주가 거의 불가능하기 때문이다. 그렇기에 어떤 면에서는 운동의 생활화, 훈련의 일상화가 이루어져야 하고, 평소에도 게으름을 피우지 않고 꾸준히 세 종목의 운동과 근력운동을 반복해서 수행해야만 한다. 결국 완전히 생활 습관을 바꾸어 꾸준한 훈련을 새로운 생활 방식으로 삼아야만 하는 것이다.

2012년 10월 28일 우여곡절 끝에 올림픽코스 철인3종 경기를 완주했다. 뒷바퀴 펑크로 포기를 하려다가 급히 타이어를 교체하는 등 응급조치를 마치고 가까스로 완주할 수 있었다. 2013년 6월에는 하프 철인3종 경기를 완주했다. 이때도 뒷바퀴에서 바람이 새는 바람에 꽤나 고생을 했지만 응급조치 후에 무사히 완주를 할 수 있었다.

2013년 7월 드디어 정규 아이언맨 코스에 도전하게 되었다. 오랜 훈련 끝에 부푼 마음으로 참가했지만, 지나가는 태풍으로 인한 높은 파도와 맞바람 때문에 경기 여건이 좋지는 못했다. 17시간 제한시간의 정규 아이언맨 코스이다 보니 기존 하프 코스와는 비교할 수 없을 정도로 난이도가 높았다. 예상보다 오래 걸리기는 했지만 무사히 완주할 수 있었다. 몸은 고통스러웠지만 성취감과 완주의 기쁨은 그 이전의 어떤 대회와도 비교할 수 없을 정도로 컸던 것 같다. 소속된 '일산철인클럽' 홈페이지에 장문의 완주기를 올리기도 했다. 마치 '합격 수기'라도 쓰는 듯한 기분도 들었던 것 같다. 지금도 그때 완주기를 읽어보면 그때 느꼈던 감정이 고스란히 되살아나는 듯한 기분이 든다.

이렇게 나의 처음이자 마지막 킹코스 철인3종 경기를 무사히 완주할 수 있었다. 그 이후에는 어떤 식의 대회라도 완주할 수 있을 것이라는 자신감이 들기도 했다. '서울-대관령' 200킬로미터 장거리 자전거 대회, '울트라마라톤' 등 여러 대회들도 무사히 완주했다. 그해 가을 풀코스 마라톤에서는 지금까지도 깨지 못한 개인 최고 기록을 세우기도 했다.

'호사다마'였다고 할 수 있을까? 그다음 해인 2014년은 나에게 정말 암흑기였다. 지나친 훈련 탓인지 연초부터 이런저런 부상으로 고생을 했다. 그러다가 그해 여름에 다시 참가한 킹코스 철인3종 대회에서 정말 어이없는 자전거 사고로 큰 부상을 입게 되었다. 충분한 훈련, 새로 구입한 자전거 등, 모든 조건이 갖추어졌다고 생각하고 참가한 대회였는데 결과는 끔찍했다. 대퇴부 부상이 너무나 심해서 서울로 후송되어 장시간의 응급수술을 받아야만 했다. 그런 큰일을 겪고 보니 한편으로는 화가 치밀어 오르기도 했다.

치료비는 실손보험으로 해결되었고, 적지 않은 금액의 '손해 배상'을 받았기에 경제적 손실도 크지 않았다. 오히려 덕분에 그동안의 취미 생활로 진 마이너스 통장 빚까지 모두 갚을 수 있었으니 말이다. 몸도 조금씩 회복되기 시작했다. 하지만 이해관계도 별로 없고 나를 잘 알지도 못하는 몇 사람이 함부로 내뱉은 말에 상처를 입은 마음은 쉽게 회복되지 않았다. 잘 알지도 못하는 사람들이 함부로 떠들고 다닌다는 말을 전해 듣고 기가 막혀 하기도 했다. 나를 철인3종에 입문시켰고 함께 대회에 참가해서 사고 경위를 잘 알고 있는 선배는 그런 말을 함부로 하는 고약한 사람과 말다툼을 해서 미움을 사기도 했다. 이래저래 고마웠다. 그런 고마움 때문에라도 꼭 재활에 성공을 해야겠다고 마음먹었다.

사고가 났던 날과 비슷한 빗방울이 날리는 흐린 날에는 다친 쪽 다리도 불편하고 마음도 움츠러들 수밖에 없었다. 서서히 회복되면서 달리기와 수영은 어렵지 않게 시작할 수 있었지만, 자전거는 쉽사리 다시 시작하기 어려웠다. 또 다시 사고를 당할 수도 있다는 생각에 너무나도 두려웠다.

담당 의사선생님의 말로는 나름 잘 회복이 되어서 일상생활에 있어서는 큰 지장이 없을 것이라고 했다. 하지만, 워낙 심하게 다쳤던 탓에 일부 뼈에 변형이 생기는 등 100퍼센트 회복되기는 어려울 수도 있다는 것이었다. 실내 자전거로 연습을 해보니 자전거를 타고 내리는 과정에서도 꽤나 불편한 통증이 느껴졌다. 사정이 이렇다 보니 예전처럼 마음 편하게 자전거 훈련에 참여할 수가 없었다. 2015년, 2016년은 달리기와 수영에만 집중했을 뿐, 철인 3종 경기에는 한 번도 참가하지 못한 채 그냥 지나갈 수밖에 없었다.

2017년 봄 무렵, 한 번만이라도 꼭 다시 철인 3종 경기를 완주해 보고 싶다는 생각을 하게 되었다. 황당한 사고로 좋아하던 운동을 포기해야 하는 것이 너무나 억울하기도 했다. 어쩌면 오기일 수도 있지만, 간절한 바람이기도 했다. 오랜 준비와 훈련 끝에 참여한 대회에서 어이없는 사고로 DNF°라는 실망스러운 결과를 받아 들게 된 분함을 설욕하고 싶었기 때문이었는지도 모르겠다.

아내에게 이야기를 하여 허락을 받았다. 아내도 대회에 함께 동행하겠다고 했다. 궁리 끝에 사고 후 처음으로 참여할 대회를 속초에서 개최되는 '2017 설악국제트라이애슬론 대회'

○ 완주 실패, Did not finish의 약자.

로 정했다. 대회 장소가 자동차로 두 시간 남짓 걸리는 가까운 거리라서 이동에 부담이 없는 대회였다. 게다가 속초에 근무해 본 경험도 있는지라 대회 주로도 잘 알기 때문에 나에게 안성맞춤인 대회라는 생각이 들었다.

혹시라도 걱정할까 봐 친한 철인클럽 회원들에게조차 대회 참가 사실을 알리지 않고 아내와 단 둘이서 참가하기로 했다. 대회 전날 아내와 함께 사이클 등 필요한 준비물을 차에 싣고 속초로 향했다. 마음을 굳게 먹고 속초로 향했지만, 대회 당일에 비가 내린다는 예보가 있어 마음이 편하지만은 않았다.

몰래 대회에 참가하려고 했건만, 선수등록 장소에서 개인 자격으로 참가한 철인클럽 선배들과 마주치게 됐다. 놀라는 듯한 모습이었다. 내 이야기를 듣고 선배들은 사고 후 대회에 처음 참가하는 나를 진심으로 격려해 주었다.

대회 당일, 오후 무렵에는 비가 그친다고 하였지만 사이클 경기가 진행될 시간인 오전 8시 전후로는 비가 내린다는 예보였다. 첫 참가 때보다 더한 엄청난 긴장감과 부담감이 느껴졌다. 대회 당일 아침 7시, 그룹별 수영 출발을 시작으로 경기가 시작되었다.

첫 종목인 수영은 청초호에 만들어진 750미터 코스를 2회전 해서 총 1.5킬로미터를 수영하도록 되어 있었다. 사이클은 청초호 바꿈터를 출발하여 속초 시내 도로를 통과한 후 설악

대교, 금강대교를 넘어 다시 출발점으로 복귀하는 10킬로미터 코스를 4회전 하는 총 40킬로미터의 난이도가 아주 높지는 않은 코스였다. 다만, 출발지 부근에 급커브 구간이 많아 빗길에 미끄러지는 일이 없도록 주의해야만 했다. 달리기는 청초호 부근 엑스포 공원 주변 10킬로미터의 거리를 달리는 평지 구간이라 매우 수월한 편이었다.

바다 수영이라고 하지만, 수영 장소인 청초호는 선박 출입로를 제외하고는 사방이 막혀 있는 곳으로 파도는 전혀 없는 곳이었다. 바닷물이라는 것 말고는 저수지 수영과 큰 차이가 없었다. 게다가 꾸준히 수영을 해왔으니 별 어려움 없이 수월하게 수영 종목을 마칠 수가 있었다. 다음 종목인 사이클 경기에서는 교통통제 실패, 기재 고장, 낙차 등의 사유로 크고 작은 사고가 많이 발생하기에 극도로 긴장하지 않을 수 없었다. 게다가 비도 제법 내려서 노면이 젖어 있는 상태이기도 했다. 앞뒤에서 달리는 선수들이 심심치 않게 빗길에 미끄러져 넘어지는 모습을 보니 긴장이 되어 빠르게 달릴 수는 없었다. 기록보다는 안전을 신경 쓰면서 차분히 페달링을 했다. 코스를 한 바퀴 돌아 다시 출발점을 지날 때마다 큰 소리로 응원을 하는 아내도 큰 힘이 되어주었다. 네 번째 마지막 바퀴를 무사히 마치고 자전거 골인지점에서 내려서는 순간 아내는 큰 소리로 '화이팅!'이라고 외쳐주었다.

달리기야 세 종목 중에서 가장 자신이 있는 운동이고, 청초호 부근 평지 산책로를 달리는 것이었으니 쉽게 마칠 수 있었다. 중간 보급소에서 아이스크림을 얻어먹는 등 여유를 부리기도 했다. 기록에는 전혀 관심이 없었고 그저 완주만 목표로 삼았을 뿐이었다. 사이클 경기를 무사히 마쳤다는 사실만으로도 너무나 행복했다. 모든 경기를 마치고 드디어 골인점으로 들어서는 순간, 그동안 겪었던 여러 우여곡절들이 생각이 났다. 참았던 눈물이 왈칵 양쪽 뺨을 타고 내렸다. 첫 완주 때보다 더 뭉클했다. 가끔씩 선배는 철인3종 완주의 기쁨이 '사법시험 합격 때보다 더 짜릿하다'라고 이야기하곤 했다. 그 순간이 아마 그런 느낌이 아니었나 싶기도 하다.

그런 내 모습을 지켜보는 아내의 눈에도 눈물이 그렁그렁했다. 미안하기도 하고 너무나도 고마워서 아내의 손을 꼭 잡아주었다.

철인3종 경기에 참가하기 시작한 이후, 여러 사람들로부터 '그 힘든 운동을 왜 하느냐'는 질문을 꽤나 많이 받았었다. 그때마다 '힘들지만 재미있으니까'라는 정도로만 대답했던 것 같다. 철인3종 대회에 자주 참가하는 것은 아니지만, 매해 최소 한 번씩은 대회에 참가하려고 노력 중이다. 이런 나도 가끔은 '내가 왜 이런 운동을 계속하고 있을까' 하는 질문을 스스로에게 던지기도 한다. 특히 대회 당일 엄청난 땡볕 속에서 가파른 언덕 길 달리기 코스를 죽도록 힘들게 헉헉거리며 달리다 보면 '내가 미쳤나?', '집 나오면 X고생' 등 별의별 생각이 다 들기도 한다. '다시는 안 올 거야!'라고 마음속으로 외치는 경우도 있다. 그러나 이런 고통은 골인점을 통과하는 순간 언제 그랬냐는 듯 신기할 정도로 깔끔하게 사라진다. 너무나 큰 고통이었는데 너무나 쉽게 사라져 버리는 것이 이상할 정도다.

큰 사고를 겪고도 그걸 참고 요즘도 꾸준히 대회에 참가하는 것을 보면, 이제는 이런 운동들이 나의 생활 습관이자 정체성의 일부로 확실히 자리 잡은 것은 분명해 보인다. 그런 이유에서 체력이 허락하는 한, 꾸준히 철인3종 대회, 마라톤 대회 등에 참가할 생각이다.

취미 생활 가이드
─모형제작, 천체관측

취미의 의미

취미란 '금전적 목적 없이 오로지 자신의 순수한 즐거움과 기쁨을 얻기 위하여 여가시간에 하는 활동'으로 정의된다. 금전적 목적이 없고 자유로운 여가 활동이라는 점에서 '경제적 활동, 의무, 사회적 역할'을 수반하는 '직업'과는 분명하게 구별된다. 취미가 무엇인지를 알려면 내가 무엇을 좋아하는지, 여가 시간에 무엇을 하는지 등을 살펴보면 된다.

요즘은 여가 시간에는 운동을 하는 경우가 가장 많으니 달리기, 수영, 등산, 사이클링 등의 활동도 일종의 취미라고 볼 수 있을 것이다. 하지만, 나에게 있어 이런 활동들은 평범한 '생활의 일부'로 여겨지는 때가 많고 때로는 '의무적' 훈련으로 느껴지는 경우도 많아서, '100%의 즐거움을 보장해 주는 순수한 취미'라고 볼 수만은 없는 것 같다.

　취미생활에 몰두하는 시간은, 사회적 역할이나 의무에서 벗어나 순수히 자기 자신에 몰입하는 시간이기도 하다. 내 자신이 누구인가를 찾아가는 시간, 자신의 진정한 정체성이 어쩔 수 없이 드러나는 시간인 것이다. 내가 좋아하는 순수한 취미생활이라면 경제적 이해관계와도 동떨어져 있을 수밖에 없다. 그렇다 보니 취미활동 과정에서 만들어진 인간관계는 사회생활로 만들어진 관계와는 분명한 차이가 있게 된다. 좋아하는 취미에 따라 그 사람의 일상과 정체성이 완전히 달라지는 것도 당연한 일이다.

　자신의 정체성을 발견하며 복잡한 일상을 떠나 내면의 평온함을 추구하는 활동, 그리고 같은 활동을 하는 다양한 사람들과 어울려 즐거운 시간을 최대한 누리는 것, 이러한 여가 활동을 통해 정신적, 육체적 건강함을 얻기 위해 노력하는 것, 이것이 건전한 취미생활의 보람이 아닌가 싶다.

프라모델—내 취미가 어때서

　예전에는 그렇지 않았는데, 요즘 모형점에 가보면 중년 남자들이 모형 쇼핑에 몰두해 있는 모습을 심심치 않게 볼 수 있다. 오래전 취미를 포기하지 못하고 끈질기게 모형을 만들고 있는 동년배들의 모습을 보면 안도감이 느껴질 때가 있다. 돋보기 안경으로 노안을 이겨내며 끈질기게 모형을 만들고 있구나 하는 생각에 동질감을 느끼기도 한다. 어린 시절, 외국 영화를 보다 보면 돋보기를 쓴 노년 신사가 붓을 들고 열심히 모형을 색칠하는 장면이 가끔씩 나오곤 했다. 그런 장면을 보고, '저 나라에서는 아이들이 아니라 나이 든 어른들이 모형을 만드는구나' 싶어 신기해했는데, 이제는 우리나라도 그렇게 된 모양이다.

'프라모델'이라는 말은, '플라스틱 모델'이라는 단어의 줄임말로서 일본식 영어다. 하지만, 유명 일본 모형 제작회사 덕분에 요즘은 전 세계적으로 일반화된 용어가 되었다. 아주 오래전에는 '만들기'라는 순우리말 표현을 사용하기도 했다.

프라모델 취미는, 무엇을 축소해서 모형으로 만들었느냐 따라 실물 축소모형 scale model 과 로봇 등의 축소모형인 속칭 '건프라'라는 분야로 나누어진다. 내 경우, 비행기, 자동차, 모터사이클 등을 축소한 실물 축소 모형이 주된 관심 분야다. 하지만, 애니메이션 캐릭터, 영화 캐릭터 등의 모형도 제법 만들고 있기 때문에, 굳이 분류를 한다면 나는 '잡식성 모델러'에 해당한다고 볼 수 있을 것이다.

처음 '만들기'라는 것을 접해본 것은 초등학교도 들어가기 이전인 1974년 무렵이었다. 동네 문방구에서 몇십 원을 주고 작은 자동차 모형을 구입했었다. 작고 간단한 것이었지만 당시 내 실력으로는 조립하느라 꽤나 애를 먹었었다. 결국은 부모님께 도움을 요청해서 겨우 완성을 했던 것 같다. 당시에는 동네 문방구나 집에서 꽤 떨어진 모형점이 나의 주된 모형 구입처였다. 모형점 앞을 지나다닐 때면 으레 한참을 쇼윈도우 앞에 서서 진열되어 있는 멋진 모형 완성품을 구경하며 침을 흘리곤 했다. 나중에 어른이 되어 돈을 벌면 매일 모형을 만들며 살겠다는 엄청난 장래 계획을 세우기도 했다.

대학에 입학하니 용돈이 생각보다 꽤 늘어났다. 늘어난 용돈으로 모형을 구입하는 경우도 있었다. 구입한 모형 대부분은 완성을 했지만 일부는 미완성 상태로 쌓이기 시작했다. 직장생활을 하면서부터는 '구입하는 모형 개수 > 만드는 모형 개수'의 관계가 확고해지면서 미완성 모형의 숫자가 급격히 증가하기 시작했다. 그렇게 근 40년 가까이 지내다 보니, 미완성 모형의 분량이 웬만한 작은 모형점 수준에 이를 지경이었다. 정확히 내가 어떤 모형을 가지고 있는지를 제대로 기억을 못해서 없는 제품이라 생각하고 똑같은 물건을 반복해서 구입하는 일도 가끔씩 생기곤 했다.

상당히 오랜 세월 꾸준히 즐겨온 취미이다 보니, 고수 수준까지는 못되더라도 꽤나 그럴듯한 중수 이상의 실력은 충분히 갖추게 되었다. 때로는 인터넷 홈페이지에 올려놓은 나의 모형 사진을 보고, 자기가 구입하고 싶다며 연락을 해온 외국

모델러들도 있을 정도였다.

아내와 연애 시절에는, 화려한 색상의 1/20 스케일 F-1 경주차를 만들어 아내에게 선물하곤 했다. 당시 내 솜씨를 최대한 부려서 만든 모형들이었다. 내가 봐도 꽤 예쁘게 완성되었다. 우스운 이야기이지만, 스스로 모형 제작에 재주가 있다고 자부하던 손위 처남은 내가 아내에게 선물한 모형을 보고 모형 취미를 끊어버렸다. '직접 만들었을 리가 없다. 그 모형은 누군가에게 돈을 주고 완성품을 사온 것'이라며 내가 만든 것이라는 아내의 말을 믿지 않았다고 한다.

취미를 사람들과의 교류를 전제로 한 골프 등의 '외향형 취미'와 교류가 중요하지 않은 '자기만족형 취미 또는 은둔형 취미'로 나눈다면, 모형 취미는 당연히 후자에 속한다고 할 수 있을 것이다. 그러니 모형 동호인들이 전면에 나서서 자기 목소리를 내는 경우는 거의 없다. 한편, '프라모델'이라는 취미는, 나이가 들면 그만두어야 하는 유소년들의 취미라는 고정관념도 강한 편이다. 따라서 모형 취미를 고수하고 있는 사람들도 자신이 이런 취미를 가지고 있다는 사실이 주변에 알려지는 것을 바라지 않는 경우도 많이 보게 된다.

어떤 면에서 프라모델 취미는 소수자의 취미라고도 볼 수 있다. 마라톤, 테니스, 낚시 등의 경우에는, 동호인들의 수도 많고 사회적으로 적극적으로 의견을 낼 수 있으며, 건전한 사회 활동의 일부로서 널리 받아들여지고 있다. 반면, '모터사이클' 취미나 '피규어 수집', '캐릭터 코스프레' 등과 같이, 부정적인 평가를 받거나 비주류 문화 취급을 받는 여가 활동도 있다. 법조계 한정으로, 모형 취미는 당연히 후자에 속하는 취미였다고 말할 수 있을 것이다.

1994년 겨울, 다음 해 사법연수원 26기 입소를 앞두고 작성한 자기소개서 등의 취미란에 별다른 생각 없이 '모형 제작'이라고 기재했다. 당시에는 이런 사소한 행동이 훗날 꽤나 성가신 결과를 불러오게 될 줄을 미처 알지 못했다.

그 무렵 발간된 법조인대관의 취미 란에 '모형 제작'이라고 기재된 것을 본 일부 선배들은 '아직도 애들 취미에서 못 벗어난 것이냐'며 놀리는 경우도 있었다. '테니스, 골프 등을 해야 한다'며 진지하게 이야기를 하는 선배도 있었다. 내가 좋아하는 취미를 함부로 이야기하는 것이 불쾌하기도 했지만 농담이려니 싶어 그냥 웃어넘기고 말았다. 그러나 지방 근무 시절 모 지청장은 진지하게 '이제 그런 이상한 애들 취미 말고 골프를 배우라'는 얘기를 수시로 했다. 심지어 그 지청장은, 외부 기관과의 회식 장소에서 '우리 류 검사는 아직도 애들 장난감을 가지고 노는 소년 취미를 가지고 있다'며 놀리기까지 했다. 꽤나 불쾌했던 경험이었다.

그런 일을 심심치 않게 겪다 보니, 나는 더 이상 '모형제작'

이 취미라는 이야기는 하지 않게 되었다. 누가 취미를 묻거나 청을 옮겨 직원 신상명세를 쓸 때면 취미란에 '독서', '등산', '산책', '영화감상' 등 평범한 것들을 적어냈다. 그렇게 적어낸 이후부터는 취미와 관련된 귀찮은 질문으로 자유로워질 수 있었다.

나는 취미의 본질은 그것이 무엇이든 '자기가 하고 싶은 것'을 하는데 있다고 생각한다. 아울러 어떤 취미이든 타인에게 피해를 주는 여가 활동이 아닌 이상 동등한 취미로서 존중받는 것이 마땅하다고 생각한다. 어떤 취미가 다른 취미보다 낫다는 말은 도무지 있을 수 없는 말이라는 것이 내 생각이다. 이런 생각과 경험 때문인지 나는 단 한 번도 후배들의 취미나 성향 등을 문제 삼아 이야기를 한 적이 없다.

2024년 10월 19일부터 11월 2일까지 국내 유명 모형회사인 아카데미과학에서 주최한 'K-방산 프라모델 컨테스트'라는 모형 전시회가 개최되었다. 평소 알고 지내던 회사 관계자의 부탁으로 심사위원 임무를 맡게 되었다. 나도 F-4D 팬텀 방위성금헌납기, T-50B 블랙이글 항공기, 천체망원경 모형 등 총 4점의 작품을 찬조 출품했다. 출품작에 대한 평가는 제법 긍정적이었다. 숨은 고수라고 이야기하는 사람들도 있었다.

개인적으로 보면, 오랜 기간 숨어서 즐기기만 하던 숨겨진 취미를 대외적으로 공표할 수 있었던 멋진 커밍아웃이 아니었나 싶어 후련할 따름이다.

천체관측 이야기—관측 편

천문학은 천문학자가 아닐 때 훨씬 더 재미있지.

—브라이언 메이

전 세계적으로 천문학이나 천체관측을 취미로 삼는 아마추어 천문가는 수백만에 이른다고 한다. 혜성 발견 횟수 등을 기준으로 보면 주로 미국, 일본, 유럽 등의 순서로 천문 취미를 가진 사람들이 많음을 알 수 있다. 인공불빛으로 인한 빛공해光害, Light pollution가 심한 우리나라이지만, 그래도 적지 않은 숫자의 아마추어 천문가들이 여러 그룹, 단체에서 활발하게 활동하고 있다.

다른 분야와 달리, 천문학의 경우 특히 혜성 발견 분야에서 아마추어 천문가들의 기여도가 상당히 높은 편인데, 잘 알려진 바와 같이 '헤일-밥', '하쿠다케', '이케야 짱', 'SWAN-Lee' 등이 발견자인 아마추어의 이름을 따 명명된 혜성들이다.

대학 시절 '천문학' 강의를 듣기도 했었지만, 별에 대한 관심이 크게 있거나 망원경으로 직접 밤하늘을 관찰할 생각을 했던 적은 없었다. 어린 시절 한탄강 가에서 수없이 많은 여름 별들을 보고 감탄한 적은 있었다. 오랜 시간 잊고 지내던 아름다운 밤하늘을 다시 구경하게 된 것은 1999년 3월 통영에서 근무하게 된 직후였다. 1999년 3월 부임하게 된 통영은 태어

나서 처음 살아보게 된 지방 도시였다.

당시 통영지청 관사는 2층 연립주택 형식의 건물로, 주변에 아무 것도 없는 외딴 야산 중턱에 자리 잡고 있었다. 가장 가까운 가게조차도 해안도로를 따라 1킬로미터 이상을 걸어가야 했고 통영 시내에서도 상당히 떨어져 있어서 택시를 타면 할증료를 내야만 하는 외딴 동네에 지어져 있었다.

통영에 부임한 직후 그믐날 밤, 관사 마당에 나갔다가 밤하늘에 가득한 별과 화려한 은하수의 모습을 보았다. 감탄하며 아내를 데리고 나왔다. 그처럼 별이 많은 밤하늘은 아내도 오랜만이라고 했다. 틈틈이 아무 생각 없이 밤하늘을 쳐다보기 시작했다. 밤하늘을 바라보고 있노라면 가끔씩 떨어지는 별똥별의 모습도 신기했다. 달이 뜨면 관사 마당에 길게 달 그림자가 늘어지기도 했다. 그믐밤에는 깜깜해서 밖을 돌아다니기 어려웠지만, 달이 있으면 걱정 없이 돌아다닐 수 있는 것이 재미있기도 했다. 거제도 산위로 떠오른 달 빛이 견내량의 파도에 출렁이며 길게 늘어져 빛나던 아름다운 모습도 잊을 수 없다. 언젠가는 취미로 천체관측을 해보면 좋겠다는 생각을 하기 시작했던 것도 이 무렵부터였다.

본격적으로 천체관측이라는 취미를 시작하게 된 것은 2003년 1월 미국 장기연수 시절이었다. 2002년 8월에 장기 해외연수 기회를 얻어 미국 노스캐롤라이나의 윈스턴세일럼으로 출국하게 되었다. 인구가 아주 적지는 않았지만 우리나라보다 도심 밀집도도 떨어지는 데다가 살게된 곳은 도심에서 제법 벗어난 주거지역이었기에 맨눈으로 4.5등급 정도의 별까지는 쉽게 관측할 수 있었다. 아주 밝지도 그렇다고 아주 깜깜하지도 않은 그야말로 뒷마당 천문관측Backyard astronomy에 딱 적합한 그런 장소였다. 위도도 우리나라와 거의 비슷해서 맨눈으로 거의 대부분의 별자리를 쉽게 확인할 수 있었다.

2003년 1월 초, 겨울 방학을 이용하여 플로리다를 다녀온 직후, 동네에 있는 월마트에 들렀다가, 연말 연초 시즌이 지나 할인 상품으로 나온 천체망원경을 덜컥 구입하게 되었다. 후에 알고 보니 '진짜 천체망원경'으로 보기 어려운 조악한 물건이라 환불을 하였지만, 이 장난감 같은 망원경으로 우연히 보게 된 아름다운 토성의 모습은 마음 속에서 쉽게 떠나지 않았다.

그 이후, 몇주 간 이런저런 '아마추어 천문관측' 관련 사이트를 드나들며 궁리를 하다가, 2월 말경 5인치 굴절망원경을 인터넷 통신판매를 통해 구입하게 되었다. 이 망원경이 도착한 후, 포장을 풀고 설치를 마친 다음, 흐뭇하게 바라보았을 때의 흥분과 기쁨을 뭐라고 표현해야 할지 잘 모르겠다.

이 망원경은 그해 여름 귀국 이전까지 맑은 날이면 내내 우리집 뒤뜰을 차지하고 있었다. 주말 무렵 학교를 마친 후 어두운 밤이 되면 으레 독일에서 온 파스칼이나 일본에서 온 나오히로 등 LL.M. 과정 친구들이나 동네 이웃들을 초청하여 맥주를 마시며, 토성, 목성, 달, 오리온 대성운, 플레이아데스 산개성단, 프레세페 성단 등 밤하늘의 천체들의 아름다움을 감상하곤 했다. 어찌 보면, 이 친구들과 밤하늘의 별자리 이야기를 많이 나눈 덕에 천문학과 관련된 영어 용어를 꽤 익히게 되었던 것도 보람이 아니었나 싶다.

그 후 20년의 세월이 흘러 통영지청의 지청장으로 부임하게 되었다. 건물, 새로 들어선 인터체인지 등 각종 인공 불빛으로 밝아진 때문인지 더는 그 당시의 찬란했던 은하수의 모습을 찾아볼 수가 없었다. 너무나도 아쉬웠다.

우리가 예전에 볼 수 있었던 수많은 별들을 볼 수 없는 것은 인구밀집과 인공적인 불빛의 증가로 밤하늘이 밝아졌기 때문이다. 이러한 인공 불빛은 인간 및 동물들의 수면을 방해함은 물론, 생태계에도 좋지 않은 영향을 끼치며, 이 때문에 '빛공해' 또는 '광해'라고 부르기도 한다.

밤하늘이 얼마나 어두운지를 측정하기 위해서는 '보틀 척도 Bortle Dark sky scale'라는 기준을 사용한다. 보틀 척도는 모두 9단계의 등급으로 이루어져 있는데, 인공적 불빛이 없는 완벽한 어두움의 정도가 1등급이며 인공 불빛이 가득한 밝은 도심의 밤하늘은 천체관측에 최악이라고 할 수 있는 9등급에 해당한다.

보틀 척도 9등급의 도심 하늘에서는 달이나 금성, 토성, 목성,

화성 등의 행성, 1등성 이상의 아주 밝은 별° 이외에의 천체를 관측하는 것은 불가능하다. 반면, 인공 불빛이 전혀 없는 완벽한 어두움의 상태인 1등급 하늘에서는, 찬란하게 빛나는 은하수의 모습은 물론, 궁수자리 부근의 성운이나 성단까지 모두 맨눈으로 관측이 가능하며, 나아가 황도광이나 은하수에 의해 생기는 어슴푸레한 그림자의 모습까지도 어렵지 않게 볼 수 있다.

우리나라의 경우, 맨눈으로 황도광의 관측이 가능한 1등급에 해당하는 곳은 남한에는 단 한 군데도 없다. 알다시피 전력 사정이 좋지 못한 북한의 경우, 남한보다는 훨씬 밤하늘이 어둡다. 그렇지만 북한에서도 휴전선으로부터 50킬로미터 이상 떨어져 남한의 광해로부터 완전히 벗어난 곳으로 가야만 완벽한 1등급의 밤하늘을 볼 수 있다고 한다.

갈수록 밤하늘이 밝아져가는 우리나라에서 천체관측은 적합하지 않은 취미생활이 되어가고 있는지도 모르겠다. 좋지 못한 환경에서의 힘든 취미생활이지만, 그래도 사진 관측이나 대구경 망원경을 이용하면 제법 등급이 높은 대상들의 모습들은 어느 정도 관측할 수 있다. 현재 우리나라의 상황에서 관측할 수 있는 몇몇 주요 천체들의 모습이 어떤지를 설명해보면 다음과 같다.

금성: 맨눈으로도 쉽게 볼 수 있지만, 60밀리미터 정도의

○ 예를 들면, 시리우스 -1.46등성, 카펠라 +0.08등성, 베가(직녀성) +0.03등성 등

그날의 나를 만든 것

작은 굴절 망원경으로도 매일 조금씩 달라지는 내행성 특유의 위상 변화를 관측할 수 있다.

수성: 내행성으로 고도가 매우 낮아서 쉽게 관측이 어렵다. 특정 시기에 서쪽 또는 동쪽 지평선이 확보된 관측지에서는 관측이 가능하며, 작은 금성처럼 반달 또는 초승달과 같은 모습으로 관측된다.

화성: 대략 2년에 한 번 꼴로 관측이 가능하며, 날씨가 좋은 날은 작은 망원경으로도 극관의 모습이나 표면의 무늬 등을 볼 수 있다. 별자리를 잘 볼 수 있는 어두운 곳에서 며칠씩 간격을 두고 관측을 하면 과학 시간에 배웠던 것처럼 실제로 화성이 역행逆行을 하는 모습도 관찰할 수 있다.

토성: 작은 망원경○으로도 사진으로만 보던 토성의 테를 뚜렷하게 볼 수 있고, 토성의 최대 위성인 타이탄의 모습도 쉽게 관측할 수 있다. 날씨가 좋은 상황에서 숙련된 관측자라면 토성 테의 카시니 간극, 토성 테가 토성 본체에 드리우는 그림자의 모습, 토성 본체의 구름 무늬 등을 식별할 수 있다.

목성: 작은 망원경으로도 목성의 적도를 기준으로 남쪽, 북

○ 구경 80mm 내외의 굴절망원경이나 4.5인치 내외의 반사망원경

쪽에 하나씩 존재하는 거대한 구름띠 두 개와 네 개의 주요 위성을 쉽게 관측할 수 있다. 목성의 위성은 지구의 달과 달리 공전 시간이 매우 짧아서 몇 시간만 간격을 두고 관측을 하여도 그 위치가 변하는 모습을 식별할 수 있으며 때로는 목성의 위성이 그림자를 드리우며 목성 표면을 가로지르는 '영影 현상shadow transit of moons'도 볼 수 있다. 또한 운이 따른다면 목성 표면에 있는 태양계 최대의 폭풍이라고 하는 '대적반Great Red Spot'의 모습도 관측이 가능하다.

천왕성, 해왕성, 명왕성 등: 모두 육안으로는 관측이 불가능하고 망원경으로만 관측이 가능하다. 천왕성, 해왕성의 경우 고배율로 보아도 특유의 청색, 녹색 정도만 식별이 가능한 작은 별로만 보인다. 명왕성의 경우, 13등급에서 16등급 사이로 매우 어두워 15인치 이상의 큰 망원경으로 겨우 관측이 가능하다. 하루하루 조금씩 위치가 변한다는 것 이외에 전혀 특별할 것이 없는 어두운 별로 보일 뿐이다.

안드로메다 은하: 인간이 맨눈으로 볼 수 있는 가장 먼 천체 중 하나로서 약 250만 광년 거리에 있는 외부 은하이다. 정확히 찾을 수 있다면 꽤 밝은 도시 밤하늘에서도 은하 핵 중심부 부근은 작은 망원경으로도 관측이 가능하다. 천체사진에서와 같

이 화려한 모습으로 보이지는 않지만, 어두운 곳에서는 나선팔의 방향이나 주변의 흐릿한 위성 은하의 모습까지 볼 수 있다.

마카리안 체인 : 봄철 처녀자리 부근에서 관찰되는 곡선 모양으로 줄지어선 약 20여 개의 은하들로 구성된 거대한 은하 집단. 7,000만 광년 이상 떨어진 은하들이 우주 공간에 촘촘하게 펼쳐져 있는 모습은 그야말로 장관이다. 관측자가 우주의 광대함에 경외심을 갖게 만드는 어마무시한 관측 대상이기도 하다. 가장 좋아하는 관측 대상 중 하나이지만 봄철 도시에서 멀리 떨어진 어두운 관측지에서만 관측이 가능하다.

말로는 마치 멋지게 보이는 것처럼 이야기를 했지만, 실제 안시관측을 통해 보는 천체 대상들의 모습은 사진에서 보던 것과는 많이 달라서 실망스러운 경우가 많다. 열심히 찾아서 보여주어도 이런 흐리고 작은 대상들을 보는 것이 뭐 그리 재미있느냐며 묻는 경우가 많다. 사실 나도 가끔은 그런 지적이 크게 틀린 것은 아닐 수도 있다는 생각이 들기도 한다.

하지만, 우리가 보고 느끼는 가까운 세상 너머에 인간의 능력으로는 억겁의 시간이 지나도 도달할 수 없는 광막한 공간이 펼쳐져 있다는 사실, 그리고 비록 우리가 직접 가볼 수 없지만, 망원경을 들여다보면 그 엄청난 광경과 공간들을 곧바로 볼 수 있다는 사실에 엄청난 신비함을 느끼게 된다.

한때는 카메라와 각종 첨단 장비를 이용하여 천체사진을 찍기도 했었다. 하지만 천체사진은 직접 눈으로 대상을 확인하는 안시 관측만큼 나에게 만족감을 주지 못했다. 비유하자면, 유명 관광지를 직접 가서 보는 것과 멋진 화보집을 통해 감상하는 정도의 큰 차이가 아니었나 싶다. 밤하늘의 천체가 내 것은 아니지만, 성도星圖를 직접 찾아가며 위치를 확인하고 하나하나 별들의 위치를 맞추어가며 고생 끝에 그 위치에서 대상을 찾아냈을 때의 성취감이나 '소유하는 느낌possessive feeling'은 정말 짜릿하다. 자동도입 장비를 주로 사용하는 사진 관측에서는 도무지 느낄 수 없는 감정이기도 하다. 매해 관측 환경은 악화되어 가고 있다. 어제 갔던 관측지가 오늘은 관측이 불가능한 휘황찬란한 불빛으로 뒤덮인 장소가 되어버리는 경우도 허다하다. 그런 열악한 환경 속에서 나는 아직도 이 취미를 포기하지 못하고 있다. 아마도 예전에 보았던 찬란한 은하수의 기억 때문인지도 모르겠다.

천체관측 이야기—장비 편, 살 수 없으면 만들자

오, 망원경이여, 지식의 도구여. 어떤 보주보다 귀중하구나.

―요하네스 케플러

요즘이야 그렇지 않지만, 천문학 초창기의 위대한 천문학자들은 모두 뛰어난 광학 전문가들이었다. 갈릴레이, 케플러, 허셸 등 초기 천문학자들은 천체관측에 적합한 망원경을 직접 설계·제작했으며, 이를 가지고 '목성의 위성'을 발견하고 '케플러의 법칙'을 만들어내는 등, 과학사에 큰 획을 긋는 위대한 발견을 하였다.

여러 취미 중에는 달리기나 수영 등과 같이 관련 장비의 중요성이 크지 않은 취미도 있지만, 매우 장비 의존적인 취미도 있다. 천체관측 취미는 당연히 후자에 속한다. 2003년 초 당시로서는 정말 큰 마음을 먹고 구입한 500불 남짓의 중국산 굴절망원경도 충분히 좋은 것이었다. 하지만, 취미생활의 방향이 항상 합리적으로만 흘러가지는 않기 마련이다. 자꾸 구경이 더 큰 망원경○, 광학계가 더 좋은 망원경에 대한 욕심이 생기기 시작했다.

대만제 12.5인치 돕소니언 방식의 반사망원경∞과 적도의 방식의 최고급 5인치 굴절망원경 등을 가지고 있었지만, 2008년 여름 무렵 횡성 천문인마을에서 보았던 18인치 돕소니언 방식 반사망원경의 훌륭한 성능에 마음을 빼앗기고 말았다. 아마추어 천문가들 사이에는 '구경이 깡패'라는 말을 하

○   천체망원경은 구경이 크면 클수록 더 많은 빛을 모을 수 있어, 더 자세히, 더 밝게 볼 수 있다. 이는 아마추어 천문가들 사이에서 'Aperture wins'라는 말로 이야기되곤 한다.

∞   Dobsonian Telescope, 존 도브슨이라는 미국의 아마추어 천문가가 개발한 간단한 구조의 경위대 방식 반사망원경. 그는 안시관측자들, 특히 천체망원경 자작파들에게는 대스승으로 여겨지는 사람이다.

곤 했는데, 그 말은 사실이었다.

　더 큰 구경의 망원경이 갖고 싶어졌다. 18인치 망원경을 고려했지만, 18인치는 비싸기도 하고 너무 크고 무겁다는 생각이 들었다. 15인치 구경의 반사망원경을 구입하려고 이리저리 알아보니, 운송료 및 통관 비용을 합하여 1,000만원 정도가 필요했다. 비싼 가격에 도무지 엄두가 나지 않았다.

　잠재워지지 않는 망원경에 대한 욕심과 현실 사이에서 꽤 오래 고민을 했다. 여러 방법을 궁리하기 시작했다. 그러던 중, 유명한 미국의 원로 반사경 제작자가 반사망원경에 사용할 수 있는 14.5인치 주경 부품을 꽤 저렴한 가격에 내놓은 것을 알게 되었다. 용기를 내, 국제전화를 걸어 물어보았다. 제작자는 오랜 기간 작업 끝에 제작하여 발송 준비까지 마쳤지만, 서브프라임모기지 사태로 인하여 판매가 취소된 것을 싸게 내놓은 것이라고 했다.

　싸게 내놓았다고 하지만 200만원에 가까운 가격이 부담스러웠다. 게다가 판매하는 것은 주경뿐이었기 때문에 천체망원경의 본체를 비롯해서 망원경을 올려놓는 가대 등 망원경 전체를 자체 제작하여야 했기에 선뜻 결정을 내릴 수가 없었다. 한동안 고민을 하다가 동호인 한분에게 연락을 했더니, '천체망원경 제작이 생각보다 어렵지 않다. 내가 자작을 도와줄 수 있으니 한번 도전해 보라'며 격려를 해주었다.

격려에 고무되어 바로 주경을 주문했다. 기왕 시작한 거 제대로 해보기로 마음먹고, 망원경 제작과 관련된 외국 서적 한 권○과 목공 및 기계공작에 대한 책 두 권을 차례로 구입했다.

정말 열심히 천체망원경의 원리, 구조, 설계 방법 등을 공부하기 시작했다. 공부한 내용을 바탕으로 부품을 하나씩 제작하기 시작했다. 워낙 집중해서 공부를 했는지라 때로는 대학 시절 전공 공부를 이렇게 열심히 했더라면 진로가 바뀌었을 수도 있겠다는 생각을 하기도 했다.

책을 통해 천체망원경의 원리와 설계 방법을 익혔다고 해도, 실제 제작은 완전 별개의 문제였다. 제작에 필요한 공구도 거의 없어서, 라우터, 직쏘, 용접기, 홀쏘, 샌딩머신 등의 필요한 공구 일체를 모두 새로 구입해야 했다. 이런 공구들의 경우, 매우 위험해서 잘못하면 큰 사고의 위험도 있으므로 작업을 무조건 서두를 수는 없었다. 나름대로 안전 수칙을 만들어 차분하게 작업을 진행해 나갔다.

망원경을 만들다 다치기라도 한다면 큰일이었다. 철저하게 수칙을 지켜가며 작업을 했다. 칠 작업 중에 옷 한 벌을 망가뜨려 아내에게 잔소리를 좀 들었고, 금속 절단 과정에서 튄 불똥이 장갑 안쪽으로 튀어 들어가 화상을 입었던 것 이외에는 큰 사고 없이 무난하게 망원경을 완성할 수 있었다. 이제 와 생각해 봐도 정말 다행스러운 일이다.

○ *The Dobsonian Telescope*, David Kriege, Richard Berry.

2008년 11월경에 주경을 주문한 후, 주로 주말 휴일에 작업을 하여 2009년 5월 중순에 1차 완성을 할 수 있었다. 제작에 총 7개월가량이 걸린 셈이다. 제작 중간에 기록으로 남기기 위해 제작 과정을 하나하나 촬영하였고, 설계 도면 등도 모두 잘 보관해 두었다. 부품의 구입처와 지출된 비용도 알아보기 쉽게 정리하였는데, 이것은 후에 동호회 홈페이지○에 자작기自作記를 올리는 데 큰 도움이 되었다. 결과적으로 제작에 필요한 각종 공구 약 200만원 상당의 구입 비용을 포함하여 총 645만원이 14.5인치 돕소니언 제작에 지출되었다. 현재도 사용하고 있는 다양한 공구나 용접기 등 장비들의 가격을 빼면 순수하게 450만원 정도가 지출된 것이라고 볼 수도 있다. 완제품을 해외에서 직구하는 비용 1,000만원보다는 훨씬 절약을 한 것이다. 다만, 이는 소요된 시간과 내 자신의 인건비를 전혀 포함시키지 않은 것이니, 어떤 면에서는 구입하는 것이 나은 선택이었을 수도 있을 것이다.

  하지만 만드는 과정을 충분히 즐길 수 있었다. 문래동 철공단지, 구로공구상가, 방산시장 등 평소라면 가보지도 않았을 여러 장소들을 수시로 드나들며 다양한 사람들을 만날 수도 있었다. 재미있는 추억도 많이 생겼다. 완성된 14.5인치 돕소니언 반사망원경은 완성도가 높은 편이어서 그 무렵 안시 관측 동호인들 사이에서 화젯거리가 되기도 했다. 완성한지 벌

○ 안시관측 전문 천체관측동호회 '야간비행', www.nightflight.or.kr

써 16년이 되었지만, 적지 않은 세월이 흐른 지금까지도 이 망원경은 나의 주력 망원경으로서 역할을 훌륭히 해내고 있기도 하다.

천체관측 이야기—2010년 호주 원정 관측

밤하늘은 그 모양에 따라 이름을 붙인 88개의 별자리로 나뉘어져 있다. 그중 60여 개의 별자리는 우리나라에서 전부 또는 일부를 볼 수가 있지만, 파리자리, 극락조자리 등과 같은 몇 개의 별자리들은 남반구가 아니면 전혀 볼 수가 없고, 오메가센타우리와 같은 밤하늘 최고의 구상성단, ngc5128 은하와 같은 멋진 천체들의 제대로 된 모습은 이런 대상들이 높은 고도로 떠오르는 남반구에서만 볼 수 있을 뿐이다.

마라톤을 취미로 삼는 사람들이 보스턴 마라톤이나 사하라 마라톤 참가를 꿈꾸고, 트레일런을 취미를 삼는 사람이 UTMB○ 대회의 참가를 염원하듯이, 천문취미를 가진 사람들은 누구나 몽골의 대초원, 아타카마 사막 등과 같은 인공불빛으로부터 자유로운 해외 관측지에서의 천체관측을 꿈꾸곤 한다. 천체관측을 취미로 삼는 사람들이 한 번쯤은 거쳐 간다는 천체사진 취미도 차츰 시들해질 무렵, 앞서 이야기한 것처럼 오랜 기간 동안의 설계 작업과 약 7개월의 제작 기간을 거쳐, 늘 꿈꿔오던 안시관측을 위한 14.5인치 돕소니언 방식의 반사망원

○ Ultra-Trail du Mont Blanc, 몽블랑 주변에서 8월 말이나 9월 초에 개최되는 세계 최고 권위의 산악마라톤 대회, 일정 포인트를 모아야만 참가 자격이 주어지며, 약 174km 정도의 산악지형을 달려야 하는 산악 울트라 마라톤 경기이다.

경을 완성시킬 수 있었다. 2009년 5월 무렵 성공적인 퍼스트 라이트first light○와 강원도 관측지에서의 실제 관측을 마친 이후, 7월경 늘 모이는 과천의 작은 카페에서 동호회의 정기 다과 모임을 하게 되었다. 당시 동호회에서 친하게 지내는 회원으로부터 "다음 프로젝트는 뭔가요?"라는 질문을 받았을 때, 나는 별 생각 없이 '남반구 관측 여행'이 어떨까 하는 이야기를 꺼냈다. 광해는 천체관측 특히 망원경을 통해 직접 맨눈으로 천체를 관찰하는 안시관측의 가장 큰 방해 요소이다. 그렇기에 천체관측을 취미로 하는 사람들은 누구라도 인공적 불빛으로부터 완전히 자유로운 완벽한 어두움 속에서의 천체관측을 꿈꾸기 마련이다. 늘 산업화 이전의 완벽한 어둠 속에서의 관측을 꿈꾸지만, 현재 남한 지역에는 그와 같은 완벽한 어둠을 경험해 볼 수 있는 장소가 아쉽게도 남아 있지 않다. 완벽한 어둠 속에서는 짙게 솟아오른 황도광의 찬란함이나 높이 떠오른 은하수가 만들어내는 어슴푸레한 사물의 그림자, 암흑성운과 같이 새카맣게 흐르는 구름의 모습을 볼 수 있다는 말을 책에서 본 적이 있었지만, 정말 그 말이 맞는지는 우리 동호회의 어느 누구도 쉽게 답을 할 수가 없었다. 그런 차에 완벽한 어두움을 경험해 볼 수 있을 뿐만 아니라 북반구에서 볼 수 없었던 대상을 관측할 수 있는 남반구 원정 여행 이야기를 꺼냈으니, 우리 동호회 회원들의 반

○ 망원경을 제작하거나 구입하여 처음 별빛을 관측하는 관측 세션을 천문인들은 이렇게 부른다.

응은 폭발적이었다. 다양한 직업을 가진 회원들의 형편을 고려하여 비용은 최소화하기로 했다. 관측지 선정, 항공편 및 렌트카 예약, 관측 대상에 대한 정기 세미나 등 약 10개월 간에 걸친 준비 작업 끝에 우리는 호주 사막 한가운데에서 밤하늘을 가로지르는 찬란한 은하수를 바라보며 꿈에 그리던 남반구의 천체들을 마음껏 관측할 수 있었다. 돌이켜 보면, 호주 사막에서의 일주일뿐만 아니라 출발 전 약 10개월 동안의 준비 기간을, 그리고 다녀와서 관측 기록을 정리하며 보낸 몇 달 동안을 온통 남반구의 밤하늘에 마음을 빼앗겨 보냈었다. 요즘도 가끔씩 동호회원들과 만나거나 전화를 하게 되면, 그때 호주에서 보냈던 행복했던 일주일을 이야기하며, 언젠가 또 한 번 모여 어두운 밤하늘을 찾아 함께 떠나자는 이야기를 한다. 다들 여러 일로 바쁘다 보니, 분주한 일상을 떠나 오로지 자기가 그토록 꿈꾸던 일에만 몰두할 수 있었던 그 호주에서의 일주일이 더욱 그립고 소중하게 여겨지는 모양이다.

요즘도 이런저런 일로 바쁠 때면 컴퓨터에 저장된 2010년 7월 호주 천문 여행 당시 찍은 사진들을 다시 들여다보곤 한다. 그러면 어느새 360도 지평선이 펼쳐진 호주 오지의 벌판에서 남반구의 아름답고 찬란한 밤하늘을 하염없이 바라보던 그때 그 마음으로 돌아가는 내 자신을 느끼게 된다.

우리 주변에 대한 관심—탐조

탐조探鳥 취미는 코로나19 사태로 인해 시작하게 된 최근의 취미생활이다. 코로나가 한창이었던 2021년 2월 무렵이었다. 마라톤, 철인3종 등의 대회가 줄줄이 취소되고 동호회 훈련 모임도 전혀 할 수 없었다. 평소 천체관측을 하러 가던 사설 과학관도 문을 닫았으니 별을 보러 가기도 어려운 상황이었다.

우연한 기회에 우리 천문동호회 소속의 선배가 별 보기와 병행하여 탐조 취미를 즐기고 있는 것을 알게 되었다. 오히려 SNS 등에 올리는 글이 대부분 새 사진이거나 탐조 관련 글인지라, 이제 탐조로 전향을 한 것은 아닌가 하는 생각도 하게 되었다. 아내와 함께 즐길 수 있는 뭔가 새로운 취미를 찾던 중이기도 해서 궁금증이 발동하여 불쑥 전화를 했다. 선배는 한참을 신이 나서 '탐조'에 대한 여러 이야기를 해주었다.

"천체관측은 날씨도 따져야 하고 까다로운 게 많잖아. 탐조는 그렇지 않아. 그리고 우리 주변에서도 시작할 수 있지. 동네만 돌아다녀도 참새, 박새, 진박새, 곤줄박이, 딱새, 직박구리, 까치, 까마귀, 멧비둘기, 이런 많은 새들을 볼 수 있거든. 이거 좋은 취미야."

새를 좋아해서 찾아다니며 구경을 하고 새들의 생태를 감상하는 취미를 우리말로는 보통 탐조, 영어로는 Birding○이라고 한다. 요즘은 우리나라에서도 탐조 취미를 즐기는 인구

○ Bird Watching이라고도 부르는 경우도 있는데, 어떤 경우에는 Birding과 Bird watching이 대상을 즐기는 방법 등에 있어 구별되는 개념이라고 보기도 한다. 탐조 취미를 가진 사람을 Birder라고 부르기도 한다.

가 점차 많아지고 있지만, 영국, 일본, 미국 등의 경우에는 오래전부터 전국적 규모의 탐조인 협회가 구성되어 있음은 물론, 탐조 취미를 즐기는 동호인들의 규모도 상당하다고 한다.

하루는 선배를 따라 겨울 탐조 장소라는 공릉천, 파주 등 경기 북부지역으로 탐조 소풍을 가게 되었다. 그 하루의 탐조여행에서 정말 많은 새들을 볼 수 있었다. 봐도 기억하기 어려운 몇몇 희귀한 새들을 만나기도 했다. '미조迷鳥'라고 했다. 나를 탐조 취미로 끌어들이려고 한 말인지는 모르겠지만 나보고 '조복鳥福'이 있다고도 했다. 낚시꾼들이 말하는 '어복魚福'과 비슷한 말일 것이다. 제법 흥미가 생겼다. 아내에게도 그날 있었던 이야기를 했더니 아내도 슬며시 관심을 보이기 시작했다.

선배의 권유로 조류 도감을 구입하고, 쌍안경, 작은 구경의 필드 스코프 등도 마련을 했다. 철인3종 등 내가 즐기던 다른 취미와 달리 아내도 큰 관심을 보이기 시작했다. 나보다 '더 많은 종류의 새'를 보겠다는 경쟁심도 슬그머니 발동했던 모양이었다. 아내는 도감과 쌍안경을 들고 혼자 동네 탐조에 나서기도 했다. 직박구리, 참새, 박새, 쇠박새, 곤줄박이, 물까치, 붉은머리오목눈이, 멧비둘기 등의 흔한 새는 물론, '동박새'를 발견했다며 즐거워하기도 했다.

코로나 기간 중에는 아내와 함께 서울 인근으로 탐조를 명목으로 한 소풍을 떠나기도 했다. 어찌 보면 '사회적 거리두기'라는 당시 방침에 딱 맞는 취미이기도 했다. 별 욕심 없이 떠난 탐조 여행에서 큰 성과를 거두는 적도 있었다. 아내도 '조복'이 있는지, 우연히 들른 탐조 장소에서도 바로 앞 나뭇가지에 앉아 있는 말똥가리 어린 새를 마주치기도 했다. 탐조 시작 초기라서 그런지 모든 것이 새롭고 신기하기만 했다.

임진강 가의 조용한 카페에서는 물수리의 사냥 모습을 보기도 했다. 한겨울 철원에서는 민통선 안쪽에서 월동하는 수많은 두루미의 모습도 볼 수 있었다. 그 무렵에는 작은 쌍안경을 늘 가지고 다니며, 녹지나 습지를 발견하면 주변에 새로운 새는 없는지 두리번거리는 것이 버릇이었다. 단순히 새를 발견해서 눈으로 보는 것뿐만 아니라 우리 주변에서 볼 수 있는 여러 새들의 생태에 대해서도 관심을 갖게 되었다.

2020년 6월에 발표된 국립생물자원관의 연구 결과°에 의하면, 우리나라에 오는 여름 철새인 뻐꾸기는 여름을 우리나라에서 보낸 다음, 가을 우리나라를 출발하여 중국, 미얀마, 인도를 거친 후, 아라비아해를 건너 아프리카에 도착해서 겨울을 보낸다고 한다. 그리고는 다음해 다시 우리나라로 돌아와 여름을 지내는데, 이런 뻐꾸기의 연간 왕복 이동거리는 총 2만 5,000킬로미터에 달한다고 한다. 그렇게 크지도 않은 뻐꾸기가 엄청난 거리를 오가고 있는 것이다.

우리에게 친숙한 뻐꾸기가 아프리카에서 겨울을 난 후 만

○ https://www.yna.co.kr/view/AKR20200622154100530
연합뉴스 2020.6.24.자 보도 내용 등 참조

킬로 이상을 날아와 우리 주변에서 울며 여름을 지내는 것이라니 정말 대단했다. 뻐꾸기의 습성을 알고 나니 우리 곁에 있는 철새들이 예전과는 완전히 달라 보이기 시작했다.

평화롭게만 보이는 철새의 이동은 실제로는 목숨을 건 엄청난 대장정이다. 이동 과정에서 40퍼센트 가량의 새들이 탈진 등 여러 원인으로 목숨을 잃기도 한다. 엄청난 희생을 감수한 이동인 셈이다. 또한, 봄 가을 나그네새°인 비둘기조롱이 Amur Falcon는 시베리아에서 남아프리카까지 수만 킬로미터의 거리를 오가는데, 그 외에도 뻐꾸기보다 더 긴 거리를 이동하는 철새들이 제법 있다는 것이었다. 때로는 다른 나라로 가야 할 새들이 길을 잃고 우리나라로 오는 철새들 사이에 끼어 우리나라로 흘러들어오는 재미있는 경우[∞]가 있다는 것도 알게 되었다. 이런 것을 보면 새들의 세계에서도 '친구따라 강남 간다'라는 말이 완전히 틀린 말은 아니었던 셈이다.

흥부전으로 친숙한 제비는 여름철 우리나라를 찾아와 번식하는 대표적인 여름 철새다. 가을이 되면 제비들은 추위를 피해 남쪽으로 날아가게 되는데, '강남 갔던 제비'라고 할 때의 그 '강남'은, 연구 결과^{∞∞}에 의하면 다름이 아닌 필리핀의 루

○ Passage Migrant, 철새이지만 한 해 중 일정 기간 동안 우리나라에 서식하는 것이 아니라 월동지와 번식지 사이를 이동하며 우리나라를 잠시 통과해 지나가는 새를 말한다.

∞ 이런 경우를 길 잃은 새라는 의미로 미조迷鳥, 또는 Vagrant 라고 부르기도 한다.

∞∞ https://www.chosun.com/site/data/html_dir/2020/05/26/2020052601295.html. 제주도에 도래하는 제비에 대한 연구결과도 동일하다.

손섬 등 지역이라고 한다. 그 작은 새가 너른 바다를 건너 그 먼 길을 오가고 있다는 것이다.

노래 〈도요새〉로 잘 알려진 도요새도 우리나라를 통과해 지나가는 철새이다. 수많은 도요무리들 중에 넓적부리도요의 이야기는 한 번쯤 진지하게 생각해 볼 만하다. 넓적부리도요는 러시아 북동부에서 번식하며 동남아시아 지역에서 월동을 하는 몸무게 30그램 내외의 작은 도요새이다. 이동 중에는 이동 경로상에 있는 갯벌에 들러 갯벌 생물을 잡아먹으며 휴식과 영양보충을 한다. 하지만 갯벌 간척 등으로 인하여 중간 기착지 역할을 하는 갯벌 지역이 60퍼센트 이상 사라졌고, 그 탓인지 개체수가 급격히 줄어들어 2008년부터는 '위급' 단계의 멸종 위기종으로 분류되었다.

남북을 오가는 철새들의 이동 경로에 자리잡고 있는 유리한 지리적 조건 덕분에, 우리나라에서는 좁은 국토 면적에 비해서는 상당히 많은 530종 이상의 다양한 조류들을 관찰할 수 있다. 게다가 어청도, 외연도, 소청도, 굴업도 등의 서해안 섬들은 새들이 이동 중에 잠시 휴식을 취할 수 있는 중간 기착지로 활용되고 있어서, 봄철 새들의 이동 시기에는 정말로 다양한 종류의 새들을 동시에 관찰할 수 있다.

이런 이동 시기에 어청도를 방문하면 탈진하여 제대로 날지도 못하는 새들, 천적이기도 한 사람이 다가오는 줄도 모르고 정신없이 풀밭을 돌아다니며 먹이 활동에 전념하는 굶주린 새들의 모습을 볼 수 있다. 또한, 고양이, 족제비 등에게 잡아먹히거나 오랜 여행에 지쳐 탈진해 죽은 새들의 사체도 제법 발견할 수 있다.

멀리 가지 않더라도 겨울철이 되면 우리와 가까운 하천 부근에서도 천연기념물인 원앙이나 맹금류들을 볼 수 있다. 또한, 봄, 가을에 한강 산책로를 달리다 보면 엄청난 숫자의 기러기, 오리들이 수면에 앉아 쉬고 있는 모습을 볼 수 있다. 이처럼 갑자기 늘어난 철새들은 계절이 바뀌고 있음을 알려준다.

지난봄 새벽, 난지도 부근을 달리다가 하늘을 가득 메운 채 북쪽으로 날아가는 오리 떼를 볼 수 있었다. 떠나는 오리들 중의 일부는 다시는 월동지로 돌아오지 못할 것이다. 마지막 비행이 될 수도 있는 것이다. 잠시 달리던 것을 멈추고 떠나는 오리들이 저 멀리 사라질 때까지 박수를 치며 열심히 응원을 해주었다. 하늘을 향해 주먹을 불끈 쥐고 파이팅을 외치기도 했다.

다행히 이른 아침이고 외진 곳이라 주변에 사람은 하나도 없었다. 누군가 보았다면 이른 아침부터 박수를 치며 이리저리 뛰어다니는 정신나간 사람이 있다며 혀를 끌끌 찼을지도 모를 일이다.

3부

내가 살아온 길

아내와의 만남

길잡이 별

북극성은 약 2등성 밝기의 별이다. 쉽지는 않지만 아주 날이 맑은 날은 서울 시내에서도 가까스로 북극성의 모습을 볼 수가 있다. 다만, 고도가 서울의 위도인 37.5도 정도로 높지 않아서 북쪽을 가로막은 건물을 피해야만 볼 수가 있다. 북극성은 나침판보다 더 정확히 북쪽을 알 수 있도록 해준다. 북극성을 볼 수만 있다면 정확한 방위를 확인해서 어디서든 쉽게 길을 찾을 수 있는 것이다. 그렇기에 북극성은 가장 중요한 '길잡이별'이라고 할 수 있다.

처음 만난 이후 줄곧, 아내는 늘 내 인생의 든든한 조력자이자 길잡이별이 되어주었다. 어려운 상황에서는 늘 나를 든

든하게 응원해 준 강한 동반자이기도 했다. 여러 선택의 순간에 내가 흔들리지 않고 내 길을 꿋꿋이 걸어갈 수 있도록 힘을 실어주었다. 한편으로는 나의 수많은 취미생활을 이해해 주고 격려해 주는 든든한 후원자이기도 하다. 아내가 없었으면 어쩌면 내가 '나답게' 살지 못했을 수도 있다. 아내는 오늘날 내가 내 자신의 모습대로 충실히 살아가는 데 가장 큰 도움을 준 사람이다. 결국 나는 내 인생 최고의 길잡이별을 찾을 수 있었던 셈이다.

1987년 4월 1일

오랜 시간이 지나도 마치 어제 일처럼 생생한 그런 순간들이 있다. 오래전의 일인데도 마치 어제 일처럼 촘촘하게 기억이 나는 사건들이 있나 하면 방금 전의 일인데도 제대로 기억을 못하는 경우도 있으니 기억의 명료함은 시간의 흐름이나 선후관계와는 큰 연관성이 없는 모양이다.

대학교 1학년 때인 1987년 만우절, 그러니까 4월 1일에 아내를 만났다. 아직 쌀쌀한 기운이 남아 있고 하늘은 맑았던, 그런 평범한 봄날이었다. 입학 직후에는 꽤나 긴장했었는데 한 달 정도 수업을 듣다 보니 이제 어느 정도 익숙해지고 마음에 여유가 생기기 시작했다. 보통은 대학본부 앞 좌석버스 정류장에서 집으로 가는 버스를 탔는데, 그날따라 정문 앞에서 버스를 타기로 마음먹었다.

슬슬 걸어서 대운동장에 거의 도착했을 무렵이었다. 저 앞에서 우리과 학번 6번°인 김모 군이 나를 기쁜 표정으로 쳐다봤다. 웃으며 지나가려는데, 그 친구가 갑자기 '혁아, 너 혹시 돈 좀 있어?'라고 물었다. 마침 평소보다 많은 만 원 정도가 있었다. 돈이 있다고 대답을 하면서 '꿔달라는 말인가'하고 생각했는데, 친구의 말은 "이대 사회학과와 과팅을 하는데 한 사람이 부족하니 네가 나가야겠다"는 것이었다. 처음에는 만우절 농담인가 싶었다.

돈을 꿔달라는 얘기가 아닌 것은 알겠는데 졸지에 과팅이라니, 약간은 황당했다. 게다가 고교 시절까지 거의 은평구를 벗어나 본 적이 없는 나로서는 '이대'가 어디에 있는지도 알지 못했다. 나중에 집에 어떻게 가야 하나 하는 생각 때문에 조금은 걱정스럽기까지 했다. 친구가 꼭 같이 가자며 거듭 부탁을 해서 고민을 하다가 그냥 한번 나가보기로 했다. 정문 앞에서 142번 버스를 타고 처음 이대 앞에 가보게 되었다.

10대 10 과 미팅이라고 하지만, 인원이 너무 많아서 그런지 다섯 명씩 두 조로 나누어 장소를 정했다고 한다. 우리가 갈 곳은 이대 정문에서 약 150미터 정도 떨어진 곳에 있는 '캐슬'이라는 2층짜리 카페였다. 당시 이대 부근은 아주 활기차고 유동 인구도 많은 최고의 상권이었다. 동네 분위기도 우리 학

° 서울공대 전자공학과 87학번은 총 47명이었는데, 인원이 많지 않고 학부 내내 자주 보다 보니 서로 학번을 기억하게 되기도 했다. 요즘도 대학교 동창들을 만나면 이름 대신 '001군', '025군' 등으로 서로의 학번을 부르곤 한다.

교가 있는 신림, 봉천동과는 너무나도 달랐다. 새로운 동네를 구경한 것만으로도 재미있어서 '따라오기를 잘했다. 이 녀석 고맙네'라며 제법 좋아했던 것 같다.

아내의 첫인상은 '귀엽고, 착해 보이고, 눈이 참 크다'는 것이었다. 또, 어떤 이유에서인지 '이 사람과 뭔가 잘될 것 같다'라는 막연한 느낌도 들었던 것 같다. 요즘도 가끔 아내와 당시 서로의 첫인상에 대해서 이야기를 하곤 한다. 뭔가 좋은 느낌이 있었다는 나와 달리, 아내는 "햇빛을 한 번도 본 적이 없는 것처럼 얼굴이 하얗게 보였던 것 말고는 아무런 기억이 없다"고 이야기를 한다. 아직도 그 말을 들으면 왠지 서운한 느낌이 드는 것은 어쩔 수가 없다.

한 시간쯤 지나 서로 파트너를 정해 다른 장소로 이동하기로 이야기가 되었다. 당시 유행하던 파트너 지정 방식(?)에는 여러 가지가 있었는데, 이야기 끝에 우리는 사다리 타기 방식으로 파트너를 정하기로 했다. 여자 쪽에서 각자의 이름을 쓰고, 이름을 가린 상태에서 펜으로 사다리를 그린 후, 남자들이 순서대로 하나씩 선택을 해서 파트너를 정하는 방식이었다.

왼쪽에서 두 번째에 앉아 있었던 나는 두 번째로 사다리의 반대편 한 꼭지를 선택했다. 꼭지를 고르면서 마음속으로 '저 사람(아내)이 내 파트너가 되었으면 좋겠다'라는 생각을 했었다. 확인 결과, 내가 바라던 대로 아내가 내 파트너가 되었다.

무척이나 기뻤지만 밖으로 티를 내지 않으며 무덤덤한 표정으로 시치미를 뗐다.

저녁 무렵이 되어 근처 분식점으로 자리를 옮겼다. 나는 비빔밥을, 아내는 비빔냉면을 주문했다. 아내는 두고두고 그때 비빔냉면을 주문했던 것을 후회했다고 이야기를 한다. 비빔냉면 면발이 쫄면처럼 아주 질겼는데, 처음 보는 사람 앞에서 면발을 끊어가며 먹는 것이 너무 힘들었다고 했다. 처음 만났던 날 아내가 마음에 들었던 이유에는 '말없이 냉면을 조용히 먹던 아내의 차분한 모습'도 있었다. 우스운 일이지만, 어쩌면 그때 아내의 차분한 모습은 그 분식점의 질긴 면발 때문이었는지도 모를 일이다.

다시 근처 찻집으로 자리를 옮겨 한 시간 정도 이야기를 하고, 전화번호를 교환한 후 헤어졌다. 그 무렵 유행했던 학보 교환도 하기로 약속을 했었던 것 같다. 만난 지 일주일쯤 후에 아내로부터 이대 학보가 배달되었다. 우표를 붙인 '주소 띠지' 안쪽에는 간단한 안부 인사도 적혀 있었다. "알게 돼서 기뻐요"라는 딱 한 줄이 적혀 있을 뿐이었는데 그저 기쁘기만 했다. 아직도 나는 그때 받았던 학보 띠지를 간직하고 있다. 뭔가 기억을 하고 싶었는지 "주희가 보내준 학보. 알게 돼서 기뻐요 라고 쓰여져 있음. 독어 수업시간 직전에 세형이가 전해주었음"이라는 메모도 적어두었다. 그날 이후로는 과 사무실

우편물 통을 확인하는 것이 꽤 즐거운 일과가 되었다.

    만난 지 7년 8개월 만인 1994년 12월 7일 우리는 결혼식을 올리고 부부가 되었다. 약 8개월가량 헤어져 만나지 않는 등, 우여곡절도 정말 많았지만 모두 버텨내고 부부로 새출발을 할 수 있었다. 이런 사연이 있으니 만우절은 우리 부부에게 중요한 날일 수밖에 없다. 우리는 매해 만우절에 동네 식당에서라도 함께 저녁을 먹으며 우리가 처음 만났던 그날을 꾸준히 기념하고 있다.

큰 변침 變針

고시공부, 사법시험 합격

법조인으로 살아오면서 '전자공학과 출신이 왜 사법시험을 쳤느냐'는 질문을 많이 받았다. 내가 당연히 법대 출신일 것이라고 생각했다가 전자공학과 출신임을 알고 신기해하는 사람들도 많았다. 같은 질문에 대한 내 대답이 늘 같지만은 않았다. 내 스스로도 '딱 한 마디'로 사법시험을 친 이유를 설명하기는 어려우니 당연한 일이기도 하다.

생각해 보면, 전자공학이라는 전공 분야가 내 적성과 아주 잘 맞지 않았던 것은 분명하다. 그렇지만 당시에 불확실성을 감수해 가면서 사법시험을 쳐야 할 만한 특별한 사정이 있었던 것도 아니었다. 그런데도 그런 '엄청난' 결심을 했던 것이다. 내 자신도 가끔은 '내가 왜 그런 결심을 했었을까'하면서 곰곰이 그때의 결정을 돌이켜 보기도 한다.

1990년 초반, 합격자 300명 시절의 사법시험은 극악의 합격률로 악명을 떨쳤다. 불합격을 하면 그동안의 시간과 노력은 모두 수포로 돌아가는 '모' 아니면 '도' 식의 시험이었다. 시험에 투입한 시간과 노력은 경력으로 인정받을 수도 없어서 모두 '헛수고'가 되어버리는 시험인 것이다. 사실 시험 과목들에 대한 이해의 난이도 자체를 놓고 본다면 그리 어려운 시험이 아닐 수도 있다. '전자기학'이나 '현대물리' 등과 비교하면 정말 쉬운 시험이라고 할 수도 있으니 말이다.

사법시험이 정말로 고통스러운 것은 '공부를 열심히 해도 꼭 합격할 수 있다'라는 확신을 쉽게 가질 수 없다는 점이었다. 바꿔 말하면, '내가 이처럼 내 인생의 중요한 시간을 소비해서 열심히 공부를 해도, 100퍼센트 합격을 장담할 수 없고, 성과 없이 허무하게 끝나버릴 수도 있다'라는 불안감이 가장 큰 적이었다.

특히 나를 괴롭힌 것은 '구태여 안 해도 될 공부, 안 해도 될 고생을 스스로 하고 있다는 사실'이었다. 당시는 전자공학과 출신 인력이 늘 부족하던 때였다. 그냥 학부만 졸업을 해도 유수 대기업에 쉽게 취업을 할 수가 있었다. 하긴 그 무렵에는 비단 전자공학과 출신이 아니더라도 대부분의 대졸자들에 대한 취업문이 넓게 열려 있던 시절이기도 했다. "별로 어렵지 않아 보인다. 걱정하지 말라"고 큰소리를 치며 본격적으로 공부를 시작했지만, 절대적인 공부량이 많아서 그런지 준비가 쉽지만은 않았다.

1991년 봄, 시험 삼아 제33회 사법시험에 응시했다. 1차 시험이 어떤 것인지를 경험해 볼 생각이었다. 당연히 준비 부족이었지만, 그래도 조금은 안다고 생각했던 '형법' 과목에서조차 좋은 결과를 얻지 못했다. '이거 대충 해서 그냥 붙을 시험은 아니구나' 하는 걱정이 들기 시작했다. 그 후 1년간 독서실을 오가며 1차 시험 전 과목을 한 번 이상씩 공부했다. 1992년 봄, 다시 제34회 사법시험 1차에 응시했다. 마무리를 제대로 하지 못한 것 같아 걱정스러웠지만, 그래도 조금은 기대를 걸어 보았는데, 결과는 몇 문제 차이의 아쉬운 낙방이었다. 특히 문화사, 국사 등 비법률 과목의 성적이 아주 좋지 못했다.

나름 준비도 했고 시험 운도 좋은 편이라고 생각했는데, 이런 결과를 받고 보니 참 막막하기만 했다. 살면서 제대로 준비를 했다고 생각하고도 떨어진 시험은 운전면허 시험 이외에는 그때가 처음이었으니 더더욱 당황스럽고 화도 났다. 열심히 격려해 주시는 부모님께 죄송스럽고, 믿고 열심히 응원해 준 당시 여자친구였던 아내에게도 참 미안한 마음이 들었다.

제34회 1차 불합격 직후인 1992년 초여름 화창한 계절에

KBS 별관 건너편 카페에서 아내와 만났다. 발표 직후로 그 다음 해 봄에 있을 제35회 사법시험 1차 준비를 시작하기에는 조금 이른 때였던 것으로 기억한다. 그 무렵 아내 친구들이 하나둘씩 결혼을 하기 시작했는데, 그날도 아내는 친구 결혼식에 다녀오는 길이라고 했다.

"내년에는 꼭 될 수 있죠?"

걱정스러운 목소리로 아내가 물었다. 아내 말로는 오늘 결혼한 친구의 신랑은 사법연수원에 다니는 예비 법조인이라고 했다. 그 말을 듣고 보니 쓸데없이 사법시험을 치겠다고 해서 걱정을 끼친 것은 아닌가 싶어 더욱 미안한 느낌이 들었다. 그 결혼식에 다녀온 아내의 심정이 어땠을까 생각하니 너무나도 마음이 아팠다.

"응, 열심히 해볼게요."

"얼마나 더 공부해야 하는 거죠?"

"내년에 1차, 후년에 2차, 그러니까 2년은 더 해야 하지 않을까?"

내 말이 영 미덥게 느껴지지 않았는지 아내가 이런저런 이야기를 하기 시작했다.

"오늘 친구 결혼식에 갔다가 돌아오는 길에 이처럼 화창한 날에 내 기분이 왜 이럴까 생각을 했어요. 기왕 시작한 거 확실히 공부해서 끝을 봤으면 좋겠어요. 이런 기분인 게 화가 나서 혁이 씨가 포기한다면 내가 준비해서라도 붙어야겠다는 생각까지 했어요. 힘들겠지만 너무 불안해하지 말고 최선을 다해서 꼭 붙기를 바래요."

30년도 더 된 일이지만, 그날의 그 대화를 나누던 그때가 아직도 어제 일처럼 생생하기만 하다.

그해 가을 무렵부터 다음 해에 있을 제35회 사법시험 1차 시험 준비를 다시 시작했다. 열심히 하느라고 애썼지만, 시험 날이 다가올수록 합격할 수 있을지 조금씩 불안해지고 공부에 집중하기가 어려웠다. 정말 후회없이 최선을 다해 준비를 하고 시험을 쳐보기라도 했으면 좋을 텐데, 이렇게 최선조차 다해보지 못한 채 그대로 시험을 포기할 수는 없지 않나 하는 생각도 들었다.

시험 한 달 정도를 앞두었을 무렵, 여전히 준비가 부족하다는 생각이 들었다. 저녁 늦은 시간까지 고민만 하며 제대로 집중하지 못하는 나 자신에게 너무나도 화가 났다. 어느 날엔가는 포기를 진지하게 생각했다. 사법시험 책들을 한 곳에 모아놓고 다음 날 아침에 일어나 다 가져다 버리겠다고 생각하기도 했다. 다음 날 아침에 일어나서 전날 쌓아놓은 책들을 보니, 주인을 잘못 만나 애꿎게 책들만 내버려지게 생겼구나 하는 미안한 마음이 들었다.

잠시 고민을 하다 마음을 다잡았다. '공부를 해도 시간이 흘러가고 안 해도 시간은 가차 없이 흘러간다. 기왕 그런 거 끝까지 열심히 하면 조금이라도 붙을 가능성이 높아지지 않을까? 어차피 이번 시험까지 얼마 남지도 않은 거, 결과 신경 쓰지 말고 하는 데까지 해보고 안 되면 포기하자'라는 생각이었다.

그때부터 시험 날까지 정말 부담 없이 열심히 공부를 했다. 전년도와는 다르게 시험 전날도 마음 편히 잠을 자고 개운하게 시험장으로 향할 수가 있었다. 시험을 치른 후, 국사, 문화사 등의 지엽적인 질문으로 수험생들을 괴롭히기로 소문난 비법률 과목을 제외하고는 무난하게 본 것 같다는 느낌이 들었다. 몇 달 후 발표된 결과는 다행스럽게도 '합격'이었다. 나중에 보니 헌법, 민법, 형법 등 주요 과목에서 좋은 성적을 거둔 덕분에 비법률 과목의 부진함을 만회할 수 있었던 것이었다. 정말 다행스러웠다.

당시 사법시험의 경우, 매해 2만 명 정도의 수험생이 응시를 하고, 그중 700명 정도만을 1차 합격자로 선발했다. 1차 합격조차 하지 못하고 시험을 포기하는 수험생들도 적지 않았다. 그러니 1차 합격만으로도 최종 합격에 한 발짝 다가설 수 있는 나름 대단한 것으로 인정받던 때였다. 어쨌거나 '이제 나도 2차 시험장에 들어설 수 있는 자격이 생겼구나' 싶어 기뻤고, 아내도 수고했다고, 내년까지 최선을 다해달라며 응원을 해주었다.

1993년 치러진 제35회 사법시험의 경우, 총 응시자가 2만 명가량으로 1차 경쟁률은 높았지만, 2차 시험의 응시 대상자는 그해 1차 합격자 700여명과 그 전해에 1차 시험에 합격하였지만 2차 시험을 통과하지 못한 350명, 이렇게 1,000명가량에 불과했다. 그러니 2차 시험 경쟁률은 3:1 정도로 크게 높지 않다고 볼 수 있었다. 같은 해에 1, 2차 시험을 한꺼번에 통과한 경우를 '동차 합격'이라고 부르는데, 이런 경우는 많지 않았다. 보통은 그 전해에 1차 시험을 합격하고 그다음 해에 1차 시험을 면제받은 후, 2차 시험에 응시하는 것이 일반적인 수험생들의 준비 패턴이었다.

내 경우에는 법대 출신이 아닌지라, 1차 시험과 공통 과목인 헌법, 민법, 형법을 제외한 나머지 민·형사소송법, 행정법, 상법, 국민윤리 등에 대한 준비가 전혀 되어 있지 않았다. 당연히 동차 합격을 기대할 수는 없었다. 그래도 1993년 제35회 사법시험에는 시험장 분위기도 파악할 겸, 나흘 내내 2차 시험 전 과목에 응시해보기로 했다.

헌법, 민법, 형법과 상식으로 답안 작성이 가능한 국민윤리는 나름 열심히 썼다고 생각을 했고, 공부가 전혀 안 되어 있는 민사소송법 등의 새로운 과목들은 법전을 참고하여 거의 '소설' 같은 이야기들을 써 내려갔다. 그렇게 열심히 노력을 했는데도 분량조차 제대로 채우기 힘들었다. 결과는 국민윤리 한 과목을 제외한 모든 과목이 전부 40점 이하의 과락이었다. 헌법, 민법, 형법 등 나름 공부했던 법률 과목마저 과락을 받으니 충격을 받을 수밖에 없었다. 정신이 번쩍 드는 느낌이었다.

다음 해 치른 36회 2차 시험의 경우, 경쟁률도 낮고, '이것 한 번만 더 통과하면 된다'라는 생각 때문인지 1차 시험에 비해서 부담감이 덜했던 것 같다. 어차피 독학으로 공부하는 것이니 쉽게 공부할 생각으로 수험서는 모두 분량이 적은 것들로 선택했다. 민법처럼 아예 요약서를 기본서로 삼은 과목도 있었다. 속칭 '단권화'라는 것도 해야 했는데, 먼저 시험에 합격한 같은 독서실 친구로부터 공부했던 책 전부를 얻어 모든 작업을 수월하게 마칠 수 있었다. 손때 묻은 책들을 아무런 대가도 없이 모두 내준다는 것이 쉬운 일은 아닐 텐데, 지금 생각해 봐도 참 고마운 친구가 아닌가 싶다.

2차 시험을 준비하는 내내 아내와는 3주에 두 번만 만나는 것으로 횟수를 줄이기도 했다. 예전처럼 매주 한 번 꼴로 만나는 것은 아무래도 지속하기 어려웠다. 그래도 매일 잠깐씩의 통화는 거르지 않았다. 전화 때마다 아내는 격려의 말을 잊지 않았다. 아내의 응원이 큰 힘이 돼주었다.

1년 가까이 착실히 준비를 한 덕분인지, 법 과목들의 경우에는 큰 문제가 없겠다는 막연한 자신감도 들기 시작했다. 오로지 '국민윤리' 과목의 경우에는 제대로 공부를 하지도 않았지만, 열심히 공부를 한다고 해서 성적이 잘 나오는 것도 아니라는 말에 걱정이 되기 시작했다. 사실, 국민윤리 과목의 경우에는 공부를 하나 안 하나 성적이 비슷하기도 하고, 오히려 공부를 안 하면 점수가 잘 나오는 경우도 있다는 이야기가 있기도 했다. 결국 운에 맡길 수밖에 없는 과목이라는 얘기였다.

시험을 2개월가량 앞두고 아내와 전화 통화를 하다가 지나가는 말로 이런 고민을 이야기했다. 아내는 그 말을 흘려듣지 않았던 모양이다. 당시 사회학과 석사과정을 밟고 있었던 아내는 나를 도와주겠다고 했다. 아내는 국민윤리 과목이 어떤 내용인지를 자세히 물었다.

당시 국민윤리 과목의 경우, 국가윤리, 사회윤리, 가족윤리, 환경윤리 등의 여러 분야로 구분하는 것이 일반적이었다. 얼마 후 아내로부터 연락이 왔다. 국민윤리 답안을 작성하며 각 분야별로 참고삼아 언급할 만한 사회학 이론이라든가 유명 서적 목록, 주요 학자들의 주장이나 서술 내용 등을 항목별로 정리해 놓았으니 그 메모를 가져다주겠다는 것이었다.

큰 기대 없이 시험 전에 아내 얼굴이라도 한 번 더 볼 생각으로 만났는데, 이게 정말 유용한 자료였다. 아내 말로는 도서관을 돌아다니면서 필요한 자료를 꽤 열심히 찾아 정리해서 만든 것이라고 했다. 총 분량은 A4 용지 다섯 장가량이었는데, 깨알 같은 글씨로 일목요연하게 여러 이론 등이 정리가 되어 있어서 꽤 유용하게 활용할 수 있었다. 아내는, 그 요약지에 언급된 각종 사회학 이론이라든가 주요 학자들의 연구 결과 등에 대해서 한 시간가량 '쪽집게 강의'도 해주었다. 그 자료를 가지고 돌아와 시험 전까지 하루에 몇십 분씩 시간을 들여 반복해서 정독을 했다. 아내가 가르쳐준 내용들을 떠올리며 답안에 활용할 방법을 곰곰이 궁리해 보기도 했다.

국민윤리 답안은 생각보다 수월하게 작성할 수 있었다. 아내가 가르쳐준 이론이나 학설 등을 근거로 제시하며 답안을 작성하니 내용도 무척이나 풍부해지는 듯싶었다. 준비한 시간이나 노력에 비해서는 무난하게 시험을 치른 느낌이었다. 나중에 확인해 보니, 내가 상위 30퍼센트 이내의 좋은 성적으로 합격을 한 것은 국민윤리 과목의 고득점 덕분이었다. 아내 덕을 크게 본 것이다. 이 사실을 알게 된 아내는 요즘도 내가 사법시험에 합격한 것은 자기 덕분이니 고마워해야 한다고 말하곤 한다.

노력이나 실력에 시험 결과가 정비례하지 않는 국민윤리 과목의 문제점은 그 무렵에도 여러모로 비판받고 있는 상황이었다. 이러한 비판 여론 때문인지 그 후 몇 해 지나지 않아 국민윤리 과목은 사법시험 2차 과목에서 제외되었다.

1994년 여름 사법시험 2차 시험을 치른 후, 결과 발표를 기다리지 않고 취직을 하기로 마음을 먹었다. 더 골방에 틀여박혀 있기는 싫었다. 사회와 격리된 상황에서 사회 전반의 질서를 다루는 법률을 공부한다는 사법시험 수험가의 분위기가 기묘하다는 생각도 했던 것 같다. 요즘 기준으로는 이르다고 할 수도 있지만, 동갑이었던 아내에게 결혼을 계속 미루자고 할 수도 없는 형편이었다. 그냥 전공대로 취직을 해서 결혼을 하고 사회생활을 시작하는 것이 더 나을 것 같다는 생각도 했다. 그렇게 1994년 8월, 기흥에 있는 삼성전자 반도체 부문에 대졸 신입사원으로 입사하게 되었다. IMF 사태 이전인 그 무렵에는 명문 대학의 전자공학과 출신들이 일반 기업에 취직하는 것은 그리 힘들지 않을 때였다.

반도체 과목은 학부 시절 전자회로, 물리전자 등 전공필수로 들어야 하는 몇 과목을 제외하고는 제대로 공부를 해본 적이 없었다. 그러니 반도체 부문에서 일하게 된 것이 부담스럽기도 했다. 당시 함께 신입사원 교육을 받게 된 50여 명의 동기들의 경우, 대부분 문과 출신이거나 전기·전자과 이외의 타 과 이공계 출신들이었다. 전자 관련 전공 출신은 나를 포함해 단 세 명에 불과했다. 그렇다 보니 반도체 원리, 공정 등을 가르치는 강사들의 질문은 대부분 우리 세 명에게 집중되었다. 우리 이외의 동기들에게는 어려운 질문일 수도 있지만, 우리들에게는 전혀 어려울 리가 없었다. 대학 시절 내내 전공과목 때문에 고생을 했었는데, 고등학교 졸업 이후 처음으로 다시

'우등생' 취급을 받으며 재미있게 신입사원 연수 과정을 마칠 수 있었다.

신입사원 연수의 마지막 과정은 몇 주간의 반도체 팹 실습 근무였다. 3교대 중 하나를 선택할 수 있었는데, 나는 가장 인기가 없었던 야간 근무조를 선택했다. 당시만 해도 아침 잠이 많아 일찍 출근하는 것이 늘 어려웠는데 그 때문이었다.

최신 생산 라인은 아니었지만, 반도체 공장에 들어선 여러 생산장비들의 엄청난 모습은 인상적이었다. 학교에서 보던 실험용 장비들과는 차원이 달랐다. 요즘은 완전 자동화가 이루어져 반도체 웨이퍼를 사람이 옮길 필요가 없지만, 당시에는 바다의 만灣처럼 생겼다고 해서 '베이Bay'라고 불리는 작업장 사이의 웨이퍼 운반은 오퍼레이터라고 불리는 작업자들에 의해 이루어지는 것이 보통이었다. 웨이퍼가 가득 든 런 박스를 들고 여러 베이들을 돌아다니며 신나게 구경을 했다. 몇 년간 사법시험 준비를 하느라 학부 전공과는 멀리 보냈지만 신입사원 연수 과정에서 이런 것을 접하다 보니 '공연히 사법시험 준비를 한다고 고생을 했나? 이런 일도 나한테 잘 맞네' 하는 생각이 들기도 했다. 구내식당의 음식도 입맛에 잘 맞았고, 수습 기간 중이라 전액을 받지는 못했지만 월급 때가 되면 돈도 받을 수 있어서 좋았다. 때로는 '돈까지 받아가면서 잘 배우고 잘 먹고 지낼 수 있으니 이런 호강이 있나' 하는 생각도 들었다.

여름 근무복을 입고 출퇴근을 시작했는데 가을 근무복이 새로 지급되었다. 지급된 잠바 스타일의 새 근무복이 마음에 들어서 출퇴근 때는 물론 어디를 가든 평상복처럼 입고 다니기도 했다. 날씨가 선선해질수록 2차 시험 발표날은 하루하루 다가왔다. 누구나 하는 말처럼 아내에게는 '절대 굶기지 않을 게'라면서 태연한 척하려 했지만, 발표 날짜가 다가올수록 초조해지는 마음은 어쩔 수 없었다.

나는 당시 태평로 본관에서 출발해서 서초역을 거쳐 반도체 기흥사업장까지 운행하는 통근버스를 타고 출퇴근을 하고 있었다. 그 버스를 타고 지금은 누에다리가 있는 국립도서관 언덕을 넘다 보면, 왼편으로 서울지방검찰청(현 서울중앙지방검찰청)의 모습이 보였다. 이른 새벽 출근 시간에도 몇몇 방들은 늘 불이 켜져 있었다. 통근 버스 안에서 그 건물을 올려다보며 '나도 저기에서 근무해 볼 수 있으려나' 하는 생각을 하기도 했다.

지난여름, 나름 최선을 다해서 나흘간에 걸쳐 2차 시험을 치렀지만, 행정법 과목에서는 30점짜리 문제 하나를 제대로 쓰지 못했고, 민법 케이스 문제도 충분히 서술하지 못했기에 합격을 자신할 수는 없었다. 그렇다 보니 발표 날짜가 다가올수록 마음은 불안하기만 했다. 으레 출근 시간에 그 언덕을 넘을 때가 되면 잠을 청하거나 고개를 돌려 서울지검 쪽을 아예 쳐다보지 않으려고 했다.

 2차 시험 합격 발표 전날은 야간 근무가 있는 날이었다. 저녁 늦게 출근하여 팹에서 근무를 마친 후 아침 무렵 양재역까지 통근버스를 타고 왔다. 버스에서 내렸는데 집에 연락을 해서 물어볼 용기가 도무지 나지 않았다. 얼마간 걷다가 지하철을 타고 시내 여기저기를 돌아다니다가 제법 늦은 시간이 되어 집에 도착했다. 가지고 있던 열쇠로 조용히 문을 열고 들어서는데 어머니께서 거실에 주저앉아 흐느끼고 계셨다. 순간 '불합격이구나'라는 생각이 들었다. '뭐 어때. 사법 시험 공부를 했던 사실 자체도 모두 잊고, 그냥 회사 생활에 최선을 다하면서 열심히 살자. 그럼 되는 거지 뭐.' 이렇게 편히 생각하기로 마음먹었다. 아무 말도 없이 내 방으로 들어서려는 순간, 어머니께서 나를 쳐다보며 말씀하셨다.

 "혁아, 너 합격이래…."

 당시는 ARS로 합격 여부를 알려주던 시절이었다. 직접 전화를 걸어 수험번호를 입력하고 합격 사실을 다시 확인했지만 실감이 나지 않았다. 하늘을 날 정도로 엄청나게 기쁠 줄 알았는데, 그냥 먹먹하고 차분하기만 했다. 현실감이 나지 않아 아무런 말도 할 수가 없었다. 아내와 간단히 통화를 하고 밤을 새우고 시내를 돌아다니느라 피곤했던 터라 방으로 들어가 몇 시간을 푹 자고 일어났다. 저녁 출근 길에 아내를 보고 가기로 했다. 당시 아내는 교통사고를 당해서 입원을 했다가 퇴원한 직후라서 거동이 좀 불편한 상태였다. 처갓집에 도착을 해서 현관문을 열고 들어서는데 아내가 불편한 몸으로 걸어 나왔다. 아내는 나를 바라보며 조용한 목소리로 합격을 축하해 주었다.

"정말 수고했어요. 고마워요."

나를 믿고 힘들게 기다려준 아내에게 처음으로 뭔가 보답을 했구나 하는 생각이 들었다. 그때서야 실감이 나고 조금은 기쁨이 느껴졌다.

회사로 출근을 해서 윗분들에게 합격 소식을 알리고 어떻게 하면 좋을지 상의를 드렸다. "사법연수원 입소까지 시간도 많이 남았으니, 그때까지는 그냥 일도 배울 겸 다녀라. 그리고 나중에 다시 오는 거야"라고 농담처럼 이야기하는 분도 있었다. 하지만, 연수 후 배치가 예정되어 있던 메모리사업부 NVM 설계팀 조모 부장님은 생각이 달랐다.

"여기는 전쟁터야, 그냥 일이나 배울 겸 다니는 곳이 아니라구. 여기 네가 있어봤자 도움도 안 되니까 그냥 사직해. 연수원 들어갈 때까지 여유도 있으니까 여행도 다니고! 어쨌든 축하해!"

대학교 선배님이기도 한 조 부장님의 말에 따르기로 했다.

회사에 사직서를 내고 11월 한달 동안은 12월 초로 예정된 결혼 준비에만 신경을 쓰기로 했다. 돌이켜 생각해 보면, 정말 짧은 대졸 신입사원 기간이었지만 최신 기술 경향을 익히고 산업 현장의 분위기도 파악할 수 있었던 보람 있는 시절이었다. 아직도 나는 당시 사번을 잊지 않고 기억하고 있다. '메모리사업부 NVM 설계팀'으로 배치되었다는 '3급을' 사원 발령장도 소중히 잘 간직하고 있다.

이제 기흥 주변의 풍경도 많이 바뀌었다. 몇몇 건물을 제외하고는 거의 알아볼 수 없을 지경이다. 하지만, 아직도 고속도로를 타고 그 부근을 지나가게 되면 새벽 통근버스를 타고 출근하던 1994년 여름 그 시절의 기억이 떠오르곤 한다.

사법연수원 시절

1994년 12월 7일 아내와 결혼을 했다. 당시 사법연수원은 지금의 아크로비스타 건너편에 있었다. 반포에 부모님의 도움을 얻어 전세금 6,000만 원에 방 하나짜리 아파트를 구해 신혼살림을 시작했다. 계속 전세로 내주었는지 한 번도 수리를 하지 않아 마룻바닥이 삐꺽거리는 꽤 낡은 집이었다. 집은 낡았어도 우리만의 신혼 살림에 마냥 기쁘기만 했다. 게다가 사법연수원도 멀지 않아서 걸어서 출퇴근이 가능했다.

1995년 3월 입소식을 마치고 사법연수원 제26기 연수생으로 실무교육을 받기 시작했다. 당시 사법연수원은, 1년 차 때에는 민형사실무, 검찰실무, 변호사실무와 교양 과목에 대한 집합 교육을 받고, 2년 차부터는 전국 각지로 흩어져 법원 6개월, 검찰 4개월, 변호사 2개월○ 등 각 분야 시보로서 업무를 익히는 2년 과정으로 구성되어 있었다.

제대로 강의를 들어가며 법을 공부해보는 것은 처음이다 보니 모든 것이 신기하고 재미있기만 했다. 게다가 당시에는 각 기수별 연수생이 300명 정도에 불과하여 조금만 노력하면 무난하게 판검사로 임관할 수 있었다. 그러니 학업과 관련해서 크게 스트레스를 받을 이유도 없었다. 사법연수생들 모두 새로운 출발에 들떠 행복한 표정이었다. 즐겁기만 했던 상반기 수업 기간은 금세 흘러갔다.

1995년 6월 29일은 삼풍백화점이 무너진 날이다. 이날 이후 우리 26기 연수생들의 사법연수원 생활에는 큰 변화가 생겼다. 그날은 원래 예정되었던 수업이 어떤 이유에서인지 모두 취소가 되고, 국립국악원 오전 견학 프로그램으로 대체가 된 날이었다. 덕분에 대부분의 연수생들은 오전 일정을 마치고 점심 시간 이전에 귀가를 하게 되었다.

나도 그날 오전 일정을 마치고, 바로 집으로 귀가했다. 집에서 아내와 시간을 보내다가 저녁도 먹을 겸 외출을 하기로 했다. 여기까지는 우리 부부의 기억이 일치한다. 하지만, 사고

○ 사법시험 합격자 수가 늘어나기 시작한 사법연수원 제28기부터는 시보 과정이 법원 2개월, 검찰 2개월, 변호사 2개월로 변경되었고, 작은 지원, 지청 규모의 기관에도 시보들이 배치되기 시작하였다.

가 난 그날 우리가 원래 어디를 가려고 했던 것인지, 그날 목적지에 대한 기억은 서로 완전히 다르다. 나는 '내가 뉴코아 백화점으로 가자고 했고, 아내가 삼풍으로 가자고 했던 것'으로 기억을 하고 있다.

오후 네 시가 좀 넘었을 무렵, 아내와 함께 집을 나섰다. 당시 자동차가 없던 시절이라 뉴코아 백화점까지는 걸어가기로 했다. 연수원 전반기 평가 시험도 얼마 전 끝이 났고, 곧 하계휴가 기간이 시작될 예정이었다. 그날 사법연수원에서의 일정도 일찍 마쳐서 그랬는지 정말 마음이 홀가분했다. 날씨도 초여름치고는 그리 덥지 않았다. 그날 아내와 함께 한 뉴코아 백화점까지의 산책길은 그저 평온하기만 했다.

백화점 지하에서 이것저것 구경을 하고 물건도 몇 가지 구입하여 집에 돌아가려고 하려던 참이었다. 직원들이 갑자기 놀라 뛰어다니며 '삼풍이 무너졌대'라면서 수근거리기 시작했다. 처음 그 말을 들었을 때는 무슨 말인지 이해가 가지 않았다. 그렇게 큰 백화점이 무너졌을 리가 있겠냐는 생각도 했다. 그 말이 사실이더라도 나는 그저 '천장이나 지붕이 조금 무너졌겠지. 큰 사고는 아니겠지'라는 정도로 생각했을 뿐이었다.

별 생각 없이 집에 가려고 백화점을 나섰는데, 백화점 앞 길은 이미 전쟁터처럼 어수선했다. 소방차, 구급차, 언론사 차량 등 수많은 차량들이 삼풍 쪽 언덕을 향해 정신없이 달려가고 있었다. 하늘에도 여러대의 헬리콥터들이 요란스럽게 날아다니고 있었다. 길에서 본 많은 행인들도 걱정스러운 표정으로 삼풍 쪽으로 황급히 걸어가거나 멍하니 서서 걱정스러운 표정으로 언덕 위 쪽을 쳐다보고 있었다.

고속터미널 사거리를 지나며 삼풍 쪽을 유심히 바라보았는데, 보이는 쪽 벽체는 그대로 서 있는 상태였다. 그렇다 보니 한쪽 중앙 부분이 완전히 무너져 내려앉은 줄은 그때는 미처 알지 못했다. 집으로 향하면서 더 가까이 가서 보니, 가운데 부분이 완전히 없어진 것이 보이기 시작했다. 주변에 엄청나게 많은 잔해들이 흩어져 있는 것도 보였다. 우리 아파트 정문 쪽에서 한참 그쪽을 바라보다가 놀란 가슴을 진정시키며 겨우 집으로 들어섰다.

집에 도착하니 전화벨이 쉴 새 없이 울리고 있었다. 삼풍이 무너진 직후부터 부모님들을 비롯하여 친구, 친척 등 수많은 사람들이 우리집에 전화를 했었다고 한다. 우리는 사태가 이렇게 심각한 줄도 모르고 그냥 뉴코아백화점에서의 볼일을 다 마치고 천천히 걸어서 집에 돌아왔던 것이었는데, 우리가 전화를 받지 않으니 친지, 친구들의 걱정이 대단했던 모양이었다.

사법연수원이 삼풍백화점 바로 건너편이다 보니 한동안 끔찍한 사고 수습 현장 앞을 지나다닐 수밖에 없었다. 집에서도 여러 생각이 떠올라 잠자리에 드는 것이 힘들었지만, 매일 마음 아픈 사고 현장 앞을 지나가야 하는 것도 고통스러운 일이었다. 사고 현장 부근 아파트 주민들을 상대로 현장에서 쓸 주전자, 냄비, 식기 등 물건들을 구한다는 방송이 나왔다. 많지도 않은 신혼살림이었지만 냄비 한 개, 주전자 한 개 등을 내갔다. 얼마간 모금에 참여하기도 했다. 엄청난 사고에도 그냥 바라보며 안타까워할 수밖에 없는 처지가 참 무력하고 한심하게 느껴지기도 했던 것 같다.

어수선한 가운데 후반기 교육이 시작되었다. 상반기에 자주 갔던 삼풍백화점의 잔해를 건너편에 두고 공부를 하는 것이 마음 편할 리가 없었다. 상반기보다 가라앉은 분위기 속에서 후반기 강의가 마무리되고, 드디어 2년 차 시보 수습기간이 시작되었다. 시보 수습기간은 법원 6개월, 검찰 4개월, 변호사 2개월 등 총 1년이었다. 시보 수습지 희망을 하면서, 법원은 서울고등법원, 서울지방법원으로, 검찰은 봄에 마포로 이사를 할 예정이었으므로 이사할 집에서 가까운 서울지방검찰청 서부지청°으로 지원을 했는데, 다행히 희망대로 배정이 되었다.

당시 법원 시보의 경우에, 소속 재판부의 재판을 시보자격으로 참관하거나 기록을 배당받아 모의 판결문을 써볼 기회는 주어졌지만 실제 법적 효력이 있는 소송 관여 행위를 할 수 있는 권한은 주어지지는 않았다. 가끔씩 국선변호인으로 한

○ 현 '서울서부지방검찰청', 1996년 당시는 지방검찰청 승격 이전으로 서울지검의 소속 지청 다섯 개 (동남북서 및 의정부) 중 하나였다.

두 번 정도 형사변론을 할 수 있는 기회가 주어질 뿐이었다. 반면, 검찰 시보의 경우에는 검찰청법에 따라 검사직무대리로서의 법적 권한이 주어지기 때문에 단독 판사 관할에 속하는 일반 형사사건에 대한 수사 및 공소제기 업무○ 등을 수행할 수 있었다.

법원, 검찰, 변호사 세 직역의 시보 생활 중에서 가장 기억에 남는 때가 언제냐는 질문을 받는다면, 대부분의 연수생들은 '검찰시보' 시절이라고 이야기를 할 것이다. 사건의 당사자들을 직접 만나 이야기를 들어가면서 진위 여부를 가린다는 것은 결코 쉬운 일이 아니다. 하지만, 검사직무대리의 경우 사건의 경중을 가리지 않고 모든 피의자, 참고인을 100퍼센트 소환 조사하도록 되어 있었으므로, 부지런히 관계자들을 검찰청으로 오도록 하는 수밖에 없었다.

당시 시보생활 4개월간 구속 사건 10건, 불구속 사건 40건을 배당받아 처리하는 것이 원칙이었다. 시보를 끝낼 때까지 배당받은 사건은 모두 처리해야만 했다. 배당받은 사건의 대부분은, 처리 난이도가 낮은 교통사고나 폭력 사건, 단순 절도 사건이었기에 대부분 무난한 처리가 가능했다. 하지만, 배치된 검사실의 지도 검사로부터 지도 검사 사건에 대한 불기소장, 공소장 등 결정문 작성을 '하청'받는 경우도 꽤 있었다. 이런 사건들의 경우에는 난이도가 높고 법리 검토 등 여러 까다

○ 원래 사법연수생이 검사직무대리로서 자신의 이름으로 사건 처리가 가능했지만, 1996년 무렵에는 수사업무와 공소사실 작성만을 시보가 담당하고 기소 자체는 검사의 이름으로 하도록 관련 지침이 변경되었다.

로운 쟁점들이 많아서 처리에 꽤 애를 먹었던 기억이 난다.

당시 검사를 희망하고 있었던 나로서는 검사실이나 검찰청의 분위기에도 관심이 많았다. 검사 지망생으로서 검사실 수사관, 검사들의 일거수일투족을 모두 유심히 지켜보며 나름 이런저런 생각을 많이 했다. 지금은 꽤 큰 규모의 검찰청이 되었지만, 당시 서부지청은 서울지검이 서초동으로 이사하면서 새로 개청한 신생 지청으로 서울지검 산하 지청 중에서는 가장 작은 규모였다. 개청 당시에는 예전에 대검찰청이 쓰던 서소문 청사를 떠나 공덕동 신청사로 이사한 지 얼마 되지 않아 청 전체에 여유 공간도 상당히 많았고 새 건물이라 근무 환경이 좋았다. 청 규모가 작다 보니 직원들간의 유대관계도 돈독했고, 4개월간 근무하다가 떠날 시보인데도 같은 검사실의 식구처럼 따뜻하게 대해주었다. 검찰에 대한 호감이 깊어지기 시작했다.

4개월간 검사 실무를 지도해 준 검사님은 경북 예천 출신으로 항상 온화하고 어떤 상황에서라도 예의를 잃지 않는 분이었다. 그런 면이 일반적으로 생각했던 검사의 이미지와는 많이 달라 신선한 느낌을 받았던 것 같기도 하다. 지도 검사실의 수사관들도 매우 의욕적이고 성실한 분들이었고, 실무관도 노련해서 업무 전반에 대해 많이 배우면서 4개월간의 실무수습 기간을 충실하게 마칠 수 있었다.

판사나 변호사를 지망하는 연수생들의 경우에는 그냥 배당된 사건만 처리하며 검찰 실무수습기간을 보내는 경우도 있다고 한다. 2년 차 시험 준비 등 자기 공부에 방해가 된다며 검사실 사건처리를 싫어하는 경우도 있다고 듣기도 했다. 하지만, 나는 4개월간 정식 검찰청 직원이라도 된 것처럼 거의 매일 야근을 하며 꽤나 열심히 수습기간을 보냈다. 빠져 있는 일부 사실을 보완하여 몇 건의 관련 인지를 하기도 했다. 그래서 그런지 검찰 실무 수습을 마치는 날, 마치 여러 해 근무하던 직장을 떠나는 것처럼 꽤나 서운한 느낌이 들기도 했다. 이 무렵, '연수원 2년 차 시험을 잘 치르고, 꼭 검사로 임관해야겠다'라고 확실히 마음을 굳혔던 것 같다.

이때 마음을 굳히기는 했지만, 장래 희망으로 검사를 처음 생각해 본 때는 1989년 가을 대학교 3학년 시절이었다. 이런 결심을 한 것은 그 무렵 보았던 한 영화의 영향도 있었다.

1989년 가을 코스타 가브라스 감독의 〈제트z〉라는 영화가 개봉되었다. 1969년에 프랑스에서 제작된 이 영화는, 검열 등의 이유로 개봉이 불가능하여 수입이 되지 않다가 그 무렵에서야 겨우 수입될 수 있었다고 한다.

이 작품은 1963년에 실제로 일어났던 그리스 군부정권 시절의 정치인 암살 사건을 소재로 제작된 영화이다. 1969년 칸영화제에서 심사위원상을 수상하기도 했다.

우리나라와의 제도상의 차이 때문에 당시 주인공이 맡아서 연기했던 사법관°의 직책을 무엇이라고 번역해야 할지 고민이 있을 수도 있다. '예심판사'라고 부를 수도 있었겠지만, 당시 주인공의 직업은 '검사'로 번역되었다. 장래 희망으로 법조인을 한 번도 생각해 보지 않았던 내가 처음으로 '검사'의 역할을 대략으로라도 알게 된 것은, 1989년 대학교 3학년 때 이 영화를 통해서였다.

이 영화에 나오는 검사의 첫 인상은, 일반적인 영화나 드라마에 자주 나오는 전형적인 검사들의 모습과는 너무나도 다르다. 영화의 줄거리에서 알 수 있듯이 사건은 의도적으로 '무능하고 소심해 보이는 검사'에게 배당된다. 두꺼운 뿔테 안경을 쓴, 소심해 보이는 검사의 모습을 본 관객들은 단번에 '아, 저 수사는 보나마나 실패할 것이고, 저 사건의 진상이 밝혀지기는 어렵겠구나'하고 생각하기 마련이다.

그러나 검사는 어리석을 정도로 꾸준하다. '느리지만 확실하게' 하나씩 증거를 확보해 나간다. 드디어 차곡차곡 수집된 증거에 의해 의심의 여지 없이 암살이었음이 드러난 순간, 검사는 잠시나마 자제력을 잃고 신문 과정에서 '살인'이라는 표현을 내뱉기도 한다. 하지만, 검사는 곧바로 냉정을 되찾는다. 수사는 종료되고 관련자 전원을 소환하여 입건한 후 모두 기

○ Juge d'instruction, 우리나라에서는 주로 수사판사, 예심판사라고 번역되는데, 영어권에서는 'investigating magistrate', 'examining magistrate'라고 번역한다고 한다. 우리나라의 검찰과 달리 법원 소속으로, 우리나라의 현행 형사소송법상 주로 '검사'가 수행하는 권한을 행사하여 기소 전 수사를 수행하는 것을 임무로 하는 직책이다.

소하기에 이른다.

    증거 수집을 통해 실체적 진실의 발견을 위해 노력하는 사법관의 업무 방식이 검증과 객관적 연구를 통해 진실을 발견하는 과학도와 비슷할 수도 있다고 생각하게 되었다. 그렇게 '검사'라는 직업에 관심이 생겼다. 도서관에서 검사라는 직업을 다룬 책을 찾아보기도 하고, 사법시험에 합격한 사람들이 썼다는 '합격기'라는 것을 읽어보기도 했다. 결국 본격적으로 '검사'라는 직업에 도전해보기로 마음먹었다.

    서부지청에서의 검찰 시보 생활을 마치니, 그렇게 꿈꾸던 '검사'라는 직업에 좀 더 가까이 다가선 느낌이 들었다. 사법연수원 2년 차 시험은 1년 차 시험보다 훨씬 비중이 높고 중요하다. 후반기에 거의 매일 야근을 하며 검찰 시보 기간을 보낸 나로서는 준비 기간이 결코 넉넉한 편이 아니었다. 게다가 갑작스럽게 2년 차 시험 날짜가 한 달 이상 앞 당겨지기까지 해서 큰 걱정이었다. 예고 없이 시험 날짜를 앞당긴 것에 불평을 하는 동기생들도 있었다. 나는 오히려 '공부기간이 짧아져서 고생을 덜할 수 있겠네'라고 마음을 편하게 먹기로 했다. 동기생 몇 명과 공부 모임을 만들어 효율적으로 벼락치기식 공부를 했다. 다행히 예상보다 꽤 좋은 성적을 거둘 수 있었다.

    법원을 지망해도 서울 지역에 남을 수 있는 성적을 받아 드니 잠시 마음이 흔들렸다. 1998년부터는 예비판사 제도가 시행될 예정이라 1997년에 사법연수원을 수료하는 26기의 경우, 판사 선발 인원이 예년보다 훨씬 많아졌다는 말을 듣고 검사를 지망했다가 법원으로 진로를 바꾸는 동기생들도 상당히 많은 상황이었다. 고민을 했지만, 처음 마음먹었던 대로 검찰을 지망하기로 결심하고 법무부에 검사임용지원서를 작성해서 제출했다.

1997년 3월에 임관한 26기 검찰 지망자 중에서는 두 번째로 연수원 성적이 좋았기에 임관 탈락 걱정은 하지 않았다. 하지만, 법무부 면접 과정에서 일종의 압박 질문 때문에 조금은 당황하기도 했다. '본인의 소신과 결재 과정에서의 상사의 반려 취지가 상반되는 경우, 어떻게 처신할 것인가'라는 면접에서 충분히 예상할 수 있는 전형적인 질문이었다. 어떤 대답을 해도 그 대답에 반대되는 견해로 지원자를 몰아붙이고 지원자의 반응을 살피는 식의 면접이었다.

임용 기준선에 걸쳐 있는 지원자나 시위 전력자 등 심층 면접 대상자들은 단독 면접을 진행하는 경우도 있었다. 하지만, 크게 문제가 없는 젊은 또래의 연수생들은 여러 명씩의 단체로 임용 면접이 진행되었기에 다른 연수생들이 어떤 대답을 하는지를 지켜보는 것도 나름 재미가 있었다.

당시 면접 상황에서 내가 했던 대답과 겪었던 일을 기억이 나는 대로 정리해 보면 이렇다.

나 : 저는 사실관계나 법리를 충분히 말씀드리고 윗분을 한 번 설득해보겠습니다.

위원 : 그래도 설득이 안 되면 어떻게 하지? 윗사람이 어떤 이유에서인지 엄청 고집을 피우고 자기 뜻을 안 꺾으면 어쩔거야.

나 : (잠시 고민하다가) 아무래도 윗분이 경험이 많으시지 않겠습니까? 윗분 견해가 아주 명확히 틀린 것이 아니라면, 윗분 말씀을 이해하려고 노력하고 최대한 따르도록 하겠습니다.

위원들 : 윗사람 말이 다 옳은거야? (웃음)

나 : 그건 아니지만…

위원들 : 그럼 윗사람이 잘못한 거네?

나 : 그것도 아니지만…

위원들 : 그럼 뭐야? (계속 웃음)

나 : …

 이런 식으로 어떤 대답을 해도 빠져나갈 수 없는 질문을 해놓고 반응을 살펴보는 식의 면접이었다. 거의 임용이 확정된 연수생들일수록 이런 식의 질문이 더 많아졌던 것 같다.

 함께 면접을 본 다른 동기생 친구는, 면접관들의 반복된 질문에도 불구하고 '소신을 굽힐 생각이 없습니다. 반드시 관철시키도록 하겠습니다' 라고 답변을 했다가 면접 위원들로부터 '초임이 소신을 내세우기보다는 어떤 견해가 균형 잡힌 것인지 판단력부터 키우는 게 우선이 아닐까'라는 핀잔을 받기도 했다. 그러고도 한참을 처음 대답과 관련된 골치 아픈 질문 공세를 받았다.

그 외에도 한 지원자는 "건강은 괜찮나"라는 질문에 "예전에 수술을 해서 좀 불편할 때가 있습니다"라고 대답을 했다가, "그래? 걷는 데는 지장이 없지? 스쿼트는 할 수 있나?"라는 허무맹랑한 질문을 받기도 했다. 이런 것을 보면, 나를 포함한 마지막 지원자 다섯 명의 면접은 어찌 보면 임용의 절차적 요건을 갖추기 위한 요식행위에 지나지 않았나 싶다. 실제로 마지막 다섯 명은 모두 무난하게 면접을 통과하고 1997년 3월 1일 자로 함께 검사로 임용되었다.

초임의 경우, 최초 임관 성적에 따라 발령지가 결정이 되는데, 나는 동기생 다섯 명과 함께 서울지검(현 서울중앙지검)으로 배치받고 신임검사로서 첫발을 내딛게 되었다.

돌아갈 수 없는 시절,
검사로서 일상

서울지검—네 분의 부장님들

1997년 3월 3일 서울지검 형사5부로 배치되어 첫 출근을 했다. 당시 서울지검에는 형사1부부터 형사6부까지 모두 6개의 형사부가 있었다. 그 외 공판부, 강력부, 특수1, 2, 3부, 외사부, 공안1,2부, 조사부, 총무부 등, 모두 16개의 부가 설치되어 있었다. 그중 형사5부는 교통사고, 안전사고 등을 전담하였고, 서울지검 건물 7층 남쪽 편 사무실 전체를 사용했다.

시보 때 피의자 신문, 결정문 작성 등 이런저런 일을 한 번씩은 해보았다고 하지만 직접 검사가 되어서 자기 사건을 처리하게 되니 긴장이 될 수밖에 없었다. 잔뜩 긴장을 해서 출근했는데 엉망인 사무실을 보고 크게 실망했다. 당시에도 서울지검은 전국에서 제일 큰 검찰청이었다. 부임 당일까지 부 배치가 확정되지 못하는 것이 보통이었다. 늦게 직원 배치가 확정되는 바람에 초임 검사실까지 제대로 챙길 여유가 없었던 모양이었다. 사무실 칸막이도 제대로 되어 있지 않고, 결정문을 작성할 수 있는 컴퓨터조차도 제때 지급될지 알 수 없다고 했다.

후에 지방 근무를 하게 되면서 만족스러웠던 점 중의 하나는, 부임과 동시에 바로 일을 할 수 있도록 사무실, 집기 등이 늘 잘 준비되어 있다는 사실이었다. 서울지검의 경우, 검사들의 수가 많아서 그런지 여러 행정절차는 물론, 직원 배치 등 검사 한 사람 한 사람에 대한 배려가 서운할 만큼 부족했다. 하지만, 당시 선배들조차도 불만이 많은 상황이었으니 말석 검사가 뭐라고 불평을 할 수는 없었다.

혹시라도 몰라서 시보 시절에 사용하던 파일이라든가 공소장 기재례○ 등이 저장되어 있는 구형 노트북을 가지고 갔는데, 그것이라도 있는 것이 정말 다행이었다. 결국 나는 서울지검을 떠날 때까지 이 개인 노트북으로 모든 업무를 처리할 수밖에 없었다. 1997년 당시만 해도 전산화 초기 단계로서 업무 환경이 100퍼센트 전산화되지 않았었다. 때로는 타자기를 이용해서 서식 용지에 필요한 내용을 타이핑하는 방식으로 사건을 처리하기도 했다. 검사실 직원 전원에게 각자가 쓸 수 있

○ 판결서나 소송 관련 서류 등에 특정 내용을 작성하는 일반적인 문구 예시

는 컴퓨터를 지급하지도 못하는 실정이었다.

서울지검 근무 기간 24개월 동안 모두 네 분의 부장님을 모셨다. 어떤 초임 부장을 만나느냐에 따라 그 검사의 앞길이 완전히 달라진다고도 한다. 그 정도로 초임 부장은 검사 개인의 경력에 중요한 영향을 미치게 된다. 특히 서울지검처럼 중요한 검찰청에서 어떤 부장으로부터 지도를 받고 어떤 평가를 받느냐 하는 것은 향후 검사 생활에 있어 중요한 의미를 갖게 될 수밖에 없다.

모신 네 분의 부장님들은 모두, 속된 표현으로 나름 '한 가닥씩' 하는 분들이었다. 업무 스타일도 조금씩 다르고 장단점도 각기 달랐지만, 배울 점이 많았다. 모두 그 이후 나의 검찰 생활에 큰 영향을 주었음은 물론 업무 전반에 대해 정말 많은 것을 가르쳐주셨다.

초임 L 부장님

L 부장님의 경우, 법무부, 대검 등을 두루 거친 형사, 기획통이셨다. 호탕하고 윗분을 모시는 태도도 깍듯했다. 재치 있는 천재형으로 감탄이 나올 정도로 사건 처리에 대한 판단이 빠르고 정확했다.

하루는 호출을 받고 부장실로 갔는데, 부장님께서 밖까지 나오셔서 손님께 깍듯하게 인사를 하며 배웅을 하시는 모습을 보게 되었다. 누구이길래 그러시나 궁금해하며 부장님을 따라 부장실로 들어섰는데, 부장님께서 먼저 웃으면서 말하셨다.

"류 검사, 그분이 어떤 분인지 아나?"

나는 전혀 모르겠다는 표정으로 침묵했다.

"내 초임 부장이시다."

"아… 예!"

"세월이 많이 지났는데 아직도 어렵네… 류 검사도 나중에 나한테 이렇게 할 날이 올는지 모르겠다. 그럴려면 잘 지도를 해줘야겠지? 그나저나 오늘 사건 말이야…."

고마워도 표현을 하지 않으면 아무 소용이 없다는 말이 있다. 초임 부장님께서는 그 이후 세월이 많이 흐른 뒤에도 내가 어디로 부임하든 전화를 주시거나 축전을 보내 격려를 해주시곤 했다. 사건과 관련해서 내게 전화를 주신 적은 단 한 번도 없었다. 초임 시절 말석 검사를 그렇게 오랫동안 잊지 않고 챙겨주시는 것이 너무나 고마웠다. 제대로 감사하다는 말씀도 못 드렸는데, 이 기회를 통해서라도 고마운 마음을 전할 수 있게 된 것이 다행이다.

1997년 여름, 한참 더울 무렵이고 검찰인사가 임박했을 무렵, 대한항공 괌 추락사고가 발생하였다. 비록 미국령인 괌에서 발생한 사고였지만, 사고로 인해 상당히 많은 국민들이 희생된 상황이었기에 신속한 대응이 필요하다는 이유에서 교통, 안전사고 담당인 우리 부를 중심으로 전담 수사팀이 구성되었다.

선배들은 괌에서 송환된 희생자들에 대한 검시 및 유족에 대한 인도절차 등 여러 관련 업무들을 맡아 처리하기로 했다. 말석인 나는 자료 정리, 보고서 작성 등 업무를 담당하라는 지시를 받았다. 하루는 부장님이 나를 부르더니 '대한항공 트리폴리 추락사고'°를 아느냐고 물었다. 그때만 해도 10년이 채 지나지 않아 기억에 남아 있던 사고였기에 알고 있다고 말했다. 부장님은 '착륙 중 사고라는 점, 국적기 추락사고이고 희생자 대부분이 국민들이라는 점에서 유사한데 그 기록이 영구보존 기록으로 남아 있으니, 대출을 해서 검토해 보라'고 지시를 했다.

즉시 직원에게 이야기하여 기록을 대출해 오도록 했다. 전산화 이전의 사건기록인지라 '워드프로세서'라고 부르던 전자식 타자기 등을 이용해 작성한 일부 문서를 제외하고는 대부분의 문서는 모두 구형 타자기로 작성한 것들이었다. 외국에서 사고가 발생한 것이기에 현지에서 작성된 문답서, 미국연방교통안전위원회NTSB의 사고조사보고서도 기록에 첨부되어 있었다.

트리폴리 추락사고는 국내가 아닌 외국에서 발생한 국적기

○ 1987년 7월 27일, 리비아 트리폴리 공항에 착륙하던 대한항공 여객기가 지상 구조물과 충돌하여 추락한 사고. 승객과 지상 인원 등 79명이 사망하였다.

사고이고, 사고원인의 규명, 재판 관할권 등 여러 복잡한 법률 문제가 있었음에도 신속하고 순조롭게 처리되었던 사건이다. 아마 그처럼 공을 들여 사건을 잘 처리했었기에 유사사건 발생 시 모범사례로 삼기 위해 영구보존 결정을 했던 것임을 알 수 있었다.

엄청난 결과를 초래한 불행한 사고가 발생하면 그게 누구이든 사고에 대한 엄중한 책임을 묻고 싶은 것이 인지상정이 아닐까 싶다. 또한 사후 조사를 통해 사고의 원인과 과정이 정확히 드러나면, 언제나 '이렇게 저렇게 했더라면 사고를 피할 수 있었을 텐데'라는 아쉬움이 들게 되는 것은 너무나도 당연하다.

'사고의 발생 원인과 과정을 사후에 모두 알게 된 전지적 시점에서 보았을 때 누군가를 비난하지 못할 사고는 하나도 없다'라는 말도 있으니 말이다. 이런 면에서 볼 때 NTSB의 사고조사 보고서는 무척이나 신선한 충격이었다.

NTSB의 사고조사 보고서는, 형사적 측면에서 누군가를 처벌하기 위해서가 아니라 '사고 재발의 방지, 업무 절차의 개선' 등에 초점을 맞춘 것이라고 했다. 또한 그와 같은 '사후적 비난' 보다는 '사고 재발 방지'라는 실용적 측면에서 작성된 것임을 금세 알 수 있었다. 조종사의 과실을 지적함에 있어서도 실수에 대한 가혹한 비난보다는 그와 같은 잘못을 저지르게 된 원인이 무엇인지, 그와 같은 사고의 재발 방지를 위해서는 항공업계 관련자들이 어떤 절차 개선 노력을 해야 하는지 차분하고 객관적인 어조로 서술이 되어 있었다.

며칠간 검토한 내용을 정리하여 부장님께 보고를 했다. 나름 최선을 다한 보고서였기에 부장님도 꽤 흡족해했다. 당시 작성했던 보고서는 관련 사건의 처리에도 상당 부분 반영되었다. 그 이후 공판부로 자리를 옮겨 항소심 공판업무를 담당하던 시절, 추락사고에서 파생된 관련 사건의 최종 검찰 의견을 진술하기도 했다. 이래저래 괌 추락사고는 잊기 어려운 사건이 된 셈이다.

두 번째로 모셨던 H 부장님

1997년 8월 말 첫 부장님이 수도권 지청장으로 승진하여 전출하고, 새 부장님을 모시게 되었다. 첫 부장님은 사건 처리 방향, 양형 등 큰 줄기에서 지도를 해주실 뿐, 세세한 부분까지 일일이 지적하시는 분은 아니었다. 그러니 결재 과정에서 재검토를 지시하거나 반려하는 경우는 많지 않았다.

선배들에 비해 난이도가 낮은 사건들을 주로 배당받고 있기 때문이기도 했지만, 최대한 신속하게 처리하고 있어 미제 사건이 그리 많지 않았다. 그렇게 몇 개월을 보내다 보니 그런지 사건 처리가 익숙해졌다는 느낌이 들고 자신감이 제법 생기기도 했다.

L 부장님께서 떠나시면서 하셨던 말이 어제 일처럼 생생하다. 송별 회식 장소인 세꼬시 집에서의 일이었다. 여러 얘기가 오가던 중에 새로 오실 H 부장님 이야기가 나왔다. 그러던 중, 기분이 좋아지셨는지 부장님이 나를 쳐다보고 빙그레 웃으며 말씀하셨다.

"류 검사, 그동안 자네가 잘해서 반려가 많지 않았던 것 같지? 앞으로 많이 배울 거다. 정신 바짝 차려야 할 거야."

그 말을 들은 그 자리의 선배들이 부장님의 말씀을 듣고 모두 큰 소리로 웃었다. 영문을 몰랐지만 나도 그냥 따라 웃을 수밖에 없었다.

두 번째로 모시게 된 H 부장님은 L 부장님과는 완전히 스타일이 다른 분이었다. 어떤 면에서 제대로 된 초임 부장을 모시게 된 것은 그때부터가 아니었나 싶기도 하다.

새 부장님이 오신 직후의 일이다. 부 선배들 모두와 함께 청 근처 식당에서 점심을 먹던 중이었다. 선배들이 새 부장님의 결재 스타일에 대해 무시무시한 이야기들을 늘어놓기 시작했다. 여러 이야기가 나왔지만, 간단히 이야기해서 사건 결재가 엄청나게 까다로운 분이라는 것이 결론이었다.

선배들은 새로 온 부장님의 부산지검 부장 시절 이야기를 주로 했다. 예전의 일화를 이야기하며 앞으로 어떻게 결재를 하실지 걱정이 많은 모양이었다. 결재를 언제 올려야 할지, 누가 먼저 결재를 올릴 계획인지에 대해서도 이야기가 나오기 시작했다. 마침 그날 오후에 몇 건 결재를 올릴 생각이었던 내가 말을 꺼냈다.

"제가 오늘 열두 건 올릴려고 준비해 놨는데요."

상황이 어떤지 잘 알지도 못하는 내가 패나 용감하게 말을 했던 것 같다. 그 말을 들은 선배들의 표정이 묘하게 바뀌기 시작했다.

"그래? 류 검사야 워낙 일을 잘하고, 어려운 사건도 많지 않으니 걱정 안 해도 될 거야. 올리라구."

7년 차 검사 선배의 얼굴에는 묘한 웃음이 깃들어 있었다. 선배의 말투를 보고 그 말의 취지를 바로 알아챘어야 했는데 그렇지를 못했다.

아무 생각 없이 평소처럼 서명, 날인을 해서 총 12건의 사건에 대한 결재를 올렸다. 문제가 있으면 말씀을 하실 텐데, 배당된 구속사건 조사를 마치고 퇴근시간이 거의 다 될 때까지 부장실에서는 아무런 연락도 없었다. 당연히 결재가 된 줄로 알고○ 저녁 식사를 시키는 등 막 야근 준비를 하려던 때였다.

"부장님 찾으시는데요."

실무관의 말에 '혹시 결재 때문인가'라고 생각하기는 했지만, '한두 건 정도 문제가 있나 보다'라는 정도로 생각하며 마음 편히 부장실로 향했다. 하지만, 부장실에서 정말 엄청난 일

○ 요즘은 전산시스템이 잘 갖춰져 있어 상급자의 결재 여부를 검사실에서 확인하는 것이 가능하지만, 당시에는 사건처리 여부를 알려면 부장실 실무관에게 확인하거나 전산실로 직접 내려가서 사건 처리 목록을 출력해 확인하는 수밖에 없었다.

을 겪게 되었다. 약 30여 분간에 걸쳐 그날 결재를 올렸던 사건들의 처리 방향에 대해 지적을 받았다. 보완해야 한다는 지적사항에 끝이 없었다. 기록에 언급된 여러 용어들의 의미, 관련자들의 진술 내용의 취지 등을 상세히 물어보시기도 했다. 나름 열심히 대답을 했지만, 100퍼센트 만족하지 못하셨는지 "주임검사가 사건 내용이 뭔지 확실히 알고 처리를 해야지. 더 확인해 보라구. 공부도 더 해야 하고"라고 말씀하시며 결론에 큰 문제가 없어 보이는 사건들마저도 모두 결재를 해주지 않으셨다. 결국, 아주 간단한 '종합보험 가입을 이유로 한 교통사고 공소권 없음' 사건 두 건을 제외한 나머지 10건의 사건이 모두 반려되었다.

완전히 풀이 죽어 내 방으로 돌아왔는데, 내 사무실에는 우리 부 선배들이 모두 모여서 부장실로 불려간 나를 기다리고 있었다. 알고 보니 선배들은 내가 12건을 결재 상신한다는 이야기를 듣고 귀가 번쩍 뜨였던 모양이었다. 내가 올린 사건이 부장실에서 어떻게 처리되는지를 보고 향후 사건 처리 방향을 가늠할 생각으로 내가 돌아오기만을 기다리고 있었던 것이었다.

"어떻게 됐어."

"열두 건 올렸는데, 두 건만 통과되고 열 건 '빠꾸'인데요."

풀이 죽어 한숨을 쉬고 있는데, 반려 이유가 궁금한 선배들은 기록에 붙은 반려 부전지들을 보자고 했다. H 부장님이 작성하신 빼곡하게 적혀 있는 시정 사항을 어두운 표정으로 읽어보던 선배들이 이야기를 했다.

"여전하시구만, 조심들 합시다."

"초임 사건이라 그런지 반려 내용이 더 심하네. 류 검사 이거 보완하려면 오래 걸리겠어."

"나도 내일 결재 올릴 생각인데, 결재 준비해 놓은 거 다시 한번 봐야겠어요."

"나는 전결 검사˚라 결재 부담은 덜한데, 전결 아닌 사건은 신경 좀 많이 써야겠네."

그 말을 들으니 막내 후배를 실험쥐로 삼은 선배들이 야속하게 느껴졌다. 선배들에게 투덜거렸다.

"진작에 제대로 말씀 좀 해주시지 그랬어요."

"얘기했잖아. 그리고 류 검사가 우리 모두를 위해 훌륭한 일을 한 거야. 정말 고맙네. 그나저나 이거 보완하려면 좀 시간이 걸릴 텐데 수고하라구. 하하."

요즘도 그 당시에 같이 함께 근무했던 형사5부 선배들을 만나면 그 이야기를 꼭 꺼내곤 한다. 그날 이후, 퇴근 무렵이 되면 어김없이 부장실로부터 전화가 걸려왔다. 부장실에서는 거의 매일 30분 내외의 시간 동안 '사건 처리 기준, 방향, 추가 수사 필요성, 업무지침' 등에 대한 상세한 지도를 받아야만 했

○ 일정 경력 이상의 고참 검사들은 죄질이 경하거나 난이도가 낮은 일부 사건의 경우 위임전결 규정에 따라 부장 결재 없이 단독으로 처리가 가능한데, 이런 검사들을 '전결 검사'라고 부른다.

다. 부장님 입장에서도 쉽지 않은 일일 텐데 정말 그냥 넘어가시는 법이 없었다. 정말 힘들고 쉽지 않았지만, 그때 배운 실무 지식은 검찰 근무 내내 유용한 자산이 되었다.

당시에는 결재가 너무 까다롭고 업무 부담이 늘어나는 바람에 너무 힘들고 고통스럽기도 했다. 한번은 견딜 수 없을 정도로 힘들어서 하소연이라도 할 생각으로 쉬는 날 부장님을 직접 찾아뵙기도 했었다. 어두운 표정으로 말을 꺼낼까 말까 망설였지만 부장님은 그냥 평범한 말씀만 하실 뿐이었다. 내가 뵈러 간 이유를 아실 만도 한데, 업무 관련 이야기는 한마디도 꺼내시지 않았다. 그러고 보면 업무시간 이외에는 참 온화하신 분이었다. 도대체 이런 분이 그렇게 엄하게 사건을 반려할 거라고는 전혀 상상할 수 없는 그런 분이기도 했다. 말씀만 듣다가 용기가 없어 더 말을 꺼내지 못하고 일어서려는 나에게 녹차를 조금 더 따라주며 말씀하셨다.

"류 검사, 내가 말이야, 초임 시절에 너무 힘들고 버티기가 어려워서 그만둘까도 생각을 많이 했었어. 그래서 상의도 할 겸, 로펌 변호사를 하는 친한 연수원 동기에게 전화를 했지. 너무 힘들어서 그만둬야겠다고 하소연을 할 생각으로 말이야."

우리 부장님도 그런 시절이 있었나 싶었다. 이어서 이야기를 듣고 있는데, 부장님께서 이렇게 말씀하셨다.

"내가 첫마디로 '힘들어 죽겠다'라고 말하려고 했는데, 그

친구가 먼저 선수를 치더라고. '형, 나 죽겠어요. 어떻게 하죠? 형은 어때요?'라고 말이야. 어떤 일을 하든 첫 출발은 쉽지 않고 힘들다구. 하지만 힘들더라도 처음에는 확실히 배워야 하는 거야. 그러니 초임 시절을 잘 버텨봐. 류 검사는 열심히 하려는 자세는 갖췄으니까 잘 버틸 수 있을 거야."

내 표정에서 이미 내가 하고 싶은 이야기를 모두 파악하고 계셨던 것이 분명했다. 부장님 말씀을 듣고 당연히 아무 말도 할 수 없었다.

2006년 가을, 내가 삼성전자 법무팀에 잠시 근무하다가 다시 검사로 복귀하려고 할 무렵, 당시 고검장이셨던 H 부장님이 큰 도움이 되어주셨다. 충분한 업무 능력을 갖출 수 있도록 열심히 가르쳐주신 것도 고맙지만, 어려운 때 그런 큰 도움을 주시기도 하셨다. 부장님께 정말 감사할 따름이다.

아찔했던 세 번째 L2 부장님

일 년간의 형사5부 근무를 마치고 다른 부로 이동을 할 때가 되었다. 너무 힘들게 일 년을 보냈기에 업무 부담이 조금은 덜한 공판부로 이동을 희망했다. 하지만 선순위인 동기 검사들이 6개월간 먼저 공판부에 근무하기로 예정되어 있어 1998년 봄 인사에 공판부로 자리를 옮기는 것은 불가능했다.

1997년 3월 임관 이후 1년간 근무했던 형사5부는 교통사고 및 안전사고를 전담하고 있었다. 네 명의 검사가 교통을 전담하고 나머지 세 명의 검사가 안전사고 등을 전담했다. 교통 전담 검사의 경우 순번을 정해, 관내에서 발생하는 모든 교통사고에 대한 수사지휘, 영장청구 등의 업무처리도 겸하고 있었다.

교통사고 처리도 중요한 업무였지만, 내내 교통사고 관련 수사지휘 업무만을 담당하다 보니 그 이외의 일반적인 사건에 대해서는 배울 기회가 많지 않아 좀 아쉬웠다. 이번 기회에 공판부를 가지 못하게 되었으니 공판부로 가기 전까지 6개월간 교통사고 이외의 형사사건에 대해 확실하게 배워보기로 마음을 먹었다.

초임 시절, 2년간의 서울지검 근무를 마치게 되면 대부분의 초임검사들은 작은 지청으로 자리를 옮기게 된다. 큰 청에서야 간단한 사건만 처리하면 되지만, 소규모 지청에서는 전담이나 사건의 경중과 무관하게 관내에서 발생하는 모든 사건을 배당받아 처리해야만 했다. 소규모 지청에서의 전담 배치는 명목에 불과할 뿐, 발생하는 모든 사건을 소속 검사들이 책임지고 처리를 해야 한다는 것이 먼저 지청을 다녀온 선배들의 말이었다.

일 년 내내 교통사고만을 주로 처리해 온 나로서는 살인, 강도 등의 강력사건은 물론, 절도, 폭력 등 일반적인 형사사건에 대한 수사 지휘와 처리를 한 번도 제대로 해본 적이 없으니 걱정이 많을 수밖에 없었다. 고민 끝에 강도 등 주요 강력사건에 대한 수사지휘 등을 담당하는 형사3부를 지원하기로 마음먹었다. 당시 1부부터 6부까지 총 6개의 형사부가 있었는데, 형사3부는 사건의 난이도 등 여러 이유로 가장 배치되기를 꺼리는 제1순위 기피 부서였다.

형사5부에서 함께 근무했던 선배들은 "류 검사는 형사3부 확정이네, 서울지검 인사의 고정 상수가 됐어"라며 재미있어했다. 한편 내내 엄하기만 했던 H 부장님은 '내가 류 검사를 제대로 본 거 맞네. 잘 선택했어. 고생은 사서 하는 게 맞아. 가서 열심히 배워'라며 격려해 주셨다.

형사3부는 업무 부담이 상당한 편이라 함께 일하던 계장, 주임 등 직원들에게 같이 형사3부를 가자고 선뜻 말을 꺼낼 수가 없었다. 하지만, 부 회의에서 이야기를 꺼낸 지 얼마 되지도 않아 함께 근무하며 동생처럼 지내던 주임이 나에게 '형사3부 지망하셨어요?'라며 물었다. 미안해하며 내가 말을 꺼냈다.

"응, 그렇게 지망했어. 나 혼자 가도 되니까 너무 걱정하지 말고, 형사5부에 잔류해도 뭐라 안 할게."

"어떻게 미리 우리한테 말도 없이 형사3부를 지망해요. 거기가 얼마나 힘든데… 그렇다고 치사하게 안 따라갈 수도 없잖아요. 우리 부장님 모시면서 얼마나 고생을 했는데, 왜 또 고생을 하러 간데요."

"같이 안 가도 뭐라고 안 할 테니까⋯ 너무 뭐라 하지 말아. 미안해."

말은 그렇게 했지만, 일 년간 함께 지내며 정이 많이 든 고참 계장님, 동생처럼 친하게 지내던 주임과 떨어져 혼자 형사3부로 갈 생각을 하니 착잡했다. 며칠 후, 출근해서 사무실 이사를 앞두고 가져갈 기록을 챙기고 있는데 계장님이 나에게 아무렇지도 않은 듯 지나가는 말처럼 이야기를 했다.

"검사님은 어차피 6개월만 형사3부에 있다가 공판부로 가게 될 테니까, H 주임이랑도 얘기했는데 기왕 같이 고생한 거 그때까지만 같이 더 고생하기로 했어요. 부장실에도 같이 형사3부로 갈 거라고 이미 말했으니까 그렇게 알아요. 치사하게 혼자만 사지로 보낼 수는 없잖아요."

아무렇지 않은 표정으로 컴퓨터 자판을 두드리며 지나가는 말처럼 이야기하던 이모 계장님의 모습이 아직도 생생하다.

새로 배치받은 형사3부의 L2 부장님은 전에 모셨던 두 분과는 스타일이 완전히 다른 분이셨다. 무사히 형사3부 생활을 마친 게 너무나도 다행스럽게 느껴질 정도로 걱정스러운 때도 있었다. 하지만, 쾌활하고 좋은 선배들을 만나서 많이 배우며 즐겁게 보낸 시기이기도 했다.

중간에 약간의 변화는 있었지만, 1998년 3월 당시 우리 형사3부 소속 검사들의 인적 구성은 다음과 같았다.

- **부장님** : 지방 명문고, 서울법대 출신
- **부부장님** : 서울법대 출신, 연수원 15기 1차 부부장 승진자 특별수사 분야에서 이름을 떨쳤던 바 있음. 속초지청장 등 역임
- **수석검사** : 16기, 서울법대 출신, 공안통, 새 정부의 신공안정책에 따라 공안부를 떠나 형사3부로 배치. 형사3부 배치된 것을 서운해 함
- **차석검사** : 19기, 수석검사와 서울법대 동기, 부장님 고향 도시에서 주요 뇌물사건 수사 성과를 거둔 바 있음. 그 때문에 부장님은 '내 고향을 뇌물 도시로 만든 녀석'이라며 농담을 하시기도 함
- **선배 검사 1** : 20기 강력통, 특수, 강력부 등 인지 부서 전입을 원했으나, 형사3부 '퇴폐, 사행행위' 전담으로 배치됨. 방 전체에 여러 압수물이 가능함
- **선배 검사 2** : 21기, 지방 주요사건 수사에서 성과를 거두고 서울지검으로 전입. 형사부 근무 이후 인지 부서 전입을 희망하고 있음
- **선배 검사 3** : 22기, 서강대 법대 출신. 옆방 선배. 어떤 형

사사건이라도 모르는 것을 물으면 바로 대답이 나옴. 살인 등 강력사건 처리 경험이 풍부
- **선배 검사** : 금년 초임. 24기 서울법대 출신. 학번은 나보다 하나 아래였지만, 군법무관 제대 후 그 해에 임관한 연수원 24기로, 나보다 두 기수 선배. 서로 존대
- **검사―나** : 작년 초임. 서울공대 출신. 교통사고 이외의 다양한 형사사건을 접해볼 꿈에 부풀어서 앞으로 얼마나 고생을 하게 될지를 전혀 모르고 있음

형사3부는 전체적인 분위기도 이전의 형사5부와는 확연히 달랐다. 부장실에 넥타이를 매지 않고 가도 되는 것은 물론이고 부장실 탁자에는 재떨이도 여러 개 놓여 있었다. 부 회의 때도 선배들은 자유롭게 담배를 피우며 하고 싶은 말을 마음껏 하는 그런 분위기였다. 형사5부는 뭔가 격식을 중요시하는 듯한 기획 부서 같은 느낌이 강했다면 형사3부의 경우에는 현장 부서의 느낌과 비슷했다. 최일선 전쟁터 같은 느낌이기도 했다. 전체적으로 상하위계 질서를 따지기 보다는 격의 없이 하고 싶은 이야기를 마음껏 하는 '동네 선후배 모임' 비슷한 그런 분위기가 느껴지기도 했다.

당시 우리 부는 지휘 관서와 무관하게 서울지검 관내에서 발생하는 모든 살인, 강도 살인 등 강력 사건에 대한 변사체

지휘, 부검, 영장청구 등 관련 업무를 전적으로 맡아 처리하고 있었다. 점심 식사 후 짜투리 시간에는 선배 검사실에 모여서 자신이 맡고 있는 살인 등 주요 강력 사건에 대해 의견을 묻고 서로 이야기를 나누는 것이 매일의 주된 일과 중 하나이기도 했다.

피의자가 자백하지 않는 부인사건, 증거 관계가 복잡한 사건, 공범 중 일부만 검거된 사건 등, 난이도가 높은 사건들이 주된 대화 소재가 될 수밖에 없었다. '승계적 공동정범 형태의 강도살인' 등 교과서에나 나올 법한 까다로운 사례들을 직접 접하기도 했다. 비록 내가 직접 담당한 사건이 아니더라도 관내 서울 각지에서 발생한 수많은 강력 사건들을 직간접적으로 경험하면서 선배들로부터 사건 수사와 관련된 많은 노하우를 배울 수 있었다.

강력사건을 다루는 부서이다 보니 변사체 부검 등을 나갈 일도 많기 마련이다. 형사5부 시절에도 선배들의 '부탁' 내지는 '하청'으로 꽤 많이 부검을 나갔지만, 형사3부 시절은 일주일에도 몇 번씩 국과수나 서울 각지의 큰 병원으로 부검, 검시를 나가야만 했다. 가끔씩 사건 발생 현장에도 선배들을 따라다니다 보니 현장에서의 행동 요령에 대해서도 제법 많이 배울 수 있었다.

1998년 상반기 형사3부 근무 이후, 오랜 기간 검사 생활을 하면서 살인, 강도살인 등 많은 강력 사건을 직접 처리하기도 하고 후배 검사들의 사건처리를 지도하기도 했지만, 어려움을 느낀 적은 단 한 번도 없었다. 오히려 때로는 전공 분야를 만난 듯한 익숙함까지 느껴지기도 했다. 아무리 복잡한 사건이라고 해도 형사3부 시절에 직간접으로 접했던 수많은 강력 사건의 부류에서 크게 벗어나는 사건을 접하기는 어려우니 어찌 보면 당연한 일이 아니었나 싶다. 당시 옆방에 근무했던 선배는 늘 '강력 사건은 많이 다뤄본 사람이 잘 처리할 수밖에 없다'라고 이야기를 하곤 했는데, 최소한 강력 사건 수사 분야에 있어서만큼은 이 말이 불변의 진리인 듯싶다.

여러 일들이 있었지만 형사3부 시절 겪었던 일 중에서 '정보보고'와 관련된 일화는 잊을 수가 없다. 업무처리 중 대검, 법무부 등 상부에 보고해야 할 주요 사항이 발생하면 그 내용을 일정한 양식에 따라 한두 페이지 정도로 간략히 요약하여 정해진 수신처로 보내야 하는데, 이를 '정보보고'라고 부른다. 전산망이 잘 갖춰진 요즘은 내부 통신망을 통해 지정된 수신처로 쉽게 정보보고를 보내고 있다. 하지만, 1998년 상반기만 해도 정보보고서를 서면으로 작성하여 부장실로 건네주면 부장실 실무관이 비치된 팩스로 일일이 수신처로 전화를 걸어 정보보고를 보내야 했다.

신임 검사 교육 당시 살인 등 강력범죄, 공무원 범죄, 대형

경제사건 등 중요도가 높은 사건에 대해서는 당연히 정보보고를 해야 한다고 배웠다. 그렇지만, 교통사고를 전담하는 형사5부 시절 1년간은 직접 정보보고를 해볼 기회가 전혀 없었다. 그 때문인지 '정보보고'라는 업무 절차가 있다는 사실 자체를 잊고 지냈던 것 같기도 하다. 형사3부로 옮기고 나서도 다중 폭력 사건 등 비교적 경미한 사건을 처리하고 있었을 뿐, 큰 사건을 직접 배당받을 기회는 없었으니 특별히 정보보고라는 절차를 신경 쓸 이유가 전혀 없어서 '정보보고'라는 말은 차츰 내 머릿속에서 잊혀가고 있었다.

그러던 중, 1998년 초여름 무렵이었다. '기소중지자 일제검거기간'이라는 것이 시작되었고, 일요일이었던 그날 나는 당직 검사로서 서울지검 1층 당직실 한쪽에 마련된 당직 검사실에서 산더미처럼 쉴 새 없이 몰려드는 검거자 관련 기록들을 열심히 들여다보고 있었다. 북적거리던 당직실이 갑자기 더 소란스러워졌다. 나가보니 용산서○ 경찰관들과 당직 계장이 말다툼을 하고 있었다.

"아니, 구속영장신청을 하시려면 기록을 보여주셔야지 기록도 안 보여주고 그냥 당직 검사실로 가시면 우리가 접수대장 정리를 어떻게 합니까?"

"이거 중요한 보안 사항이라 검사님께만 보여드릴 수 있어요. 그냥 피의자 이름하고 죄명만 알려드릴 테니 그걸로 접수

○ 요즘은 용산경찰서 신청 영장을 서부지검에서 처리하지만, 당시에는 서울지검이 용산경찰서에 대한 수시지휘 및 송치사건 처리 등 업무를 담당했다.

대장°에 정리하세요."

"아니 그럼 표지라도 보여줘야 할 것 아닙니까?"

"이거 함부로 보여드릴 수가 없어요. 검사님께만 기록을 보여드린다니까요…."

"그런 게 어디 있어요. 아무리 중요한 기록이라도 그렇지. 우리도 직원들이고 해야 하는 일이 있는데 보여주셔야죠."

그대로 둬서는 말싸움이 끝날 것 같지 않았다. 일단 용산서 관계자들을 당직 검사실 안으로 들어오도록 하고 메모에 인적사항 등 필요한 내용을 적어 우리 직원에게 건네주도록 했다. 그 메모로 접수대장 등을 정리하면 충분할 듯싶었다. 용산서 관계자는 그제서야 안심이 되었는지 숨을 돌리고 사건에 대해 설명을 해주기 시작했다.

"검사님, 혹시 신동아그룹 아십니까?"

"리비아 수로 공사, 거기 말인가요?"

"거긴 최○○ 회장의동아그룹이구요. 최XX 회장 말입니다. 그 왜 63빌딩, 대한생명 있지 않습니까?"

용산서 담당자의 얼굴에서 그것도 모르냐는 한심해하는 듯한 표정이 살짝 느껴졌다. 동시에 '초짜 검사라 잘 모르는 것 같으니 정말 다행이다'라고 생각하는 듯하기도 했다. 내가 계속 물었다.

"아 그런가요? 제가 잘 몰라서요."

○   요즘은 '형사사법시스템'이라는 전산망을 통해 신청, 접수, 청구 등 모든 절차가 기록되어 수기로 접수대장을 정리할 필요는 없지만 당시만 해도 그런 시스템이 제대로 갖춰져 있지 못했다.

"여기가 큰 재벌인데, 계열사 사장 중의 한 사람이 그룹 회장을 협박해서 거액을 뜯어내려다가 우리 경찰서에 현행범으로 체포가 되었습니다. 그래서 그 사람에 대한 구속영장을 신청하러 온 겁니다. 사실 이게 소문이 많이 나면 문제가 될 수도 있어서 최대한 보안을 유지하면서 영장을 신청하러 온 겁니다."

주요 재벌 그룹 총수에 대한 협박이라고 했지만, 워낙 경험이 없는 신출내기여서 그랬는지 그런 어려운 사건이 왜 하필이면 오늘같이 바쁜 날 왔나 하는 생각을 했던 것도 같다. 별다른 생각 없이 기록을 검토해 보니 확실한 사건 처리를 위해서는 약간의 보완수사가 필요해 보였다. 하지만, 소명이 충분해서 그대로 영장을 청구를 해도 문제 없이 구속영장을 발부받을 수 있을 것 같았다. 영장 청구서에 서명, 날인을 하면서 내가 말했다.

"영장은 청구해 드릴게요. 나가면서 청구했다고 직원들에게 말씀해 주시고, 다만, 보완해야 할 점이 몇 가지 있어요. 제가 여기 부전지로 몇 가지 보완사항을 기재해 놨으니까 송치 전까지 이 부분만 좀 보완해 주세요."

"예! 감사합니다. 저희가 직접 기록을 가지고 가서 바로 법원에 접수시키겠습니다."

용산서 담당자가 매우 흡족한 표정으로 고맙다고 이야기를 하며 당직 검사실을 나섰다. 당직 계장이 나에게 와서 '어떤 사건이냐'라고 묻기에 '뭐 중요 경제인에 대한 공갈 협박 사건인데, 보안이 중요해서 그런답니다' 라고 별것 아닌 듯 이야기를 하고, 몰려드는 기록들을 다시 열심히 보기 시작했다. 그처럼 정신없이 업무를 처리하느라 그런 중요한 구속영장을 청구했다는 사실 자체를 까맣게 잊어버렸었는지도 모르겠다.

당직을 마치고 그다음 날인 월요일, 아무일도 없었던 것처럼 출근해서 열심히 일을 하고 있는 중이었다. 어제 그 용산서 경찰관이 '구속영장이 발부되었다'면서 구속 집행 지휘 도장을 받으러 우리 방으로 왔다. 영장 한켠에 마련된 집행지휘란에 날인을 한 후, 인사를 하고 다시 일을 하려다가 갑자기 뭔가 찝찝한 기분이 들어 조사 중이던 계장님에게 말을 걸었다.

"계장님, 혹시 최XX 회장이라고 아세요?"

"예, 알죠. 신동아그룹 회장 아닌가요?"

"어제 당직 때, 신동아 계열사 사장이 최XX 회장을 협박해서 돈을 뜯어내려 한 공갈 사건 구속영장이 올라와서 청구를 했거든요. 방금 전에 집행지휘한 사건이 바로 그건데… 이런 경우에 정보보고 해야하는 건가요?"

원래 눈이 크신 분이었지만, 그처럼 커진 눈으로 나를 쳐다보는 모습은 그때 처음 보았던 것 같다.

"아니, 그걸 정보보고 안 하면 뭘 정보보고해요? 당장 하셔야겠는데요."

큰일 났다는 생각이 들었다. 내가 뭐라고 말을 꺼내기도 전에 나와 계장님 사이의 대화를 옆에서 듣고 있던 우리 방 주임이 바깥으로 뛰쳐나가며 큰 소리로 외쳤다.

"저, 경찰관님!!! 잠시만요! 잠시만요!!!"

용산서 경찰관과 함께 다시 우리방으로 돌아온 주임에게 발부된 구속영장을 하나 사본해 달라고 이야기를 하고, 바로 부장실로 달려갔다. 월요일 아침이라 아직 결재가 많이 올라오지 않아서 그런지 우리 부장님은 회의용 소파에 앉아 편안한 표정으로 일간 신문을 뒤적거리고 계셨다.

"웬일이야 월요일 아침부터?"

"부장님, 제가 어제 당직을 서다가…."

어제 있었던 일을 간단히 보고하는데, 부장님의 표정이 조금씩 바뀌기 시작했다. 말을 끝 마치기도 전에 나에게 큰소리로 질책에 가까운 지시를 하시기 시작했다.

"류 검사, 그런 길 지금 보고하면 어떻게 해? 했어도 어제 했어야지. 오늘 아침 당직 보고 때도 안 한거야? 당장 가서 오자, 탈자 다~ 괜찮으니까 5분 내로 정보보고서 만들어 와! 당장! 빨리 가!"

내 사무실로 돌아가 급하게 정보보고서를 작성해서 부장님께 건네드렸다. 바로 실무관에게 부탁해서 각 수신처로 팩스

전송도 하도록 했다. 이제 급한 불은 껐구나 싶어 한숨 돌리고 있는데, 정보보고를 수신한 대검, 법무부로부터 갑자기 전화가 걸려오기 시작했다.

"어제 일이라며? 어제 왜 안했어?"

"…."

"외화 도피의 실체가 있는 거야?"

"외화 도피 여부와 무관하게, 금품 취득 목적으로 외화 도피를 폭로하겠다고 협박한 사실은 인정되어서… 공갈죄 소명은 충분하다고 봐서 영장을 청구했습니다."

"뭘 보완수사 지휘를 했다는거야?"

"일부 피해자 진술에…."

정확한 사건 내용을 파악하기 위해서였을 것이다. 검찰 내에서 기록을 본 사람은 나밖에 없었다. 그러니 나에게 대검, 법무부로부터 수시로 전화가 걸려왔다. 사건에 대해서 질문도 많이 받았지만, 초임 검사인 나로서는 제대로 대답하기 어려운 질문들도 많았다.

"그래, 수고했어."

대검연구관이나 법무부 검사들은 전화를 끊으면서 '수고했다'고 이야기를 하기는 했지만, 뭔가 흡족해하지 않는 느낌이었다. 그러던 중, 특수1부장실로부터 특수1부장님께서 나를 찾으신다는 연락이 왔다.

특수부장실로 들어서니, 그 전해, 형사5부에 근무할 때 건너편 형사6부장이셨던 당시 특수1부장님께서 웃으면서 나를 맞이해 주셨다.

"류 검사, 오늘 당직보고 때 이거 보고 안 했다며?"

"예…."

"늦게라도 보고했으니 다행이지. 그나저나, 외화 도피는 맞는 거야?"

"…."

초임 검사인 나로서는 정말 대답하기가 어렵고 곤란한 질문이었다. 하지만, '제가 초임이라 아는 게 전혀 없는 데다가… 지금 집에 100불짜리 한 장도 없는 사람인데… 외화 도피를 어떻게 하는지 알기나 하겠습니까?'라고 대답을 할 수는 없는 노릇이었다.

"뭔가 수출입 내역 비슷한 자료하고, 송금 내역 그런 것은 있습니다. 일단 당사자는 외화 도피 주장은 사실무근이지만, 그런 주장이 대외적으로 알려지면 회사 신인도에 타격이 있을 듯 싶어 협박으로 받아들여졌다는 취지로 진술을 하고 있기도 합니다. 실제로 거액의 돈을 준비해서 건네주려했고 피의자가 그 현장에서 검거된 것도 사실이라서…."

최선을 다해서 내가 아는 내용을 설명을 드렸다. 특수1부장님은 더 물어봐도 소용이 없겠다는 생각이 드셨는지 '수고

했어. 나중에 송치되면 우리가 기록 가져다가 검토해 볼게'라고 웃으며 말씀하셨다. 그제서야 사태가 모두 마무리가 된 것 같아 나는 안도의 한숨을 내쉴 수 있었다. 알려진 바와 같이 이 사건이 속칭 '옷로비 사건' 등 여러 관련 후속 사건의 단초가 되었던 사건이다. 나중에 결국 신동아그룹의 해체까지 이어지게 되었음은 잘 알려진 바와 같다.

나중에 중간 관리자가 되어 후배들과 이야기할 기회가 생기면, 초임 시절에 겪은 이 일화를 꼭 이야기해 주곤 했다. 낮은 연차의 후배들은 '우리 부장(혹은 과장, 지청장 등)도 저런 시절이 있었구나'라는 표정이었다. 하지만, 연차가 좀 있는 후배들은 '그렇게 실수를 하시고도 꽤 잘 버티셨네요. 운이 좋으세요'라며 나를 놀리기도 했다.

나는 늘 이런 말을 마지막으로 덧붙이고, 이 일화를 마무리하곤 했다.

"포레스트 검프만 중요한 역사의 현장에 있었던 것은 아니지. 나도 가끔은 중요한 역사의 현장을 스쳐 지나가기도 했다구. 어쨌거나 정보보고를 해야 할 사건이 '중요 사건'이라는 이름표를 붙이고 우리 앞에 나타나는 것이 아니니까 언제든 특이한 사항이 있으면 꼭 정보보고를 하도록 해. 나처럼 실수하지 말고! 오늘은 여기까지…!"

공판부 시절─평온한 시절 그러나 두 가지

총 1년 6개월간의 형사부 근무를 마치고 드디어 공판부로 이동할 수 있었다. 당시 서울지검 공판부는 서울지방법원의 한 개 층 중 일부를 사무실로 사용하고 있었다. 사무실 자체가 법원에 있으니 출근길도 달라지고 검찰청 건물을 드나들 이유도 별로 없었다. 당시 공판부에는 총 14명의 검사가 근무하며 한두 개씩의 단독 또는 합의 재판부를 맡아 공판 업무를 담당하고 있었다. 검찰청에 오갈 일이 없이 법원 건물 내에 따로 떨어져 일과를 보내야 했기 때문에, 우리는 우리 부를 '공판지청'이라고 부르며 즐겁게 지내기도 했다.

공판부는 형사부, 강력부, 특수부 등에서 수사한 결과 혐의가 인정된다고 판단하여 공소를 제기(보통 간단히 '기소'라고도 한다)한 사건에 대한 공소유지 활동, 위증 등 공판 과정에서 발생한 사건에 대한 수사, 선고된 형의 집행지휘 등의 업무를 담당하는 부서이다. 경찰 등으로부터 넘겨받은 형사사건을 검토하여 공소제기 여부를 결정하는 형사부, 직접 1차 수사를 하는 특수부, 강력부 등의 부서와는 확연히 구별되는 근무부서이기도 하다. 사안이 복잡한 경우, 주요 사건, 공안사건(선거, 대공, 사회 등 사건)의 경우에는 공소를 제기한 검사가 직접 공소유지활동을 하기도 하는데, 이런 직관 사건(공소제기 검사 직접 관여 사건)은 전체 사건 중 5퍼센트를 넘지 않는 경우가 대부분이다. 결국 대부분의 일반 사건들에 대한 공소유지 책임은 공판부 소속의 공판 검사들이 담당하게 된다.

공판부에 근무를 하게 되면, 업무 수행과정에서 선후배 또는 동료 검사들이 수사한 사건을 직접 읽어보고 이를 통해 선배검사들로부터 전반적인 수사 방법이나 증거 수집 요령, 각종 서식의 작성 등과 관련된 업무를 배울 수 있기 때문에 초임 검사의 경우에는 2년 초임 기간 중 최소한 6개월 동안은 공판부에서 근무하며 공판업무를 수행하도록 지침이 마련되어 있었다.

선배들의 기록을 보다 보면, 누가 수사를 잘하는지 평가를 할 기회가 있기도 하지만, 한편으로는 어려운 사건들에 대한 공소유지 노하우 등을 배울 기회가 생기기도 한다. 결국, 검사들의 진정한 실력은 꼼꼼하게 작성된 공판카드(공소제기 시에 죄명, 공소사실, 구형량, 증거의 요지, 입증 취지 등을 요약하여 작성한 서류로서 공판부 검사가 항상 지참하여 재판정에 출석할 때마다 가지고 나가는 서류이기도 하다)나 공소유지의 용이성 등에 의해 쉽게 드러날 수밖에 없기 때문이다. 이런 기록들을 살펴보다 보면, 사건 기록에서 공소를 제기한 검사의 성실함과 열정이 그대로 느껴지는 경우가 있다. 반면 경력이나 기수에 비해서 수사기록이 매우 부실하다고 느끼게 되는 경우도 드물지 않게 있기도 했다.

검사 임관 이후, 처음으로 '저녁이 있는 삶'을 누릴 수 있게 되었다. 요즘과 달리 공판 업무 부담이 크지 않았던 때라, 야근을 하는 날도 그리 많지 않았다. 정말 오랜만에 느껴보는 여유였다. 매달 챙기는 미제사건 부담으로부터 자유로워진 것도 고마운 일이었다.

  내 자리 바로 맞은 편에는, 부산지검, 통영지청을 거쳐 서울지검으로 전입한 선배가 앉아 있었다. 그 선배는 함께 근무하는 내내 통영지청을 지원하라고 수시로 이야기를 했다. 선배 말로는 바닷가에 있는 관사에서 바라보는 바다의 경치가 너무나도 아름답다고 했다. 주변에 상점이라든가 편의시설이 없어서 불편할 수는 있지만 자연 경관이 아름다워서 그런 곳에서 살아보는 것도 정말 좋을 것이라는 이야기였다. 앞자리에 앉은 선배의 끊이지 않는 통영지청 칭찬, 그리고 평소 좋아하던 선배가 통영에 근무하고 있다는 사실 등은 훗날 통영지청을 지원하게 된 주된 이유가 되었다.

  가끔씩 난이도가 높은 업무가 있기는 했지만, 공판부 업무는 상당히 여유가 있는 편이었다. 나는 단독 재판부 하나와 항소심 재판을 맡고 있는 항소합의부 하나, 이렇게 두 개 재판부의 공판 업무를 담당하고 있었다. 요즘과 같이 공판 업무가 복잡해진 상황에서는 어려울 수도 있지만, 당시에는 한 명의 검사가 두 개 재판부에 대한 공판 업무를 수행하는 것이 일반적이었다. 공판부 시절의 여러 일들 중에서 두 가지 사건은 아직까지도 가끔씩 생각이 나곤 한다.

항소합의부 공판 관여 중에 있었던 일이다. 내가 그 재판부 공판 관여 업무를 담당하기 훨씬 이전부터 '기일 추정' 상태의 미제로 남아 있던 사건에 갑자기 기일이 지정되었다. 공판부 근무를 시작한 지 몇 달이 지나 사건들의 내용을 대부분 잘 알고 있었다. 하지만, 이 사건의 경우에는 오래전에 항소심 재판부에 배당이 되었음에도 기일이 진행되지 않고 남아 있었던 사건이고 처음 보는 것이라 나에게는 매우 생소한 사건이었다.

당시 사건 개요를 간략히 요약하면 다음과 같다.

피고인(항소인)은 제법 이름이 알려진 화가였다. 피고인은 사건 당일 낮, 상당한 음주 상태로 차를 몰고 경기도 북부 지역의 편도 1차로 도로를 운전하다가 중학교 남녀 학생 두 명이 타고가는 49cc 소형 스쿠터를 발견하고 추월을 시도했다. 그러던 중 급하게 원래의 차로로 복귀하며 차량 옆면으로 위 소형 스쿠터를 충격하여 스쿠터가 도로 밖으로 이탈하며 넘어지도록 했다 그 결과 운전자인 남학생에게 부상을 입히고 뒷자리에 앉은 여학생이 머리를 다쳐 사망에 이르게 하였다는 것이 이 사건 공소사실이었다.

당시 피고인의 차량도 충돌 후 급격한 조작으로 전복이 되면서 피고인도 부상을 입고 병원에 입원했다고 한다. 피고인은 입원 이후 음주 측정에 응했을 뿐, 치료 등을 이유로 일체의 경찰 조사를 거부하다가 시일이 상당히 지난 다음에서야 경찰 조사를 받기 시작했다.

스쿠터를 몰던 남자 중학생의 진술은 처음부터 일관된 것이었다. 조수석에 동네 친구를 태우고 스쿠터를 타고 도로 오른쪽에 붙어서 언덕을 넘어가고 있었는데 뒤쪽에서 급하게 자동차가 다가오며 중앙선을 넘어 추월을 하는 듯싶더니 갑자기 우측으로 방향을 바꾸었고 그때 오토바이가 자동차의 측면에 부딪히며 도로 밖으로 이탈하게 되었다는 내용이었다.

반면, 피고인의 주장은 조금 달랐다. 자신이 비록 음주 상태이기는 했으나 언덕길을 60킬로미터 제한 속도를 지켜가면서 주행하던 중, 스쿠터가 과속으로 자신의 차량을 추월하려고 했고, 그 과정에서 무면허인 스쿠터 운전자의 조작 미숙으로 차량의 오른쪽을 스치듯 들이받고 도로 밖으로 넘어졌으며, 자신도 그에 놀라 과격하게 핸들을 조작하여 사고가 발생했다는 것이었다. 앞에서 본 바와 같이 스쿠터를 몰던 중학생의 주장과는 완전히 다른 내용이었다.

서로의 말이 완전히 다른 상황에서 1심 법원은 피해자인 중학생의 말을 신뢰하여 피고인에게 유죄를 선고하였다. 정확한 기억은 나지 않지만, 징역 1년 6월 정도의 실형이 선고되었던 것 같다. 비록 실형을 선고하였지만, 계속 병원 치료가 필요하다는 피고인의 주장에 따라 법정 구속을 하지 않은 채 피고인의 불구속 상태를 유지했고, 그에 따라 피고인은 항소심에서도 불구속 재판을 받고 있는 상황이었다.

피고인은 항소심에서도 건강 문제를 이유로 재판을 연기했다고 한다. 그 때문에 상당 기간 기일 추정 상태였다가 그제서야 기일이 잡혀 재판을 진행하게 된 것이었다.

항소심 기일, 재판장은 피고인 측에게 '건강 상태, 그리고 더 추가로 제출할 증거가 있는지 정도'를 물었을 뿐이었다. 특별한 내용의 재판 진행은 전혀 이루어진 바가 전혀 없었다. 변호인이 '피해자가 무면허 운전을 하였다는 것, 그리고 종합보험에 가입되어 있어 피해배상이 가능하다는 것' 정도로만 이야기를 했던 것으로 기억한다. 나 역시 통상적인 항소심 사건의 예에 따라 '피고인의 항소를 기각하여 달라'는 취지로 늘 하던 대로 의견 진술을 하였을 뿐이다.

얼마 후 선고된 항소심 결과는 완전히 예상 밖이었다. 음주 운전에 대해서만 유죄 판결이 선고되고 교통사고 부분에는 무죄가 선고되었다. 당연히 1심의 실형 판결은 유지될 수 없는 상황이고 피고인에게 음주 운전 혐의로만 약간의 벌금형이 선고되었다.

예상 밖의 일부 무죄 판결에 놀랄 수밖에 없었다. 직원들에게 판결문, 사건기록 등을 항소심 재판부로부터 받아오도록 했다. 일부 무죄라고 하지만, 사망 교통사고가 주된 공소사실이니 전부 무죄 판결이 선고된 것이나 마찬가지였다.

아무리 검토해 봐도 항소심 무죄 판결을 받아들일 수 없었다. 항소심은 1심에서 제출되었던 '사설 감정인°'의 분석 보고서를 전적으로 신뢰하여 피고인의 주장을 그대로 받아들인 데다가, 피해자인 중학생을 '무면허 상태일 뿐만 아니라 판결 결과에 따라 교통사고 배상책임의 당사자로서 이해관계가 걸려 있어 허위 진술을 할 개연성이 큰 사람'으로 지칭하며 그 학생의 진술을 모두 배척하고 무죄를 선고한 것이었다.

기록을 면밀히 검토해 보니, 사설 감정인의 감정 내용은 '일반적인 물리학의 법칙'에 전혀 부합하지 않을 뿐만 아니라 피고인의 주장을 그대로 받아들여 편파적으로 작성된 말도 안 되는 내용이었다. 그렇기에 1심 판사도 사설 감정인의 감정 내용을 배척하고 피고인에게 실형을 선고한 것이었음이 명백했다.

아울러, 사고 직후부터 일관된 진술을 해온 피해자인 남자 중학생의 말을 배척할 근거도 부족해 보였다. 피고인은 사고 이후 부상 치료와 입원 등을 이유로 거의 반 년가량 사고 진술을 거부하다가 꽤 이름 있는 변호인을 선임한 후에서야 경찰 조사에 응하기 시작했다. 그때부터 '언덕에서 스쿠터가 내 차

○ 교통안전공단의 교통사고 조사보고서나 국과수 조사보고서와 같이 공적 기관에서 작성한 사고분석 보고서가 아니라, 개인의 부탁을 받고 사설 교통사고 조사자가 작성한 감정서를 의미하는데, 신뢰성이 공적 기관에서 작성한 보고서에 비해 많이 떨어지는 경우가 대부분이다.

량을 빠르게 추월하려다가 내 차의 옆면을 들이받아 사고가 났다'라는 믿기 어려운 주장을 하기 시작한 것이다. 피고인의 변명을 그대로 믿는 것은 너무나도 상식에 어긋난 판단이라는 생각이 들었다.

아울러 기록에 첨부된 사진을 보니, 피해자들이 탄 49cc 무등록 스쿠터°는 매우 작고 낡은 것이었다. 사고 현장과 같이 꽤 경사가 급한 언덕에서 시속 60킬로미터로 달리고 있었다는 피고인의 차량을 '빠른' 속도로 추월할 수 있을 정도의 성능을 갖추지 못한 것임은 너무나도 명백했다.

좀 더 확실히 확인을 해보려고 고등학교 동창에게 전화를 걸어 물어보기도 했다.

"사건 관련해서 뭐 물어볼 게 좀 있어. 너 예전에 고등학교 때 오토바이 타고 다녔잖아."

"응, 그렇지"

"너 혹시 49cc 스쿠터도 몰아봤어?"

"당연하지. 그런데 왜?"

"그 스쿠터가 중학생 두 명을 태우고 왜 예전 동네에 있던 ○○ 언덕 정도의 고개를 시속 60킬로미터로 달릴 수 있을까?"

사진을 보여줄 수 없으니, 스쿠터가 어떻게 생긴 것인지 상세히 알려주고, 우리 동창들이라면 당연히 알 만한 고갯길을

○ 2011. 11. 25. 이전까지는 50cc 이하의 소형 스쿠터(소형 원동기 차량)는 무등록 상태로도 운행이 가능했다.

예로 들면서 친구에게 물었다.

"말도 안 되지. 그런 스쿠터라면 혼자 타고서도 시속 60킬로미터로 그런 경사의 언덕을 오를 수가 없어. 그건 타본 사람들은 다 알아."

친구의 말에 확신을 갖게 되었지만, 확실히 해둘 필요가 있었다. 스쿠터를 운전했던 중학생을 부모님과 함께 서초동 서울지법에 있는 공판검사실로 나오도록 했다. 농부인 아버지와 함께 겁먹고 어리둥절한 표정으로 출석한 중학생은 한눈에 보아도 이해관계를 따져 거짓말을 할 것으로는 보이지 않았다. 학생의 아버지와도 잠시 이야기를 해보았지만, 그저 '아이를 잘못 가르쳐서 죄송하다'라며 계속 사과를 할 뿐이었다. 항소심 판결이 그대로 유지되면 사망한 여학생에 대한 배상책임을 지게 될 수도 있다는 점은 전혀 알지 못하고 있는 것이 분명했다.

면담을 마친 후, 항소심 판결이 잘못된 것임을 확신하게 되었다. 곧바로 상고장을 제출했다. 얼마 후 대법원으로부터 소송기록 접수 통지서가 와서 사건에 대한 상고이유서를 작성하게 되었다.

상고심인 대법원은 '법률심'이므로, 법률적용의 잘못을 지적하며 상고를 제기할 수는 있지만, 양형부당이나 순수한 사실인정의 잘못을 상고이유로 삼을 수는 없다. 다만, 우리 대법원의 경우, '채증법칙 위반, 특히 원심의 사실인정이 증거의 취사선택이나 증거의 증명력에 관한 법리를 오해하여 논리와 경험 법칙에 위배하거나 자유심증주의의 한계를 벗어난 경우로서 이러한 위반이 판결 결과에 영향을 미친 경우'에는 상고를 허용하는 입장을 취하고 있다.

당연히 이 사건 상고이유서도 위와 같은 대법원 판례에 맞추어 작성되어야만 했다. 말로 상고이유서를 장황하게 작성하는 것보다 그림으로 이해하기 쉽게 설명을 하는 것도 괜찮을 듯싶었다. 피고인이 주장하는 사고 경위의 부당함, 그리고 실제 사고가 어떤 경위로 발생한 것으로 보아야 하는지를 상고이유서에 간략히 기재했다. 아울러 사고 경위를 그림으로 요약한 몇 장의 그림도 그려서 검사가 직접 그린 그림임을 기재한 후 상고이유서의 말미에 첨부했다. 가벼운 사안은 아니었지만 장황하지 않고 간결하게 상고이유를 작성했는데 그림을 제외한 총 서면의 길이는 10장 남짓에 불과할 정도였다.

채증법칙 위반을 이유로 한 상고가 받아들여지기는 매우 어렵다고 들었기에 상고심에서 조금이라도 기록을 면밀히 검토해 주기를 부탁하는 결론 부분으로 상고이유서를 마무리 짓기로 했다. 당시 내가 썼었던 상고이유서의 마지막 부분을 기억이 나는 대로 다시 정리해 보면 다음과 같다.

호기심에 친구를 따라 스쿠터 뒷좌석에 올라탔던 소녀는 음주 상태에서 난폭운전을 하던 피고인의 잘못된 행동에 목숨을 잃게 되었습니다.
저는 이 사건 이후, 기록을 면밀히 검토하고 피해 스쿠터를 운전했던 학생을 만나 직접 이야기를 나누면서 이 사건 항소심 판결이 잘못된 것이라는 확신을 갖게 되었습니다.

제가 항소심 판결에 불복하여 상고장을 제출하게 된 것은, 소중한 생명을 잃은 어린 소녀가 저 세상에서나마 조금이라도 한을 품지 않고 마음 편히 눈을 감을 수 있도록 해야겠다는 간절한 책임감 때문이었습니다.
비록 부족한 상고 이유이지만, 면밀히 기록을 검토하시어 피해자의 억울함이 풀릴 수 있도록 현명한 판단을 내려주시기를 간곡히 부탁드립니다.

상고이유서를 작성하여 결재를 올렸더니 부부장님이 나를 불렀다. 그날은 부장님이 부재 중이라 부부장님이 부장님 대신 결재를 하고 있던 중이었다.
"이 그림 류 검사가 직접 그린거야?"
"예"
"내가 봐도, 류 검사가 그린 이 그림처럼 사고가 난 것이 맞아 보이네. 상고 잘했다. 이유서도 이해하기 쉽고 좋네."

부장님 대결 때면 결재가 까다로웠던 부부장님이었는데 오히려 칭찬을 해주시니 한편으로는 기쁘기도 했다.

상고이유서를 제출은 했지만, 상고심의 판단을 받아보지는 못한 채 1999년 3월 통영지청으로 자리를 옮기게 되었다. 그런 사건이 있었다는 사실도 까맣게 잊고 통영지청 생활에 익숙해져 가던 때였다. 통영지청 구청사 시절이었으니 대략 5월 쯤이었던 것 같다. 서울지검 공판부에 근무하는 선배로부터 전화가 왔다.

"류 검사, 류 검사가 상고한 사건 한 건이 인용되어서 돌아왔네. 파기 환송된 사건이 내가 담당하고 있는 항소부로 배당됐어."

어떤 사건이냐고 물어보니 항소심에서 일부 무죄가 선고되었던 바로 그 사건이었다.

"그런데, 대법원 파기환송 판결문이 분량이 엄청나. 파기환송심에서 뭔가 해야할 것 같은데, 이거 검토 좀 해줄 수 있어?"

"상고이유를 길게 쓰지도 않았는데, 판결문이 그렇게나 긴가요?"

"응, 꽤 길어. 그리고 항소심 잘못을 조목조목 지적한 부분도 꽤 많은 것 같아. 뭔가 새로 증거 신청을 해야 할지도 모르겠는데, 검토 좀 부탁해."

전산망이 제대로 갖춰지지 않았던 시절이라 선배는 팩스로 판결문을 보내겠다고 했다. 실무관이 부장실로 팩스를 받으러 갔는데, 한참이 지나서야 70여 쪽에 달하는 대법원의 파기환송 판결문을 가지고 돌아왔다. 한참 동안 팩스가 출력되는 것을 계속 기다리느라 시간이 오래 걸린 것이라고 했다.

보통 상고심 판결문은 대법원 재판연구관들이 초안을 작성한다고 한다. 판결문을 읽어보니 대법원은, 내가 상고이유서에서 간략히 지적했던 부분을 모두 그대로 인정했음은 물론, 내가 미처 생각하지도 못했던 항소심의 과오까지 차례로 지적하며 정성껏 작성되어 있었다. 한 구절 한 구절 모두 공감이 되는 말뿐이었다. 너무 고마웠다. 한편으로는 이런 훌륭한 법조 선배가 내 상고이유서를 잘 읽어주었구나 싶어 기쁘기도 했다. 항소심 공판 과정에서 어떻게 공소유지를 하면 좋을지를 정성껏 정리하여 선배에게 보내주고, 전화로도 설명을 해주었다.

단독 재판부에서는 심각한 일보다는 재미있는 일들이 더 많은 편이었다. 그중에서 기억이 남는 사건으로는 이런 것이 있었다.

내가 공판 관여를 하고 있던 단독 재판부의 Y 재판장님은 사법연수원 13기로, 비평준화 시절에 경기고, 서울대 법대를 졸업한 쾌활한 성격의 수재형 법조인이셨다. 재판 진행 등 실력도 출중하신 분이라 형사소송 절차 전반에 대해서도 많은 것들을 배울 수 있었다. 그때만 해도 재판장과 공판검사의 관계가 원만하던 시절이었기에 공판 기일이 있는 날은 함께 점심 식사를 하며 진행 중인 사건 등에 대한 이야기를 나누는 경우도 드물지 않았다. 이처럼 나를 여러모로 잘 챙겨주시던 단독 재판장님과 함께 근무하던 시절에 있었던 일이었다.

투자금 등을 명목으로 적지 않은 돈을 가로챈 50대 초반 피고인에 대한 사기 사건이 우리 재판부로 배당되었다. 구속 사건이었다. 공소장을 읽어보니 피고인은 경기고, 서울공대 화학공학과를 졸업한 후, 미국의 유명 공대에서 석사 학위까지 받았던 화학 분야의 전문가로서, 화학 관련 사업 투자금 등의 명목으로 피해자로부터 돈을 받아 채무 변제 등 개인적인 용도로 모두 사용하고 이를 제때 갚지 못했다는 내용이었다. 그 때문에 사기죄로 구속되어 재판을 받게 된 것이었다. 또한 피고인은 과거에도 비슷한 수법으로 다른 사람에게 투자금 명목으로 돈을 빌려 제때 갚지 않았다는 사실로 여러 차례 처벌받은 전력이 있기도 했다.

나도 서울공대 출신이다 보니 과거 1960년대에는 최고 학과였던 '화학공학과' 출신이라는 피고인에 대한 기록을 미리 한번 읽어보고 싶은 생각이 들었다. 당시만 해도 공판기일 이

전에 공소장과 함께 수사기록 전부가 모두 재판부로 넘어가던 시절이라, 재판부에서 기록을 대출해서 수사기록을 정독해 보았다.

수사기관에서의 피의자신문조서를 읽어보니, 피고인은 '피의자의 학력, 경력 등은 어떠한가요'라는 질문에 '경기고를 졸업하고, 서울대학교 공과대학 화학공학과를 졸업한 후, 미국으로 유학하여 미국 ○○○ 대학교에서 석사학위를 받았습니다. 그 후 귀국하여 ○○ 등 대기업에서 근무한 경력이 있습니다'라고 대답한 것으로 정리가 되어 있었다. 또한 피해자로부터 투자금 명목으로 받은 돈은, 기존에 하고 있었던 사업으로 인한 채무를 급히 변제할 필요성이 있어서 급히 융통하여 사용하게 된 것일 뿐 처음부터 피해자를 속인 것은 아니라는 취지로 변명을 하고 있었다.

비록 피고인이 변명을 하고 있지만, 과거에도 유사한 사건으로 처벌받은 전력이 있었으니 공소유지에는 큰 문제가 없어 보였다. 과거 처벌받은 사건의 판결문을 보니 이번 사건과 거의 유사한 내용이었다.

그냥 넘어가려다가 혹시나 싶어 직원에게 피고인의 인적사항을 알려주고 서울대학교에 공문을 보내 실제 이런 사람이 서울공대 화공과를 졸업한 것이 맞는지를 확인해 달라고 부탁을 했다. 범행 과정에서 피고인이 유독 학력을 강조했다는 피해자들의 말에 뭔가 미심쩍은 느낌이 들었던 것도 같다. 얼마 후, 서울대학교로부터 '서울대학교 화학공학과를 졸업한 사실이 없다'는 내용의 회신을 받았다. '그러면 그렇지'라는 생각에 그 정도로 그만두려다가 피고인이 다른 변명을 댈 가능성에 대비해서 한 번 더 확인을 하기로 했다. '서울대학교 공과대학 전체 졸업자 중에서 피고인과 같은 인적사항을 가진 사람이 있는지', '혹시 입학자 중에서는 피고인과 같은 사람이 있었는지' 등도 추가로 확인해 달라고 했다. 상습적으로 거짓말과 사기 범행을 일삼는 사람들의 경우에는 확실한 근거를 들이대면 또 다른 변명을 내세우며 새로운 거짓말을 하는 경우가 많았기에 미리 확인해 둘 필요가 있다는 생각에서였다.

다시 회신된 결과는 역시 예상대로였다. '피고인은 서울대학교 공과대학에 입학한 사실이 전혀 없고, 서울대학교 입학자 명단에서도 피고인과 같은 인적사항은 발견할 수 없다'는 것이었다. 직원에게 부탁을 해서 최신 자료를 추가 증거 제출에 필요한 양식으로 미리 정리를 한 다음, 공판 기일에 공판카드와 함께 지참을 해서 공판정으로 갔다.

피고인에 대한 신건 공판 절차가 시작되었다. 인정신문, 진술거부권 고지 등의 절차를 마친 후 내가 공소사실에 대한 신문을 하게 되었다.

"피고인, ○○○ 씨(피해자) 아시죠?"

"예, 압니다."

"○○○ 씨로부터 사업자금 명목으로 돈을 받으신 적이 있죠?"

"예, 그렇습니다."

"그 사업자금 갚으셨나요?"

"아직 못 갚았습니다만, 갚을 겁니다. 그리고… (변명)."

"그 돈을 받아서 피고인이 다른 사람에게 지고 있었던 빚을 갚는 데 썼다는데 맞습니까?"

"예, 일부 그런 적은 있습니다만, 다 그렇게 쓴 것은 아닙니다."

"피고인이 ○○○ 씨로부터 돈을 빌려 하려던 사업은 어떤 것이었나요?"

"제가 화학 전문가라서… (사업개요 등 설명…)."

"결국 돈을 못 갚은 것은 맞지만, 전부 개인적인 용도로 쓴 것도 아니고, 갑자기 급한 사정이 생겨서 다른 용도로 일부 썼을 뿐이라는 그런 말이지요. ○○○ 씨에게 거짓말을 한 것도 아니라는 말이구요."

"예, 그렇습니다."

그 정도면 공소사실에 대한 신문이 충분하다고 생각을 했는지, 단독 재판장님은 '피고인, 그럼 전체적으로 공소사실을 인정하는 취지는 아니네요?'라고 물으시며, 증거신청이 필요하겠다는 취지로 내 쪽을 바라보셨다. 나는 재판장님께 '한 가지만 더 질문하겠습니다'라고 양해를 구한 후, 피고인에게 추가로 질문을 했다.

"피고인 경기고, 서울공대 화공과 졸업하고 미국에서 학위 받으셨다는데 맞나요?"

"예, 맞습니다."

재판장 쪽을 쳐다보며 내가 말했다.

"피고인이 서울대학교 화학공학과를 졸업하지 않았다는 서울대학교의 회신공문을 증거로 제출하겠습니다."

피고인이 놀라서 당황하면서 둘러대기 시작했다.

"제가 화학공학과가 아니라 이름이 좀 다른데… 그때는 계열별 모집이라… 공업화학과…."

다시 내가 재판장 쪽을 쳐다보며 이야기를 했다.

"피고인이 서울대학교 공과대학의 어떤 학과도 졸업하지 않았다는 내용의 회신공문도 같이 제출하겠습니다."

피고인이 당황하며 또 다른 이야기를 꺼내기 시작했다.

"제가 사실 워낙 공부를 잘하다 보니 중간에 졸업은 하지 않고 미국 대학으로 옮기게 되었습니다. 그래서 졸업 사실이 확인되지 않는 모양인데… 서울공대에 입학했던 것은 분명합니다."

다시 재판부 쪽을 쳐다보며 이야기를 했다.

"피고인이 서울대학교의 어느 학과에도 입학한 사실이 없다는 회신 공문을 추가로 제출하겠습니다."

피고인은 풀이 죽은 듯 고개를 숙이고 아무 말도 하지 못하게 되었다. 그 모습을 보고 재판장님께서 피고인에게 질문을 하시기 시작했다.

"피고인, 경기고등학교 졸업했다는 것도 거짓말 아닌가요?"

"아닙니다. 경기고 졸업한 것은 사실입니다."

피고인의 대답을 들은 재판장님께서 '당연히 이것도 확인했겠지'라는 표정으로 내 쪽을 쳐다보며 "경기고등학교 졸업한 것도 확인했나요?"라고 물으셨다. 나는 '그건 미처 확인을 못했는데, 바로 확인해 보겠습니다'라고 대답하려다가 장난기가 발동해서 진지한 표정으로 이렇게 이야기를 했다.

"법대라면 모르지만, 피고인이 서울공대를 졸업했다는 것은 도무지 믿기 어려운 이야기라서 그건 확인을 해보았습니다. 하지만, 경기고를 나왔다는 것은 나름 믿음이 가는 듯해서 확인을 안 했습니다. 제가 보니 피고인이 대학교는 몰라도 경기고 졸업했다는 것까지 거짓말할 사람은 아닌 것 같기도 합니다."

그리고는 피고인 쪽을 쳐다보며 다시 질문을 했다.

내가 살아온 길

"피고인, 경기고 졸업한 것 맞지요?"

"예, 그렇습니다!!!"

재판장님께서는 묘한 웃음으로 나를 쳐다보셨다. 나는 고개를 숙이고 슬며시 웃기만 했다. 어쨌거나, 피고인은 학력 사칭이 들통이 난 것에 풀이 죽었는지 편취 범의를 부인하면서도 검찰 측에서 제출된 모든 증거들에 이의를 제기하지 않고 전부 증거로 쓰는 것에 순순히 동의를 하겠다고 했다.

나중에 그날 공판을 모두 마치고 공판 검사실로 돌아가기 전에 재판장님에게 '죄송하다'면서 경기고 졸업 여부도 한번 확인해 보면 어떻겠냐고 말씀을 드렸다. 재판장님은 바쁜데 그렇게까지 할 필요까지 있겠느냐며 '경기고를 졸업했다고 확실히 이야기를 하는 것이 보니, 내 선배님이 맞으시겠지'라며 웃으실 뿐이었다.

통영지청
—평검사 시절

    1999년 3월 1일 95년식 아반떼 승용차에 두벌의 양복, 이부자리를 싣고 새로 부임하게 된 통영으로 향했다. 바닷가에 세워진 연립주택 관사에는 열흘 정도 후에서야 입주하기로 되어 있었기 때문에 식구들은 나중에 이삿짐과 함께 통영으로 오기로 했다.

  아내와 아이들의 배웅을 받으며 마포 도화동의 전셋집 아파트를 떠나 통영으로 향하는데 마음이 그렇게 후련할 수가 없었다. 어떤 선배들은 서울을 떠날 때 정말 많이 서운했다고 하는데, 나는 그런 느낌이 보다는 오히려 복잡한 서울로부터 '탈출'해서 어딘가 멋진 휴양지로 놀러가는 듯한 기분도 들었던 것 같다.

당시만 해도 대전 통영간 고속도로가 만들어지기 이전이라 '경부고속도로 – 구마고속도로 – 마산 산복도로 – 14번 국도' 순서로 복잡한 길을 거쳐야 통영까지 갈 수 있었다. 쌀쌀한 날씨에 출발을 했는데, 현풍휴게소 부근을 지나면서 창문을 열어보니 역시 남쪽이라 꽤 따뜻한 봄기운이 느껴지는 듯했다.

고속도로가 만들어져 마산에서 통영까지의 14번 국도를 이용할 필요가 없어진 요즘도 일부러 14번 국도를 통해 통영 시내로 들어가는 경우가 있다. 오랜 시간이 지났지만, 통영 초입의 학섬휴게소 부근 언덕을 운전해서 지나다 보면, 처음 통영에 부임하던 날 그 장소를 지나며 느꼈던 봄날의 상쾌함이 마치 어제 일처럼 생생하게 느껴지기도 한다.

서울에서 출발한 지 약 7시간 만에 세병관 뒤편에 있었던 통영지청 구청사에 도착을 할 수 있었다. 서울지검에 비하면 너무나도 작고 낡은 구청사 건물을 보고 한숨을 쉬는 사람들도 있었을지 모르지만, 나는 왠지 모를 행복함과 편안함을 느꼈다. 요즘도 그때를 생각하면 처음 통영지청 구청사에 도착해서 보았던 통영 남망산과 강구안, 미륵도의 모습, 구청사 부근에 있었던 허름한 체육사, 양복점, 서점, 컴퓨터 가게, 문방구, 동네에 유일했던 모형점 등 여러 정겨운 풍경들이 하나둘씩 차례로 떠오르곤 한다.

서울과는 완전히 다른 분위기 속에서 2년간 통영에서 평검사로 열심히 근무를 했다. 그야말로 '워라밸'의 균형을 이루며 행복하게 지낸 시기이기도 했다. 짧지 않은 근무기간 동안 여러 일들이 있었지만, 그중 아직까지도 잊혀지지 않는 몇 가지 일화들이 있다.

통영경찰서
대용감방 이야기

지금은 없어졌지만, 1999년 당시에는 통영경찰서 유치장에는 '대용감방'이라는 것이 설치되어 있었다. 대용감방이란 구치소 등 미결수용자를 수용할 수 있는 교정시설이 마련되어 있지 않은 지역에서 관내 경찰서 유치장의 일부를 미결수용자 수용 장소로 지정하여 구치소처럼 운영하는 것을 말한다. 대용감방은 속초지청, 장흥지청처럼 주로 작은 규모의 검찰청 관할에서 운영되는 경우가 많았다. 통영지청처럼 관할 인구가 비교적 많은 지역○에서 1990년대 후반까지 대용감방 제도를 유지하고 있는 경우는 많지 않았는데, 통영이 그 드문 검찰청 중의 하나였다.

경찰서 유치장을 구치소 대용으로 활용하는 대용감방의 경

○ 통영지청의 관할 구역은 통영, 고성, 거제 등 2개시 1개군으로, 관할 지역 인구는 약 50만 명 정도이다.

우, 일반 교정시설과는 달리 운동 시설이나 종교, 의료 시설 등이 전혀 갖추어져 있지 않아 수용자들 입장에서도 매우 불편할 수밖에 없다. 하지만, 마산교도소(현 창원교도소)의 경우, 당시 관할 미결수용자와 재소자만으로도 포화 상태였음은 물론 출정을 위한 이동에도 한 시간 이상이 소요되기에 어쩔 수 없이 대용감방을 운영할 수밖에 없기도 했다. 또 한편, 통영, 거제, 고성 지역에 연고를 두고 있는 관내 피의자들의 입장에서는 마산 등 객지에서 수감생활을 해야 하는 것보다는 가족 면회 등의 측면에서 편리한 통영경찰서 대용감방의 수감생활을 선호하는 측면이 있기도 했다.

1999년 11월 오랜 수사 끝에 경남지방경찰청으로부터 거제 지역 폭력조직인 '거제 프라자파' 조직원 10여 명에 대한 구속 사건이 통영지청으로 송치되었다. 평소에도 통영지청과 통영지원에서 수사와 1심 재판을 받고 있는 200명가량의 구속 피의자, 피고인들 때문에 소란스럽고 각종 사고가 끊기지 않았던 통영경찰서 유치장이었는데, 조직폭력배들이 한꺼번에 구속 송치가 되었으니 대용감방 분위기는 그야말로 폭발 직전이었다. 크고 작은 폭력 사건이 계속해서 발생하는 것은 물론, 비교적 선량한(?) 구속 피의자들로부터 '조직폭력배들의 등쌀에 도무지 수감생활을 할 수가 없다'라는 진정이 수시로 접수되는 상황이었다.

평소 친하게 지내던 통영서 수사과장에게 자세히 물어보니 상황은 생각했던 것보다 더 심각했다.

"도저히 감당이 안 됩니다. 전체 수용실은 15개 남짓인데, 연이은 검거로 거제 프라자파만 30명 넘게 구속이 되었으니, 공범 분리 수용은 애시당초 불가능합니다. 또 두목 류○○과 부두목 최○○이 명령을 내린 것인지 조직원들이 전혀 지시에 따르지를 않습니다. 욕설은 기본이고 지난번에는 가지고 있던 라이터로 휴지와 종이에 불을 붙여 사방에 뿌려대고 새로 부임한 경찰 간부에게 오물을 집어던지기도 했지 않습니까. 유치장 내에서 담배를 마음대로 피우고 있다는 소문도 있습니다. 실제로 유치장 안에서 심한 담배 냄새가 나는 경우도 있구요. 검방을 해서 이런 행위에 대해 징벌을 하려고 해도 집단적으로 저항하는 것은 물론이고 징벌방이 없으니 규율 위반 행위에 대해서 제대로 불이익을 줄 수도 없습니다. 어떤 식으로든 해결이 필요합니다."

수사과장의 이야기를 들어보니 더는 대용감방의 상황을 방치해서는 안 되겠다는 생각이 들었다. 새로 부임한 지청장님에게 그때까지의 자세한 상황을 보고하고 사태 해결을 위한 준비 작업을 차근차근 시작했다. 우선 대용감방에 수용된 일반 수용자들을 조용히 불러 비밀보장을 약속하고 누가 유치장 질서를 깨뜨리고 있는 주모자인지를 파악하기 시작했다.

또한 라이터, 담배 등 금지 물품을 누가, 어디에 숨겨두었는지 등도 확인을 했다.

거제 프라자파 사건의 주임 검사와도 상의를 하여 문제가 있는 인물, 또한 두목, 부두목 등 거제 프라자파 중간 간부 이상의 수용자들과 규율위반의 정도가 심각한 10여 명을 마산교도소로 이감하기로 결정했다. 재판 관할이 정해져 있는 미결수용자의 이감은 법무부장관의 결재(교정본부장 전결)가 필요한 사항인지라 이감을 요청하는 사유 등을 상세히 정리하여 법무부에 보고를 하고 사전 허가를 받는 절차도 밟아야만 했다. 교정본부에서는 호송차량 및 계호인력 동원의 어려움, 한 시간 이상의 출정시간이 필요한 점 등을 이유로 우려를 표하기도 했지만, 전화로 자세한 이야기를 들어보더니 심각성을 이해하고 소란행위 주범 10여 명에 대한 마산교도소 이감을 흔쾌히 승인해 주었다.

이감 승인과 관련하여 법무부 관계자와 통화를 하며 나는 한 가지 요청사항을 덧붙였다.

"승인해 주셔서 감사합니다. 그나저나 이감이 꼭 필요한 10여 명 이외에도 현장 상황에 따라 서너 명 정도는 추가로 이감을 보낼 수도 있습니다. 그런 점도 양해해 주세요."

나름 필요가 있을 듯해서 했던 말이었는데, 실제 현장에서는 이 말의 덕을 꽤 톡톡히 보았던 것 같다.

전체 유치장 수용 인원이 200여 명에 달하고, 여러 수용실을 동시에 통제를 하며 검방과 이송자 분류 작업을 해야하다 보니 우리청 인원을 총동원해도 부족할 지경이었다. 보안 유지가 절대적으로 필요한 상황이었기 때문에 유치장 검방 조 편성, 차량 탑승 등 업무 분담을 정리한 자료도 우리방 계장과만 상의하여 비밀리에 작성을 했다. 업무 분담표는 출발을 하는 현장에서 각 조장들에게 나누어주기로 했다.

  검방이 예정된 당일, 나를 포함한 검사 세 명, 계장들을 비롯한 40여 명의 직원들이 여러 대의 차량에 나누어 타고 무전동에 있었던 통영경찰서 건물로 출발했다. 출발 직전에 조장들에게 각자 맡은 임무 등이 적힌 업무 분담표를 나눠주고 이동을 하면서 차량 안에서 조원들에게 임무를 숙지시키도록 지시했다. 통영지청 신청사를 떠나 미늘고개를 지날 무렵 통영서 수사과장에게 전화를 걸어 전후 상황을 설명하고 '오늘이 그날'이라며 양해를 구했다. 또한 우리청 인력만으로는 전체 수용자들의 통제가 어려운 상황이니 소속 의경들은 물론 동원 가능한 유치장 근무 인력들을 최대한 지원해 줄 것을 요청했다.

  우리가 통영경찰서 유치장에 도착했을 때는 수용자들이 막 점심 식사를 시작하려는 때였다. 술렁거리는 수용자들에게 '유치장 감찰 및 검방을 동시에 실시하려고 한다. 비협조하는 사람들은 징벌 차원에서 마산교도소로 이감하겠다. 모두 하던 일을 멈추고 그 자리에서 꼼짝하지 말라'라는 내용으로 방송을 했다. 그와 동시에 각 수용실마다 우리 직원들과 경찰관들이 지키고 서서 혹시라도 지시에 따르지 않고 수상한 행동을 하는 수용자가 없는지를 살피도록 했다.

갑작스러운 검방 통보에 거의 모든 수용실에서 각종 욕설과 함께 고함이 터져 나왔다. 누가 욕설을 하고 고함을 질렀는지 도무지 알 수는 없었지만, 경고와 기선제압 차원에서 확실한 본보기를 보여줄 필요가 있었다. 미리 계획했던 대로 처음부터 마산교도소 이감 대상으로 결정해 두었던 중간 간부급 수용자 한 명의 이름을 호명했다.

"방금 전 고함 지르고 욕설한 ○○○, 마산교도소로 이감! 바깥으로 나와!"

"… 저는 욕은 안 했는데요!"

마산교도소 이감이라는 말에 깜짝 놀란 ○○○가 소리는 질렀지만 욕을 한 것도 아닌데 자기만 이감되는 것이 억울하다는 듯한 표정으로 투덜거리듯 항의를 했다.

"고함은 질렀잖아! 그리고 평소 수용질서도 많이 어겼더구만, 밖으로 나와 마산교도소 이감!"

한 방씩 차례로 수용자들을 모두 밖으로 나오도록 한 다음, 미리 입수한 정보를 근거로 각 수용실 구석구석을 샅샅이 뒤지기 시작했다. 사전에 입수한 정보대로 도무지 상상하기도 어려운 장소에서 각종 금지 물품들이 발견되기 시작했다. 얼핏 보면 찾기도 어려운 수용실의 마룻바닥 일부를 들어내니 그 안쪽 공간에서 한 보루에 가까운 담배, 칫솔을 개조해서 만든 부싯돌, 라이터 등의 반입금지물품들이 무더기로 쏟아져 나왔다. 또 그런 비밀공간 속에 물품들을 집어넣거나 꺼내기 위해서 달력 종이 등을 아주 단단히 말아서 만든 기발한 모양의 도구도 찾아낼 수 있었다.

사전에 철저하게 준비된 검방임을 알게 된 수용자들이 웅성거리기 시작했다. 대용감방의 경우에는 일반 교정시설과 달리 수용자들의 식사를 위한 접이식 테이블이 준비되어 있지 않은 경우가 대부분이었다. 그 때문에 종이 상자, 달력 종이, 풀 등을 이용해서 식사용 좌식 테이블을 만들어 놓고 있는 수용실이 많았는데, 제보에 의하면 그 종이박스 테이블 안에 담배 등 각종 금지물품이 숨겨져 있는 경우가 많다고 했다. 제보 내용을 확인하기 위해 상자 겉면에 달력을 붙여 꽤 그럴듯하게 만들어놓은 테이블 하나를 해체하기 시작했다. 바깥에서 이를 지켜보던 수용자 한 명이 욕설과 함께 고함을 질렀다.

"에이 XX, 우리 밥상을 왜 부수는데, 우린 밥도 못 먹나!"

"지금 욕하고 소리 지른 사람이 누구죠?"

아무도 대답을 하지 못했다. 옆에서 지켜보던 계장이 다가 와서 그 방에 수용 중이던 거제 프라자파 하부 조직원 중의 한 명이 소리를 지른 것이라고 넌지시 알려주었다. 사실 그 조직원의 경우에는 마산교도소 이감 대상이 아니었고, 그 옆에 앉아 있던 중간 간부급 조직원 등 몇명을 이감대상으로 정해놓은 상황이었다.

"이거 안에서 뭐라도 나오면, 소리 지른 사람뿐만 아니라, 누가 소리 질렀는지 제대로 이야기 안 하는 사람까지 전부 마산교도소로 이감할 테니 그리 알아요!"

당연히 부숴진 테이블 안에서 담배 몇 갑이 발견되었다.

"이거 많이 나왔네, 다시 한번 기회를 주겠는데 아까 누가 소리를 질렀죠?"

아무런 대답이 없었다.

"그럼 할 수 없네. 내가 듣기로는 대충 저쪽에서 소리가 난 것 같으니 그쪽에 앉아있던 사람들을 전부 이감하는 수밖에 없겠네요. 거기 ○○○(소리를 지른 수용자), XXX(옆에 앉아 있던 중간간부), YYY, ZZZ(역시 중간간부급, 원래 이감 대상으로 정해놓은 수용자들) 마산교도소 이감!"

갑작스러운 마산교도소 이감 통보에 놀란 XXX가 볼멘 목소리로 항의를 했다.

"저는 소리 안 질렀는데요. 여기 ○○○가 욕했는데 왜 우리까지 보냅니까?"

"그럼 아까 경고할 때 그때 누가 욕을 했는지 얘기를 했어야죠. 왜 누가 소리 질렀냐고 물어봤을 때 바로 대답 안 했어요? 이미 늦었습니다. 마산교도소 이감!"

이렇게 몇 명을 본보기로 이감하는 모습을 보여주고 나서부터는 수월하게 검방 작업을 진행할 수 있게 되었다. 검방 과정에서 담배, 라이터, 음란도서 등의 금지물품은 물론, 말로만 듣던 재미있는 물건들도 많이 발견되었다.

새로 수용자가 들어왔을 때 고참 수용자들에게 인사를 하는 '입방식' 절차가 있다. 그 무렵만 해도 수용자들에게 '요즘도 입방식이 있느냐'라고 물으면 보통은 '요즘은 없어졌다' 또는 '요즘은 예전처럼 심하지는 않다'라고 대답하는 경우가 대부분이었다. 그런데 몇 개의 수용실에서 두꺼운 골판지 등을 이용해서 만들어 수용실 한쪽에 걸어놓은 '입방식 요령'이라는 표준 입방식 절차 안내(?) 양식이 발견되었다. 그중 가장 재미있게 보았던 '입방식 양식'의 내용을 기억을 되살려 정리해 보면 다음과 같다.

이런 입방식 요령 이외에도 오랜시간 동안 '전승'된 것으로 추정되는 꽤 많은 '표준 서식(?)'들이 발견되었다. 특히 두터운 반성문 표준 양식이 발견되었는데, 머리말, 본문, 맺음말 등으로 체계적으로 분류가 되어 있고, 각 죄명별로 어떤 내용의 반성문을 작성하면 좋을지 등이 정말 잘 정리되어 있었다. 요즘

입방식 요령

1. 안녕하십니까? 저는 ○○○○○죄로 구속된 ○○○입니다.
   (일어나서 인사하고 않는다°)

2. 제 나이는 ○○살, ○○띠입니다.

3. 저는 ○○학교를 나왔고, 고향은 ○○이며, 지금 ○○에 살고 있습니다.

4. 여기 들어오기 전 직업은 ○○○이었습니다. 가족으로는 ○○○이 있습니다.

5. 제 담당검사는 ○○○입니다.
   (검사에 대해 느낀 점을 예기[∞]하면 좋다)

6. 이번이 ○○번째 구속인데, 먼저 들어오신 선배님들을 따르고 잘 모시도록 하겠습니다. 잘 부탁드립니다.
   (그 밖에 하고 싶은 말을 더 해도 되는데, 간단히 할 것)

으로 치면 AI 학습용으로 써도 충분할 정도로 꽤나 잘 만들어진 자료였다. 업무를 하다 보면, 피의자들로부터 제출된 반성문들이 거의 비슷하다는 생각이 들 때가 있었는데, 아마도 이런 이유 때문에 그런가 싶었다.

그 외에도 적부심청구서, 보석청구서, 변론요지서, 합의서

   ° '앉는다'가 아니라 '않는다'로 잘못 쓰여 있었다.
   ∞ 역시 맞춤법에 맞지 않는 표현

내가 살아온 길

등 수많은 법률 양식들과 각종 법전, 법률서적 등이 발견되기도 했다.

검방 절차를 끝내고 돌아가기 직전, 두목 류○○과 부두목 최○○을 밖으로 나오도록 했다.

"이제 두 분도 마산으로 가셔야죠, 설마 두 분이 이감 대상이 아니라고 생각했던 것은 아니겠죠?"

두 사람 모두 아무 말없이 순순히 우리 직원들을 따라나가 밖에서 대기 중이던 호송차에 올라탔다.

2018년 7월 19일, 통영지청을 떠난 지 17년 6개월만에 이번에는 통영지청의 지청장으로 부임하게 되었다. 부임한 지 일주일쯤 지났을 무렵, 부속실 직원에게 지청장실 한쪽 구석에 세워져 있는 낡은 서류함에 무엇이 들었는지 물어보았다. 직원 말로는 자신이 열쇠는 가지고 있는데 전임자에게 열쇠만 넘겨받았을 뿐 열어본 적이 없어서 내용물이 무엇인지는 알지 못한다는 것이었다. 궁금증이 발동해서 가져온 열쇠로 서류함을 열어보았다. 서류함 속에는 1990년대 말부터 부터 2000년대 초반 무렵까지에 작성된 정보보고, 지청장들간의 인수인계자료 등이 모두 보관되어 있었다. 서류를 뒤적거리다가 내가 통영지청 평검사 시절에 작성해서 보고했던 기획 문건, 정보보고 등 여러 건의 문서를 발견하게 되었다. 그 문서 중에는 통영경찰서 대용감방과 관련된 정보보고 문건도 한 부 포함되어 있었다.

그걸 뒤적이다 보니 마치 오래된 타임캡슐의 봉인을 풀어 헤쳐보는 기분이었다. 십수 년이 지났는데도 그 보고서를 작성할 때 느꼈던 그 감정과 기분이 고스란히 재현되는 듯했다. 그 이후로 그다음 해 여름 통영지청을 떠날 때까지 그 서류함을 열어보는 일은 없었다.

아마도 그 정보보고는 통영지청장실의 한구석 서류함 속에 아직도 잘 보관되어 있을 것이다. 뒤적거리다가 정보보고서 몇 장의 사진을 찍어두기는 했지만, 기념 삼아 그 서류를 복사라도 해서 가지고 왔더라면 하는 아쉬움이 남기도 한다.

청장님 때문에
주말부부 하는 거
아닙니까?

　　2018년 여름, 통영지청장으로 부임하여 통영지청에 두 번째로 근무하게 되었다. 직원들로부터 이런저런 얘기도 들을 겸 날을 정해서 돌아가면서 직원들과 점심을 함께했다. 그날은 예전에 함께 근무했던 여성 실무관들과 식사를 하던 중이었다. 여러 이야기를 하다가 갑자기 생각이 나는 것이 있어 실무관 중 최고참인 A 실무관에게 물어보았다.

"A 계장님, 신랑이 ○○수협에 다니지 않았었나요?"

"그걸 다 기억하시네요."

"그때 과장이시지 않았나요?"

"지금은 임원 승진했습니다. 이제 곧 퇴직할 때도 되었네요."

"아. 그렇군요. 애들도 다 키워서 직장 때문에 나가서 살고,

두 분이 재미있게 지내시면 되겠네요."

"둘이 지내긴요. 신랑은 여수에 있어요. 주말부부로 지내요."

"예? 왜요?"

"뭐가 왭니까. 이게 다 청장님 때문에 그런 거 아닙니까!"

농담 반 진담 반인 듯한 말투로 A실무관이 웃으며 말했다.

자초지종을 들어보니 ○○수협이 XX수협과의 합병으로 본점이 통영에서 여수로 옮겨갔고 임원으로 승진을 하면 본부가 있는 여수에서 근무를 할 수밖에 없어서 어쩔 수 없이 주말부부로 지내게 되었다는 것이었다. 덧붙여 ○○수협이 여수에 본부를 둔 XX수협에 합병된 것은 내가 2000년 말 통영지청을 떠나기 직전에 했던 수사의 결과, 부실 수협으로 지정되어 정리절차를 밟을 수밖에 없었기 때문이라고 했다.

워낙 고생을 많이 했던 사건이기에 잊고 지낸 적은 없었지만, A 실무관의 입장에서 그 사건 이야기를 듣게 되니 희미했던 옛날 기억들이 하나둘씩 떠오르기 시작했다.

통영지청 근무 2년 차였던 2000년 8월경의 일이다. 우리보다 6개월 먼저 통영지청을 떠나 서울로 전출하게 된 연수원 26기 동기 형님이 내 방으로 왔다.

"혁아(연수원은 동기였지만 나보다 두 살이 많은 형님이고 관사도 바로 이웃집으로 친하게 지냈기 때문에 늘 내 이름으로 나를 불렀다.), 너 혹시 이런 이야기 들어봤나?"

"뭔데요?"

"통영에 본부를 둔 업종별수협 중에 ○○수협이라고 있는데, 아냐?"

"알죠. 그거 돌아다니다가 간판 본 거 같은데요."

"그 수협이 상임이사제 수협이거든, 조합장은 선거로 뽑히는 임기제고, 상임이사는 그냥 계속 근무하는 사람이라서 어찌 보면 실세라고도 할 수 있는데, 그 조합 상임이사가 대출 대가로 거액을 수수한다는 거야. 대놓고 사례비로 돈을 받아가는데 돈만 가져다주면 그냥 마구잡이로 대출을 해준다네…."

"그래요? 그거 재미있는 사건이네요. 그런데 왜 나한테 얘기를 해주시는 건가요? 그거 알았으면 형이 했으면 되잖아요."

"그게 나도 최근에서야 알았어. 계속 근무를 했으면 내가 할 텐데, 나는 이번에 전출하잖아. 그러니까 너한테 얘기를 해주는 거야. 너라면 확실히 정리를 할 거 같아서 말이야."

"그래요? 어려운 사건이라서 그런 거 아니구요?"

"그게 말이야. 제보자 말로는 그 상임이사가 워낙 빽이 든든한 사람이라서 도대체 해결을 하고 싶어도 자체적으로는 해결을 못한다네. 몇몇 사람들이 문제를 삼은 적도 있었는데, 오히려 그 사람들이 고생을 하고 유야무야된 모양이야. 게다가 S부장님 알지? 그 부장님과도 아주 친한 사이라고 소문이

사자자한가 봐."

　동기 형님은 서울로 전출을 하며 익명으로 작성된 위와 같은 내용의 진정서 한 장, 그리고 실제 그 진정서를 작성한 사람의 이름과 연락처를 나에게 알려주었다.

　익명으로 작성된 진정서라고 하지만, 그 진정서는 조금만 주의 깊게 읽어보면 누가 작성했는지 대충 짐작할 수 있을 정도로 비전문가에 의해 급하게 작성된 것이 분명했다. 진정인이 누구인지도 알고 있으니 음해성 제보가 아님은 분명했다. 일단 익명을 보장하고 진정인을 불러 진정 취지를 들어본 다음 계좌추적 등 그 이후의 절차를 밟기로 마음먹고 진정인을 검찰청으로 출석하도록 했다.

　진정인은 검사실로 출석을 하면서 상임이사가 불법대출사례비를 받아 입금해 온 차명계좌의 계좌거래내역 사본까지 꼼꼼히 지참하여 출석을 했다. 게다가 어떤 대출에 얼마를 받은 것인지, 누가 사례비를 건넨 것인지 인적 사항까지 꼼꼼히 정리를 해서 출석을 했는지라 이건 누가 보아도 '호박이 넝쿨째 굴러들어 온', '쉬운' 사건임이 분명해 보였다. 빨리 해결하기로 마음먹고 바로 참고인 소환을 시작했는데 그때부터 사건이 꼬이기 시작했다.

　나중에 안 사실이지만, 검찰청에 진정서가 제출된 것을 알게 되자, 문제의 상임이사는 장기휴가를 내고 이미 서울 모처로 도피한 상황이었다. 그렇기에 참고인 등을 상대로 증거를 확보하더라도 피의자인 상임이사의 검거를 위해서는 소재파악, 위치추적 등 여러 어려움이 있을 것이 뻔해 보였다. 게다가 그 무렵부터 검찰최고위층은 물론, 여러 검찰 간부들로부터 사건의 진행상황을 묻거나 피의자의 억울함을 호소하는 취지의 전화가 수시로 걸려오기 시작했다. 소환하여 출석하기로 했던 참고인들이 이유없이 출석을 미루는 경우도 다반사였다.

그러던 중 하루는 지청장님께서 나를 찾으셨다. 지청장실로 가보니 부장님과 함께 뭔가 이야기를 하고 계신 중이었다.

"그 왜 ○○수협 사건 말이야. 그거 잘돼가고 있는 거야? 빨리 해결하면 안 될까?"

"저도 최대한 빨리 해결을 하려고 하는데, 피의자는 출근도 안 하고 서울로 도주를 한 상황이고, 참고인들은 조사를 회피하고, 그래서 어려움을 겪고 있습니다. 사실 신병만 확보가 되면 부실대출 대가로 대출사례비를 워낙 많이 받아 챙겼는지라 바로 구속할 수 있습니다. 지금까지 확인된 것만으로도 법정형이 최하 징역 10년에 해당할 정도로 죄질이 좋지 않습니다."

"사실은 말이야, 여러 곳에서 이 사건 그만두면 안 되냐고 전화가 많이 와. 오늘은 대검의 ○○○○으로부터도 전화가 왔네. 그 양반 알지?"

"예, 알고 있습니다."

"그 사람들은 피의자가 억울하다는 취지로 이야기를 하는데, 증거는 확실한 거야?"

"차명계좌 내역까지 확보를 했고, 어떤 대출에서 누구로부터 받았는지까지 다 확인했습니다. 지금까지 확인된 것만 이미 특경법상 배임수재에 해당합니다. 계속 확인하면 얼마가 될지 알 수 없을 정도로 오랜 기간 동안 정말 많이 받아먹은 사람입니다."

"그래? 내가 말은 안 했지만 전화가 정말 여러 곳에서 왔었어. 그런데 오늘은 급기야 그 양반한테서까지 전화가 왔네. 어차피 도망간 거 오늘 바로 구속하겠다고 이야기를 하는 것은 너무 기분 상하게 하는 일 같기도 하니까, 내일 함께 전화를 하자구. 증거는 확실히 챙기고"

"예, 알겠습니다."

통영지청 평검사 기간 2년 동안 모두 네 분의 지청장을 모셨다. 그때 지청장님은 네 번째 지청장이셨는데, 부친도 검사이셨던 분으로 성품은 온화하지만 매우 판단도 빠르고 업무 처리에 대한 기준도 확실하신 분이셨다. 당연히 지청장님께서 윗분들을 잘 설득해 주실 것이라고 믿고 순리대로 차분히 기다려 일을 처리하기로 마음먹었다.

다음 날 부장님과 함께 지청장님을 찾아갔다. 지청장님께서는 차질 없이 일이 진행되고 있음을 재차 확인하신 다음, 대검 고위간부에게 전화를 걸었다.

"통영지청장입니다. ○○수협 일로 전화드렸습니다."

"그래! 그거 잘 처리해 줄 거지?"

대검 고위간부의 목소리가 워낙 커서 수화기 밖으로까지 말소리가 그대로 흘러나왔다.

"그게 계좌추적 등 증거관계가 워낙 확실하고, 특경법상 법정 최저형이 10년 이상이라서 구속이 불가피한 사안입니다."

"그러니까 내가 이야기를 하는 거 아니야. 그리고 그 계좌 내용이라는 거 그거 위법수집증거라고 하던데, 그럼 그거 증거로 못 쓰는 거 아니야?"

워낙 증거가 탄탄해서 사실관계를 다툴 수 없으니 주된 증거를 배제해 볼 생각으로 '위법수집증거 배제의 법칙'에 해당하여 증거로 쓸 수 없다는 법리 주장을 하려는 모양이었다. 그 말을 들은 지청장이 내 쪽을 바라보기에 미리 준비해 놓았던 '위법수집증거에 해당하지 않는다'는 취지의 보고서를 지청장님에게 넌지시 보여드렸다.

"그 부분도 이미 검토가 끝났습니다. 그리고 그 외에도 증거관계가 워낙 탄탄해서 어쩔 수가 없을 것 같습니다."

"지청장, 내가 이야기를 했잖아. ○○○님이 부탁을 하는 거야. 그 사람이랑 내 관계 잘 알잖아. 그리고 그 사람 말이 어렸을 때 자기가 그 집에 워낙 신세를 많이 져서 피의자를 챙겨주지 않을 수 없다는 거야. 그런 말을 듣고도 그렇게 고집을 부리나?"

"워낙 사안이 중하고 죄질이 나빠서 어쩔 수가 없을 것 같습니다."

차분한 말투였지만 우리 지청장님도 구속 필요성을 차분히 설명하며 뜻을 전혀 굽히려 들지 않았다. 사실 법정형이나 죄질 등을 고려해 볼 때 구속 기소 이외의 다른 선택지를 생각해 볼 수 있는 사안이 전혀 아니었으니 그것이 당연한 모습이 아니었나 싶기도 하다.

"어떻게 불구속 기소라도 안 되겠어? 내 입장이 있는데, 내 체면 좀 세워줘."

"곤란합니다. 필요하시면 정리해서 보고서를 보내드릴 수도 있습니다."

"누가 보고서 보내달랬어? 도대체 말이 안 통하네. 그렇게 고집을 피울 거면 당신들 하고 싶은 대로 해!"

대검 고위간부는 화를 내며 전화를 끊어버렸다. 통화를 마치고 약간은 상기된 표정으로 지청장님이 내 쪽을 쳐다보며 나에게 이야기를 했다. 씁쓸한 표정이었.

"뭐 하고 싶은 대로 하라고 하니, 구속하면 되겠네… 그나저나 도망 갔다면서? 피의자를 어떻게 잡지? 빨리 못 잡고 시간을 끌면 더 뭐라고 할 것 같은데 말이야."

"그래 이런 사건일수록 빨리 해결하는 게 맞아. 괜히 시간 끌면 더 말을 듣는다구."

함께 있던 부장님도 같은 생각이었다. 그 누구보다 빨리 해결을 하고 싶은 것은 주임검사인 나였지만, 그 넓은 서울로 도주한 피의자를 쉽게 잡을 수 있을지 걱정이 됐다. 서울로 직원들을 올려 보낸다고 해도 얼마나 걸릴지 모를 상황이었고 검거 가능성에 대해서도 도무지 확신이 서지 않았다. 게다가 서울과 같은 큰 검찰청과 달라서 수사비나 직원들 출장비도 넉넉하지 않은 상황이었다.

"뭐 좋은 수가 없을까?"

지청장님의 물음에 잠시 고민을 하다가 내가 조심스레 말을 꺼냈다.

"그게, 이 피의자가 빽이 엄청 쎈 사람이지 않습니까?"

"그렇지."

"그걸 역이용하면 어떨까요? 어차피 우리는 수사비가 없어서 서울로 잡으러 가기도 그렇고, 서울로 간다한들 잡는다는 보장도 없지 않습니까?"

"그렇지. 그래서 어떻게 하려고?"

"우리가 수사를 관뒀다고 소문을 내는 겁니다. 빽이 워낙 쎄서 우리가 수사를 중단했다고 말입니다. 그럼 통영으로 돌아오지 않을까요?"

"그게 그렇게 될까?"

"될 것 같은데요. 피의자는 여러 번 이런 일을 겪었지만, 잘 넘겨온 사람입니다. 게다가 워낙 빽이 세다 보니 아마 우리가 자기 빽을 감당을 못하고 수사를 중단했다고 착각할 수도 있습니다. 그리고 우리 입장에서는 밑져야 본전이지 않습니까? 그동안 어디 있는지 이리저리 수소문해 볼 수도 있구요."

"좋아. 그럼 그렇게 해보자구. 그럼 이 사실은 나랑 부장이랑 류 검사랑 이렇게만 아는건가?"

"저희 방 H, D 계장까지는 이야기를 하겠습니다. 통화내역 조회와 위치추적 공문을 보내야 하는데 그 두 사람에게는 이야기를 해야 할 듯 싶습니다."

"그래, 좋아. 거기까지만 이야기를 하고. 보안은 철저하게 유지하는 것으로 하자구. 이 건 보안이 생명이니까."

"예, 알겠습니다."

지청장실을 나와 내 방으로 돌아가는 중에 부장님이 부장실에서 잠시 이야기를 하자고 하셨다. 부장실 계장과 실무관이 일하는 부속실을 거쳐 부장실로 들어가던 중에 장난기가 동해서 부장님에게 화를 내는 척 큰 소리를 질렀다.

"아니, 부장님 이거 너무한 거 아닙니까? 빽이 들어왔으면 막아주셔야지, 아무리 빽이 쎄다고 해도 제 편도 안 들어주시고 너무하신 거 아닙니까? 이거 수사 중단하게 된 것은 전부 부장님 책임이에요!"

"류 검사, 들어와서 이야기를 하지!"

부장님은 하고 싶은 말을 억지로 참으며 나보고 빨리 자기 방으로 들어오라고 손짓을 했다. 부장실로 들어가 자리에 앉아 킬킬거리고 웃고 있는데, 부장님이 웃으며 이야기를 시작했다.

"류 검사, 너, 내가 아무 말도 못할 상황인 걸 틈타서 나를 수사 중단하라고 지시한 나쁜 사람을 만들어놔도 되는 거냐?"

"하하하... 오해야 곧 풀릴 텐데요. 그리고 더 실감 나고 좋지 않습니까?"

내가 웃으며 이야기를 했더니 부장님도 웃어넘기며 다른 이야기를 하기 시작했다.

"류 검사, 지청장님이 언제부터 니 사건과 관련된 전화를 받기 시작했는지 아나?"

"…."

"니가 진정서 재배당 받고 수사착수한 직후부터다. 그런데도 한 말씀도 안 하시다가 대검 ○○○한테서 전화오고 나서야 류 검사한테 이것저것 물어보고 말씀하시기 시작한 거야. 그리고 류 검사가 보고한 거 가지고 단 한 번도 뭐라고 하신 적이 없지?"

"예, 그렇습니다."

"지금 우리 지청장님한테 참 중요한 시기인 것 알지? 지청장님이 몇 년 전 전임지에서 어려운 일도 겪으셨고 말이야. 게다가 그 대검 간부가 어떤 사람인지 당신도 잘 알 거 아니야. 그 사람이 자기 눈 밖에 나면 그냥 넘어갈 사람은 아니라구."

"예, 잘 알고 있습니다."

"그런데도 지청장님이 그렇게 류 검사한테 최대한 힘을 실어주신 건데, 이런 사건을 신속하게 해결하지 못하면 지청장님께 누를 끼치는 거야. 그러니까 신속히 사건을 해결해. 나도 열심히 도울 일이 있으면 도울 테니까 말이야. 알겠지?"

"예, 알겠습니다!"

계장들과 회의를 마치고 H 계장은 소환했던 참고인들에게 소환을 취소하는 전화를 하고, D 계장은 휴대전화 통화내역과 기지국 조회를 요청하는 공문°을 곧바로 보냈다.

머리가 좋고 재치가 있는 편이었던 H 계장은, 내가 부장님을 놀려먹은 것과 비슷한 방식으로 나를 재미있게 골탕 먹이기로 작정을 했던 모양이었다.

"○○○ 씨? 거 내일 오기로 한 거 있잖습니꺼, 안 와도 됩니더."

"빽이 워낙 쎄네예. 수사를 못할 모양입니더. 뭐 검사가 사건 두루뭉술 봐주고 법무부라도 갈락꼬 그러는 갑지예… 뭐

○ 당시는 법 개정 이전으로, 통신 감청에만 영장이 필요했을 뿐, 통화 내역이나 기지국 조회는 수사협조 요청 공문만으로도 쉽게 받아볼 수 있었던 때였다.

내가 살아온 길

세상살이가 다 그런 거 아이겠습니꺼.'"

매우 실감나는 전화 통화였지만 '너무 심하네'하는 표정으로 웃으며 쳐다보니 H 계장은 더 신이 나는지 말을 더 보태며 짓궂은 표정으로 웃기만 했다. 얼마 후, 전화를 걸어 피의자의 통화 내역과 기지국 위치를 확인하기 시작했다. ○○수협 관계자로 추정되는 전화를 받은 이후부터 곧바로 기지국의 위치가 바뀌기 시작했다. 서울 은평구에서 처음 발신지가 잡히더니 김포공항 부근으로 위치가 바뀌었고 얼마 후 김해공항 부근인 것으로 기지국 조회 결과가 회신되었다.

'우리 계획이 먹혀들었구나' 싶어서 바로 보고를 할까 하다가, 좀 더 확실히 해둘 필요가 있어서 기다렸다. 계속해서 '마산 진동 - 배둔 - 고성읍' 등으로 기지국 위치가 바뀌기 시작했다. 피의자가 통영으로 복귀하고 있다고 확신을 할 수 있었다. 부장님과 지청장님에게 상황을 보고드렸다.

"지금 집 부근에 가서 기다리다가 돌아오면 바로 잡아오면 어떨까?"

지청장님은 조바심이 나는지 바로 체포하자는 취지로 말씀을 하셨다.

"어차피 꽤 수감생활을 할 것 같은데, 오늘은 집에서 편하게 자도록 내버려두시죠. 내일 사무실 출근하면 직원들 보는 앞에서 잡아오겠습니다. 그래야 우리가 수사 중단할 생각이 없었다는 것을 확실히 알려줄 수도 있죠."

"그래도 될까?"

"예, 그래도 됩니다. 제가 보기에는 확실히 수사를 중단했다고 믿고 있는 것 같습니다."

자신 있게 이야기를 했지만 마음을 완전히 놓을 수는 없었다. 어쨌거나 기왕 시작한 거 사무실에 출근한 상태에서 체포해 오는 것이 더 확실한 마무리가 될 것이라는 생각에서 불안한 마음을 떨쳐버리고 그다음 날 체포를 시도하기로 마음을 먹었다. 혹시나 몰라서 그날 저녁 내내 기지국 위치를 확인했는데, 다행히 자택 주변인 것으로 확인이 되어 나름 마음을 놓고 다음 날을 맞이할 수 있었다.

다음 날 아침 일찍, H 계장과 D 계장이 D 계장의 차를 타고 ○○수협으로 가서 오랜만에 회의를 주재 중이던 피의자를 체포했다. 평소라면 배차한 차량으로 이동을 했겠지만, 혹시라도 청 직원 중에 의심을 하는 사람이 있을까 싶어 D 계장의 차량으로 이동을 한 것이었다. 이런 세세한 점까지 꼼꼼히 신경을 쓴 것이 결과적으로 실수 없이 좋은 결과를 가져온 것이 아닌가 싶기도 했다. 피의자의 신병을 무사히 확보했다는 보고받은 지청장과 부장도 이제는 마음을 놓는 듯했다.

통영지청장으로 근무하던 2018년 말경, 대검 모 연구관으로부터 전화가 왔다. 말인 즉, 모 종편방송에서 '검사내전'이라는 드라마를 찍기로 했는데, 현재 어느 청을 배경으로 촬영을 할지 알아보려 몇 개의 청을 돌아다니고 있는 중이라고 했다. 여러 청 중에서 통영지청도 후보 촬영장소로 고려 중인데 최대한 협조를 해주라는 것이었다.

　제작자, 감독, 작가 분들이 우리청 등을 둘러보고 돌아간 후 얼마쯤 지나 통영을 배경으로 드라마를 촬영하기로 결정되었다는 소식을 들었다. 아마도 아주 크지도, 아주 작지도 않은 적당한 청 규모에다가 바다 옆에 자리 잡은 아름다운 입지, 세상 번잡함을 떠나 편안해 보이는 우리 청의 분위기가 촬영하려는 작품의 의도에 딱 맞다고 생각을 했던 모양이다.

　작가와 촬영팀과 인사 겸 식사를 했다. 식사 중에 '통영 근무 시절에 뭐 재미있는 일화라든가 그런 것이 있느냐'고 물어보기에 위에서 언급한 ○○수협 사건과 이런저런 이야기들을 꽤나 열심히 해주었다. 재미있게 듣더니 잘 각색을 해서 드라마의 내용에 반영을 하겠다고 했다. 잠깐 이야기를 한 것을 가지고 조금씩 각색을 해서 재미있게 스토리를 만들어놓은 것을 보고 감탄을 할 수밖에 없었다.

쌍안경의 쓸모

1999년 6월 옮겨간 통영지청 신청사는 관사에서 700미터가량 떨어진 바닷가 언덕 위에 자리잡고 있었다. 관사와 지청을 잇는 해안도로 뒤편에는 넓은 습지가 자리잡고 있었는데 그곳은 수많은 철새들이 날아와 겨울을 나는 철새 월동지이기도 했다. 2000년 여름 무렵, 서울 본가에 다녀오는 길에 아버지께서 쓰시던 오래된 쌍안경을 얻어 가지고 내려왔다. 그 이후 쌍안경을 사무실에 가져다 놓고 틈틈이 시간이 날 때마다 습지를 오가는 새들을 구경하기 시작했다. 이때만 해도 새 이름이 뭔지도 제대로 모르던 시절이니 '탐조'라기보다는 '구경'을 했다고 하는 것이 딱 어울릴 것이다.

우리 사무실에 있는 쌍안경을 보고 그 용도를 궁금해하는 직원이나 동료 검사들에게, 나는 '이건 수사용도로 가져다 놓은 것'이라며 농담삼아 이야기를 하곤 했다. 그 말을 하면서도 이런 농담이 진짜가 되는 날이 오게 되리라고는 전혀 생각하지 못했다.

어느 날, 3층에 있는 내 사무실에서 법원 쪽 주차장을 내려다보고 있는데, 낯익은 남자 한 명이 승용차를 주차시키고 차에서 내리는 것을 보게 되었다. 엄청나게 속을 썩였던 피의자와 용모가 비슷한 듯싶어 급히 사무실에 있던 쌍안경을 집어들어 내려다보니 몇 달 전 음주 운전에 대해 구약식 벌금으로 기소를 했던 바로 그 피의자 K가 틀림없었다.

평범한 음주 운전 사건의 피의자를 기억하기는 어려운 일이지만, 피의자 K의 음주 운전 사건은 남다른 점이 몇 가지 있었다. 몇 달 전 처리했던 사건의 내용은 이러했다.

피의자 K는 이미 음주 운전 및 무면허 운전으로 처벌받은 전력이 꽤 많은 사람이었다. 피의자의 음주 운전 혐의는 이러했다. 몇 달 전 저녁 무렵에 거제에서 피의자가 일렬 주차된 자신의 자동차를 빼내려다가 운전 부주의로 뒤차를 들이받았고, 사고 후 차에서 내린 피의자에게서 술 냄새가 나자 뒤차의 운전자가 경찰에 신고를 했다. 그 직후 피의자가 황급히 방금 전 나왔던 술집으로 다시 들어가 술을 병째로 들이켜고서는 '접촉 사고를 낸 것에 짜증이 나서 홧김에 술을 병째로 마셨을 뿐, 음주 운전은 아니다'라고 강력히 주장하고 있는 사안이었다.

어떤 이유에서인지 사고 신고 이후 피해자인 뒷차의 운전자도 말을 바꾸어 '얼굴이 불그레한 것 같아 신고를 했을 뿐, 술 냄새를 맡은 것인지 확실하지 않다'라고 이야기를 하고 있었다. 술집 주인은 '사고 이전부터 우리 가게에서 다른 사람과 함께 있었던 것은 맞지만, 사고 이전에 술을 마셨는지는 잘 모르겠고 차를 빼줘야 한다며 나갔다가 다시 들어와 술을 마셨던 것은 확실히 기억한다'라는 취지로 진술하고 있었다. 요즘이야 CCTV 등이 곳곳에 있고 차량용 블랙박스도 많이 보급되어 있어 쉽게 확인해 볼 수도 있었겠지만, 그 무렵에는 이런 방식의 수사는 아직 불가능한 때였다. 음주 운전은 맞는 것 같은데 피의자의 변명을 완벽하게 반박할 만한 확실한 증거가 부족한 그런 사건이었다.

경찰 피의자신문조서의 내용이 자백인지 부인인지 도대체 불분명하여 피의자를 소환하여 재조사를 하기로 했다. 피의자를 소환 조사하였더니 '경찰에서의 피신은 제대로 읽어보지도 않았다'라면서 자신은 '사고 이전에는 절대로 술을 마신 적이 없고, 술을 안 마셔도 원래 얼굴이 불그레한데 피해 차량 운전자가 오해를 한 것'이라는 취지로 우물쭈물거리며 주장을 하였다. 여러 정황상 피의자의 말이 거짓말인 것은 분명해 보이는데, 최초 신고자의 진술도 번복되어 명확하지가 않고 식당 주인의 목격 내용도 애매하니 곧바로 사건을 처리하지 못하고 망설일 수밖에 없었다.

그런 와중에 그 당시 지청장실에서 사건의 내용을 묻는 연락이 왔다. 지청장님의 전언 취지를 요약하면 '피의자 B는 지역 유력인사의 조카뻘인 사람인데 소환조사를 하는 것을 보니 상습 음주 운전을 이유로 직구속 영장을 청구하거나 불구속 구공판하여 정식 재판을 받게 하려는 것 같아 큰 걱정을 하고 있으니 최대한 선처를 해서 벌금형으로 처리를 해달라'는 것이었다. 면허취소 수준의 음주 운전이고 여러차례 음주 운전으로 처벌받은 전력이 있었지만, 근래 한동안 음주 전력이 없어 그 당시 시행되기 시작한 음주 운전 삼진아웃제에 따른 구속기준에는 약간 못 미치는 상황이었다. 그런 이유 때문에 거제서에서도 영장 신청 없이 불구속 상태로 송치를 한 것이 아닌가 싶었다. 어찌 보면 처리가 곤란할 수도 있는 상황에서 '벌금형 처분'을 기꺼이 받아들이겠다는 말로도 들려서 나로서는 다행이라는 생각이 들기도 했다.

그런 사정을 지청장에게 전하면서 곧바로 예납을 받아 벌금 처분을 하겠다고 보고를 했다. 문제는 그때부터였다. 당연히 내부 보고용으로 참고 삼아 이야기를 했던 것이었는데, 그 말이 저쪽으로 흘러들어 갔는지 그때부터 피의자는 억울함을 적극적으로 호소하기 시작했다. 직전에 조사를 받았던 검찰 피의자신문도 잘못된 것이고 제대로 읽어보지도 못하게 하고 조서에 서명 날인을 하도록 강요했다는 취지의 항의를 지청장에게 하기도 했다. 나로서는 정말 기가 막힐 노릇이기도 했고, 경찰 피신의 내용을 부인하는 것도 틀림없이 거짓말이라는 생각을 하게 되었다.

독하게 마음을 먹고, 최초 신고자인 목격자부터 재조사를 하려고 마음을 먹었는데 이상하게도 최초 목격자는 계속해서 우리의 연락을 피하며 검찰청 출석을 회피하는 듯했다. 아무래도 뭔가 수상하다는 생각이 들었다. 무거운 형사처벌과 면허취소를 피하려는 피의자의 부탁을 받고 허위진술을 하고 있다는 의심도 들었다. 직원을 시켜 참고인이 근무하는 근무지로 찾아가 참고인에 대한 직접 소환을 시도했다. 그 직후 지청장실에서 '조금이라도 예납을 할 모양이다. 그냥 구약식 벌금형으로 사건을 처리하는 것이 어떻겠느냐'는 취지의 연락이 왔다.

별것도 아닌 사건으로 무리할 필요는 없고, 피의자 쪽에서도 태도를 바꾼 듯싶어 '벌금 예납을 하면 고려해 보겠다'고 했더니, 벌금을 바로 예납하겠다는 연락이 왔다. 하지만, 피의자가 실제 예납을 한 금액은 벌금 구형액의 10분의 1 정도에 불과한 소액일 뿐이었다. 지청장실로 찾아가 '이 정도 금액을 예납 받고 사건을 구약식 처리할 수 없다'라고 조금은 고집을 부렸더니 '돈이 없어서 그러는 모양이니 그냥 구약식 처분을 하는 것은 어떠냐'는 것이었다. 마음이 내키지 않았지만, 사소한 사건으로 얼굴 붉힐 필요는 없다는 생각에 벌금형으로 구약식 처분을 했다. 그런 우여곡절을 겪었던 사건인데 그 피의자의 모습을 법원 주차장에서 우연히 목격하게 된 것이었다. 알아보니 당시 피의자는 구약식 처분에 불복하여 정식재판을 청구하여 무죄를 주장하고 있는 상황이었다. 이런 상황에서 차를 몰고 법원에 재판을 받으러 나온 피의자의 모습을 보았으니 화가 나지 않을 수 없었다.

혹시라도 면허취소처분의 집행이 정지된 것이 아닌가 싶어 확인을 해보니 면허취소처분이 집행되어 피의자가 무면허 상태임을 알 수 있었다. 피의자가 무면허 상태로 차를 운전해서 재판을 받으러 온 것이었다. 법원 쪽 주차장을 비추는 CCTV라도 있었으면 그 화면을 증거로 삼아 피의자를 입건하면 되겠지만, 아쉽게도 우리청이나 법원 주차장에 피의자가 차를 주차한 장소를 비추는 CCTV는 설치되어 있지 않았다.

재판을 마치고 귀가하는 순간에 현행범으로 체포할까도 생각해 보았으나 흥분을 가라앉히고 냉정하게 대처하기로 마음을 먹었다. 기일을 확인해 보니 한 달 후에 또 공판이 예정되어 있었다. H 계장, D 계장과 상의하여 한 달 동안 철저히 준비한 후 피의자를 체포하기로 계획을 세웠다.

무면허 운전만으로 체포해서 구속영장을 청구하는 것은 조금은 무리일 수도 있다. 마침 그 무렵 피의자의 공판을 담당하고 있는 재판장은 연수원 1년 선배로서 검사들의 의견을 꽤 잘 들어주는 사람이었다. 요즘은 그런 경우가 거의 없지만 그 무렵 작은 지청에서는 판검사들이 서로 식사 자리를 함께 하거나 사무실에도 서로 놀러다니며 친하게 지내는 경우가 제법 있었다. 미리 전화를 걸고 그 선배 판사의 사무실로 찾아갔다.

"어인 일로 내 사무실을 다 찾아오시고?"

"뭣 좀 상의를 드리려구요. 형님, 예를 들어 형님 재판부에 음주 운전으로 재판을 받는 사람이 있는데, 그 사람이 면허취소가 되서 무면허 상태인데도 차를 몰고 형님한테 재판을 받으러 온다면 어떻게 하시겠어요?"

"참 고약한 사람이네. 그런 경우라면 가중 처벌을 해야겠지."

"게다가 그 사람이 음주 전력, 무면허 전력이 있는 사람이라면 더 나쁜 것이겠죠?"

"당연하지. 그런 사람이 있어?"

"있어요. 벌금 구약식을 했는데, 정식재판 청구해서 현재 형님 재판부에서 재판을 받고 있는 사람이에요."

"거… 나쁜 사람이네. 근데 그걸 어떻게 알았어?"

"제가 봤어요. 그런데, 제가 목격자가 될 수도 없으니, 다음 기일까지 한번 기다려보려고 생각 중이에요. 어쨌든 다음번에도 운전을 하고 재판을 받으러 오면 바로 말씀드릴게요."

그 선배는 단독 재판과 함께 청구된 영장의 발부 여부를 결정하는 영장판사의 업무도 순번제로 담당하고 있었다. 일이 되려는지 마침 피의자가 출석할 예정인 그다음 공판 기일은 그날 오후부터 그 선배가 영장 업무를 담당하는 날이기도 했다. 여러모로 잘되었다는 생각이 들었다. 게다가 그 무렵에는 그 피의자에 대해서 이런저런 요구사항이 많았던 지청장이 다른 곳으로 전출하고 새 지청장님이 오신 때이기도 했다.

사전에 직원들과 상의하여 철저히 준비를 했다. 재판을 받으러 차를 몰고 출석을 하면 바로 청사 정문 부근 귀가 예상 경로에서 차를 세워 피의자를 현행범으로 체포하기로 했다. 피의자를 청사 구내 주차장에서 체포할까도 생각해 보았지만, 피의자가 청사 구내는 '도로교통법상의 도로'에 해당하지 않아 무면허 운전이 되지 않는다고 주장할 가능성이 있었기 때문에 체포 장소를 청사 정문을 벗어난 직후의 도로상으로 결정할 수밖에 없었던 사정이 있기도 했다.

또한, 과거 여러 변명을 내세워 음주 운전을 부인하던 모습에 비추어 보면 무면허 운전 사실조차 부인을 할 가능성도 있어 보였다. 나아가 현장 검거자들이 거짓말을 하고 있다는 말도 안 되는 주장할 가능성도 없지 않다고 판단되었다. 그런 점을 염두에 두고 검거 순간에 차량의 운전석에 피의자가 앉아 있는 모습을 즉석 카메라로 촬영하여 증거로 확보하도록 지시를 했다.

공판 당일, 기대에 어긋나지 않게 피의자는 무면허 상태로 승용차를 몰고 재판을 받으러 출석을 했다. 태연하게 운전석에서 내려 법정으로 향하는 피의자의 모습을 쌍안경으로 쳐다보니 화가 치밀어 오르기도 했지만, 꾹 참고 미리 정해놓은 계획대로 현행범 체포 절차를 차분하게 진행하기로 했다.

'피의자 K는 오늘도 무면허 상태로 차를 몰고 재판을 받으러 왔습니다. 재판을 마치고 나가면 현행범으로 체포할 예정입니다'라고 쪽지에 적어 공판정에 있는 재판장에게 전달했다. 공판 절차를 마치고 피의자가 법정을 나서자마자 정문 밖에서 대기 중이던 H 계장, D 계장 등 직원들에게 전화로 연락을 했다.

생각보다 시간이 지체되고 아무런 연락이 없어 걱정을 했는데, 조금 있다가 H 계장이 수갑을 채운 피의자와 함께 걸어서 청사 구내로 들어서는 모습을 볼 수가 있었다. D 계장은 피의자의 승용차를 운전해서 구내 주차장에 세운 다음, 방에서 내려다보고 있는 내 모습을 보고 오케이 사인을 보내주었다.

잠시 후 계단 쪽 입구에서 좀 소란스러운 소리가 나더니 수갑을 찬 피의자가 우리 사무실로 들어왔다.

"한 번만 봐주세요. 예?"

피의자는 어린애처럼 H 계장에게 계속 같은 말을 반복하며 떼를 쓰고 있었다.

"정말 한 번만 봐주세요. 다시는 운전 안 할게요. 믿어도 돼요. 한 번만 봐주세요. 네?"

H 계장은 피의자를 자신의 자리 앞 의자에 앉도록 했다. 그리고는 방금 촬영한 즉석사진 몇 장을 나에게 건네주었다. 사진에는 운전석에 앉아 당황스러운 표정으로 카메라를 쳐다보고 있는 피의자의 모습이 생생하게 촬영되어 있었다. 운전석에 앉아 운전대를 잡고 있는 모습이 촬영된 것이니 더 조사를 할 필요도 없었다.

"경찰에서든 검찰에서든 진술하는 거 별로 안 좋아하시고 조사해도 강요했네 뭐네 여러모로 불만이 많으시니 조사 안 할게요. 그냥 구속영장 청구할 거니까 그렇게 아세요."

피의자가 자리에서 벌떡 일어나 무릎을 꿇으려고 드는 것을 그렇게 하지 못하도록 즉시 제지했다. 그리고, 출정을 나와 구치감에서 대기 중이던 통영경찰서 경찰관들에게 연락하여 현행범 체포 후 구속영장 청구 예정자임을 알려주고 피의자를 통영경찰서 유치장에 입감하도록 했다.

미리 준비해 놓은 구속영장 청구서에 체포시각 등 몇 가지

기재사항을 기재한 후 결재를 받아 곧바로 구속영장을 청구했다. 청구한 영장은 사안의 내용을 잘 알고 있는 선배 판사에 의해 곧바로 발부되었다. 피의자는 구속 이후 적부심, 보석 등을 연이어 신청했다. 이런 신청이 모두 기각되자 피의자는 변호사를 통해 모든 잘못을 인정할 테니 제발 피의자신문을 해달라는 취지로 반성문을 제출했다. 피의자의 요청에 따라 이루어진 피의자신문에서 음주 운전으로 적발되어 면허가 취소된 이후에도 항상 운전을 하고 다녔음을 인정하기도 했다. 하지만, 일시, 장소 등을 확실히 특정을 할 수가 없어 명백히 인정되는 몇 가지 무면허 운전 행위만을 추가로 입건한 후, 구속기소를 하게 되었다.

피의자는 약 4개월간 구속되었다가 정식재판 청구를 했던 음주 운전 행위는 물론, 기소된 모든 범죄사실에 대해 전부 유죄 취지의 판결을 선고받고 그때서야 집행유예를 받아 석방될 수 있었다. 벌금형으로 끝날 수도 있었던 일이 면허취소는 물론, 구속되어 집행유예 판결까지 받게 된 것이다. 피의자의 입장에서는 '호미로 막을 것을 가래로 막은 것' 또는 '혹 떼려다 혹 붙인 격'이 된 셈이다.

이 이야기를 해주면 후배들은 '그런 경미한 죄로도 직접 인지, 직구속이 가능하냐?'면서 놀라곤 했다. 이 이야기에 자극이 되었는지 함께 근무했던 후배 검사는 무면허 운전이나 음주 운전으로 조사를 받으러 출석한 피의자들을 대상으로 차량 운전 여부를 꼼꼼히 확인하여 꽤 많은 무면허 운전 사범들을 적발하기도 했다.

울산 근무 시절
- 5,000원에 담긴 마음

2001년 2월 중순경 약 2년간의 통영지청 근무를 마치고 울산지검으로 자리를 옮기게 되었다. 수학 여행 때 말고는 한 번도 가본 적이 없는 낯선 곳이라 걱정이 되었다. 서울 쪽으로 가고 싶었는데, 당시 인사원칙상 그것이 불가능한 상황이었다. 연이은 지방 근무로 쳐져 있는 나를, 아내는 울산이 경주도 가깝고 자연경관도 수려해서 내가 아주 마음에 들어 할 것이라면서 위로(?)해 주었다. 이렇게 부임하게 된 울산지검에서는 미국 연수기간 1년을 포함하여 2024년 2월 말까지 약 3년 동안 적을 두고 근무를 하게 되었다. 그러고 보면 감찰관 재직기간 4년 6개월을 제외하면 가장 오랜 기간 동안 적을 두고 지낸 근무지가 된 셈이다.

그 무렵 울산지검은 부산지검 울산지청에서 울산지검으로 승격한 직후로 울산, 양산, 언양 등을 관할구역으로 하고 있었다. 형사1, 2, 3부, 특수부(강력도 함께 전담), 공안부 등의 5개부 체제로 운영되고 있는 그리 크지 않은 규모의 검찰청이었다. 어떻게 보면 전체 검사의 숫자도 30명 정도에 불과해서 선후배들끼리 '오손도손' 지내기에 딱 좋은 규모의 검찰청이기도 했다. 또 한편으로는 사법연수원 시절 '같은 반 같은 조'이면서 기숙사에서 잠시 함께 생활하기도 했던 친한 동기 형님, 잘 알고 지내던 선배들도 몇 명 근무하고 있어서 나름 기대가 되기도 했다.

총 3년의 기간 중 1년의 해외연수기간을 제외하며 실제로는 만 2년 동안 울산지검에 근무한 셈이다. 그중 6개월은 형사2부 소속, 나머지 1년 6개월은 특수부 소속이었다. 6개월간 형사부에 근무하며 처리했던 사건들 중에 아직까지 기억나는 사건들이 몇 가지 있다. 그중 특수절도죄로 송치된 중학생과 그 할머니와의 일화가 가장 기억에 남는다.

2001년 5월경에 우리 검사실에 배당된 사건이었다. 같은 학교를 다니는 중학생 A, B, C가 함께 동네 가게에서 아이스크림 등 군것질거리를 훔치다가 특수절도죄로 입건되어 송치된 것으로 전형적인 소년범 사건이었다. 처음에는 그냥 전원 기소유예처분을 해도 되겠다는 생각이 들었는데, 기록을 살펴보니 주범격의 A와 B 두 명은 이미 기소유예, 선도조건부 기소유예, 소년부 송치 등 여러 차례 동종 전력으로 입건되어 처분을 받은 전력이 있었다. 계속 동종 범죄를 반복해서 저지르고 있으니 아무리 소액 절도사건이라고 해도 또 다시 기소유예 처분을 할 수는 없었다. 반면 망을 보다가 같이 입건된 나머지 한 명 C의 경우에는 이번이 처음 잘못을 저지른 것이었기에 본인 반성문과 보호자의 서약서를 받고 기소유예 처분을 하는 것이 딱 알맞은 사건이었다.

C에 대한 기소유예처분을 위해 실무관에게 학생 C 본인과 보호자를 소환해 달라고 부탁했다. 실무관이 기록에 있는 연락처로 전화를 걸더니 난감한 표정으로 나를 쳐다보았다.

"이거 옆집 전화라는데요. 옆집에 가서 연락을 해야 한다고 5분쯤 후에 다시 전화를 걸라네요."

'집에 전화가 없다니?' C 군의 가정 형편이 좋지 않은 줄은 알고 있었지만 더 마음이 착잡해졌다. 기록에 의하면, C의 어머니는 가정불화로 집을 나가고 아버지, 할머니와 셋이 함께 살고 있었다고 한다. 그러다가 아버지마저 돈을 벌러 다른 곳으로 가는 바람에 할머니와 동네 '달세방°'을 얻어 단 둘이서 생활하고 있다는 것이었다. 넉넉하지 않다는 사실은 알고 있었지만, 조서에 기재된 전화번호가 옆집 전화번호인 줄은 몰랐는데, 마음이 꽤 착잡했다. 조금 있다가 전화를 다시 걸어 통

○ 경상도 지역에서는 월세방을 '달세방'이라고 부르는 경우가 종종 있었는데, 여기서는 그 표현을 그대로 썼다.

화를 시도했는데, 서울 출신인 실무관이 C군 할머니의 사투리를 잘 알아듣지 못해 의사소통에 어려움을 겪었다. 그래도 경상도 지역에 몇 년 살아본 내가 낫겠다 싶어 전화를 넘겨받았다. C군의 할머니의 목소리에 놀란 기색이 역력해 보였다.

"너무 걱정하지 마시구요. C랑 함께 나오세요. 너무 걱정하지 않으셔도 됩니다."

미성년자인 C의 기소유예 처분을 위해서는 보호자인 C군 할머니의 서약서가 필요하기도 했지만, 어떤 사정인지 C군과 C군의 할머니로부터 직접 들어보는 것도 좋을 듯싶었다.

며칠 후, C군이 할머니와 함께 우리 검사실로 출석을 했다. C군의 할머니는 나에게 당신이 손자를 잘못 돌봐서 그런 것이라며 연실 미안하다는 말만 할 뿐이었다. 실무관에게 할머니를 모시고 가서 서약서를 받도록 하고 C군과 면담을 시작했다. 면담을 채 시작하기도 전에 실무관이 곤란한 표정으로 나에게 서약서 용지를 들고 와서 이야기했다.

"저… 보호자분께서 글을 못 쓰신다는데요."

잠시 고민을 하다가 실무관에게 이렇게 지시를 했다.

"○○ 씨°가 서약서를 작성하고, 할머니께 읽어드리면서 그 내용이 뭔지 설명을 해드려요. 그리고 간단히 지장이라도 받으면 되지 않을까 싶네요."

그리고 나서 C군에게 이런저런 가정사에 대해 물어보기

○ 당시에는 '실무관'이라는 호칭보다는 이름으로 부르는 것이 보통이었다.

시작했는데, C군의 가정환경은 생각했던 것보다 훨씬 딱했다. 일하러 나갔다는 아버지로부터의 연락이 끊긴 지도 꽤 오래된 모양이었다. 간단히 반성문을 쓰도록 했는데, 그 내용이나 글씨체 모두 정상적으로 초등학교를 마쳤다고는 보기 어려울 정도로 심각한 수준이었다. 그런 모습과 가정형편을 보니 기소유예 처분이 과연 합당한지, 그리고 그 처분을 하는 경우 선도 가능성이 있을지 의문이 들기 시작했다. 이런 불우한 환경에서 할머니만을 믿고 행동의 교정을 기대하는 것은 아무래도 무리라는 생각이 들었다.

급하게 범죄예방위원○실로 전화를 걸어 혹시 지금 바로 선도위탁을 맡아줄 범죄예방위원의 수배가 가능한지를 물었다. 다행히 다른 사건의 선도조건부 기소유예 처분 때문에 검찰청에 나온 범죄예방위원 한 분이 있다는 대답이 돌아왔다. 너무 다행스럽다는 생각에 우리 사무실에서 멀지 않은 범죄예방위원실로 급히 가서 그 자리에 있던 범죄예방위원에게 자초지종을 모두 설명했다.

'아무래도 아무 조건 없이 기소유예 처분을 하는 경우, 또 주변의 잘못된 행동을 일삼는 친구들과 어울릴 가능성이 높다는 점, 현재 불우한 가정환경 때문에 누군가의 지속적 관심과 지도가 필요하다는 점, 그 때문에 범죄예방위원에게 선도

○ '선도위원'이라고 부르기도 했었고, '법사랑위원'이라고 부르기도 한다. 비행소년의 선도조건부 기소유예 처분에 필요한 선도위탁 등 업무를 맡아 청소년의 행동교정, 선도 등 업무를 수행하는 자원봉사자들로서 비행청소년 교화 등 소년사건 처리와 관련된 여러 필수 업무를 수행하고 있다.

를 위탁할 수밖에 없는 사정이 있다는 점' 등을 상세히 설명을 했다. 다행히 그 범죄예방위원도 보람 있는 일이 될 것 같다며 C 군에 대한 선도위탁 업무를 흔쾌히 수락해 주셨다. 나아가 열의를 갖고 C 군의 담임선생님과도 연락을 해서 다각도로 C 군을 잘 보살필 수 있도록 하겠다며 진지하게 향후 선도 계획을 약속하기도 했다. 정말 다행스럽고 고마운 일이었다.

C 군 할머니께 '이 분이 잘 돌봐주실 것'이라면서 앞으로 이런 잘못을 저지르는 일이 없도록 해야 하고 이 분 말씀을 잘 따른다면 이번 일은 용서해 주는 것이니 걱정하지 않아도 된다는 취지로 설명을 했다. 그런 설명을 들은 C 군 할머니는 그제서야 마음이 놓인 듯했다. 그러다가 갑자기 무슨 생각이 들었는지 허리춤을 뒤적거리더니 돈 5,000원을 꺼냈다. 그 돈을 내 손에 꼭 쥐어주시면서 말씀하셨다.

"검사님, 정말 고맙습니더. 너무 고맙네예. 우리 불쌍한 손주 놈 좋게 봐주셔서 너무 고마운 기라예. 검사님, 고생하실 텐데 이거 국밥이라도 한 그릇 사 드이소."

당연히 거절할 수밖에 없는 상황인지라 당황스러웠다. 하지만, 잠시 생각해 본 후에 '고맙습니다. 제가 꼭 맛있는 밥 사 먹을게요'라고 말하며 돈 5,000원을 기쁜 표정으로 받아 넣었다. 그리고는 C 군에게 몇 마디 이야기를 해주었다.

"너 때문에 할머니 고생하시네. 아버지도 집에 안 계시니

니가 가장인데, 할머니 잘 모셔야지. 여기 계신 범죄예방위원님 말씀 잘 듣고, 학교 열심히 다니고 나쁜 친구들과 어울리지 말아. 그리고 절대로 기죽지 말고. 그리고, 아저씨가 지금 돈이 별로 없어서 그런데, 이거 줄 테니까 할머니 모시고 집에 가는 길에 뭐라도 사드려. 힘 내고!"

C군에게 지갑에서 돈 만 원을 꺼내 쥐어주며 이야기를 했다. C군의 할머니는 한사코 '그러시면 안 된다'며 사양을 했지만, 이번에는 내가 고집을 피워 C군의 손에 그 돈을 꼭 쥐어주었다. 그리고 위원분에게 다시 한번 C군을 잘 보살펴 달라고 신신당부를 했다.

형식적, 기계적으로 법률을 적용한다면, 내가 5,000원을 받은 것이 명백한 '부정처사후수뢰'에 해당한다고 주장하는 사람이 있을지도 모르겠다. 특수절도 사안에 대해 기소유예처분을 해 주고 피의자의 보호자로부터 그 사례로 돈 5,000원을 받은 것은 분명하니 말이다. 하지만, 다행스럽게도 이 이야기를 해준 후배들 중에서는 내 행위가 뇌물죄에 해당한다는 고집을 피우는 후배는 단 한 사람도 없었다.

C군의 선도를 맡았던 범죄예방위원은 기회가 있을 때마다 우리 검사실로 연락하여 C군의 소식을 전해주었다. 하지만, 특수부로 자리를 옮긴 이후에는 그 이전처럼 C군의 안부를 자주 챙기지 못했다. 검사로 일하는 동안 비슷한 처지의 피

의자들을 적지 않게 만났지만, C 군의 사건이 가장 기억에 남는다. 나로서는 한 번도 경험해 보지 못했던 삶의 환경 속에서 살아가고 있었던 C 군의 처지에 참 많은 생각이 들어서 그랬는지도 모르겠다.

    20여 년이 지났으니 C 군은 마흔을 바라보는 나이가 되었을 것이다. 요즘도 C 군의 안부가 가끔씩 궁금해지곤 한다.

울산지검 특수부 시절

2001년 8월 청내 인사에서 울산지검 특수부로 자리를 옮기게 되었다. 근래 검찰이 과도한 직접 수사로 엄청난 비판을 받고 있기도 하다. 하지만 당시만 해도 각 지검 단위에 한두 개의 직접수사 부서가 소수 인원으로 편성되어 있었을 뿐이었다. 그 당시 울산지검 특수부의 경우에는 부장검사를 포함한 부 검사 정원이 총 네 명에 불과했다. 세 명의 소속 검사들이 각각 '특수1', '특수2 및 컴퓨터 관련 범죄', '강력·마약' 등으로 업무를 나누어 맡고 있었다.

특별수사부라는 이름을 들으면 마치 '대단한 사건'만 하는 부서인 것처럼 느껴질 수도 있다. 하지만, 검찰 차원에서 중요하고 민감한 사건들은 모두 서울지검 특수부나 대검 중수부에서 처리하는 것이고, 지방 특수부의 사정은 완전히 달랐다. 가끔씩 대검 중수부 등에서 수사첩보가 내려오더라도 거의 전부 수사성공이 어려운 단순 풍문에 불과한 것이거나 중요도가 떨어지는 것들뿐이었다. 그마저도 대부분 선배검사인 '특수1' 전담 검사에게 배당되었기에 그런 첩보를 구경해 보는 일은 매우 드물었다. 그러니 '특수2' 검사인 나로서는 아무런 수사첩보도 없이 수사 단서의 입수부터 사건 처리까지 모든 절차를 혼자서 감당해야만 할 처지였다.

다행인 것은 자리를 물려준 선배와 근무하던 노련한 검사실 수사관, 실무관, 파견형사 등이 계속 나와 함께 근무하게 되었다는 점이었다. 다행스러운 일이었다. 특수부의 경우, 일반 형사부와 달리 많은 사건을 배당받지 않고 직접 수사첩보를 확보하여 인지수사를 하거나 몇몇 주요 사건들만 배당받아 처리하는 것이 일반적이었지만, 나는 청 전체 미제 등 여러 사정상 형사부에서 수사 중이었던 내 미제사건을 모두 가지고 특수부로 가는 것으로 정해졌다. 아울러 월 70여 건 내외의 신건 형사사건도 매월 배당받기로 했다.

그 무렵부터는 거의 매일 양복 대신 하절기에는 반팔 와이셔츠 차림으로, 그 외의 기간에는 짙은 색 점퍼를 입고 출근하는 것이 습관이 되었다. 사실 그 이전부터 점퍼를 자주 입고 다니기는 했지만, 아예 양복은 사무실에 걸어두고 편한 복장으로 출근하는 게 버릇이 되어버렸다.

2001년 초겨울의 일이다. 그 무렵 우리 검사실에서는 납품비리와 관련된 울산 지역 모 기관 공무원들을 상당수 구속하는 등 뇌물수수 관련 범죄에 대한 수사가 한창이던 때였다.

이 사건의 경우, 수사 착수 경위도 매우 이례적°이었지만, 사건 수사의 진행도 통상적인 뇌물수수사건과 달리 매우 수월하게 이루어지고 있었다. 납품 가액의 일정 비율을 업자가 뇌물로 건네고 그 수수한 금품을 특정 분야 담당 공무원들이 직급에 따라 나눠온 사건이었다. 큰 죄의식 없이 관행적으로 이루어져 와서 그런지, 아니면 유사 범죄나 관련 납품 건에 대한 수사 사례가 전무했기 때문인지 대부분의 관련자들이 수수 사실을 순순히 시인하고 있었다.

그처럼 순조롭던 수사는 구속된 공무원의 숫자가 다섯 명을 넘어가고 전관 변호사들이 선임되기 시작하면서부터 조금씩 어려워지기 시작했다. 수수자는 물론 공여자들에 대한 수사도 까다로워지고 아무리 작은 액수의 금품이라도 충분하고 압도적인 증거 없이는 순순한 자백을 기대하기는 어려운 통상적인 뇌물 사건이 되어버렸다.

○ 뇌물수수 공무원 중 한 사람이 '뇌물을 받아서 반반씩 나누기로 했는데, 나한테 1/3밖에 주지 않았다. 원래 받아야 할 금액을 모두 받을 방법이 없겠느냐. 만일 그 돈을 주지 않으면 약속을 어긴 사람을 처벌할 수 있도록 해달라'면서 우리 검사실로 전화 문의를 하여 수사가 개시되었다. 다른 검사실에도 전화를 했지만, 술에 취한 말투라든가 전후 내용 등 여러 가지 면에서 장난 전화이거나 정상적인 사람이 아닌 것으로 생각하고 무시를 했다고 한다. 우리 검사실에서는 즉시 검찰청으로 출석을 해달라고 요구하여 이야기를 들어본 끝에 모두 사실임을 확인하고 수사에 착수하게 된 사건이었다.

수사가 어렵다고 해서 남아 있는 단서를 무시하고 수사를 중단할 수도 없는 것이어서 수시로 압수수색을 나가고 혐의가 소명된 피의자를 체포하여 조사하고 구속영장을 청구하는 등, 눈코 뜰 새 없이 그해 11월을 보내고 있었다. 하루는 계장, 파견형사 등 우리방 직원들°이 모두 피의자의 신병 확보를 위해 외근을 나가고, 나와 실무관, 둘이서만 사무실을 지키고 있었다.

정장을 입은 중년 남성 한 사람이 우리 검사실로 쭈뼛거리며 들어왔다. 당시만 해도 내부망이 제대로 갖춰져 있지 않아서 3.5인치 플로피디스켓에 저장하여 옮기는 방식으로 파일을 주고받았었는데, 나는 마침 선임계장의 컴퓨터에 저장된 파일 하나를 옮기기 위해 선임계장의 책상에서 작업을 하던 중이었다.

"어떤 일로 오셨어요?"

"A 계장님께서 오라고 하셔서 왔습니다. ○○ 납품업체 대표 XXX입니다."

A 계장이 외근을 나가면서 뇌물공여 피의자 한사람을 불러놨다고 이야기를 했는데, 아마 그 사람인 모양이었다.

"A 계장님은 지금 외근 나가셨는데, 곧 돌아오실 거예요. 그쪽 자리가 A 계장님 자리니까 그 앞 의자에 앉아서 기다리셔도 되고, 아니면 대기실에 가서 기다리셔도 됩니다. 오시면

○ 파견 형사 제도가 유지되고 있던 시절이라 수사관 세 명, 파견 형사 두 명 등 총 다섯 명의 수사인력이 우리 검사실에 배치되어 있었다.

알려드릴게요."

계속 하던 작업을 하면서 그 중년 남성에게 안내를 해주었다. 그 남자는 우리 사무실을 나서려다가 내 쪽으로 다가와 슬며시 물었다.

"말씀하시는 것을 보니 계장님은 울산분이 아니신가 보죠?"

나에게 계장이라고 부르는 것을 듣고, 남자 뒤편 자리에 앉아 있던 실무관이 뭐라고 말하려 드는 것을 웃음 띤 눈짓으로 말리며 대답을 했다.

"예, 저는 고향이 서울 쪽이에요. 은평구에서 학교를 다녔어요."

"아, 그렇군요. 저는 서대문 출신인데 가깝네요. 어찌 보면 동네 분이시네요."

이런 저런 이야기를 하면서 들어보니, 서대문의 모 사립고등학교 출신이라고 했다. 그렇게 이런저런 이야기를 하던 중에 그 남자가 나에게 슬며시 물었다.

"그런데, 여기 검사님께서 아주 무섭다고 소문이 났던데 걱정이네요. 계장님께서 잘 좀 도와주세요."

동네 선후배 관계라고 생각한 데다가 이런저런 이야기로 어느 정도 마음이 놓였는지, 나에게 개인적인 고민을 털어놓기 시작했다.

"하하하. 그럴 리가요. 누가 그러던가요?"

"먼저 조사받고 나간 사람들한테 들었습니다."

"에이, 아닌 거 같은데요. 다 사실대로 털어놓고 면목이 없는 데다가 앞으로 납품 계속 못할 것 같으니까 그렇게 얘기하는 거 아닐까요?"

"아닙니다. 제대로 얘기 안 하면 엄청 야단도 치고 무섭다고 하더라구요."

"그런가요? 뭐, 잘못한 것 없으면 걱정 안 하셔도 될 텐데요. 뭐 잘못한 것 있으세요?"

"저야… 잘못한게 없죠."

"그럼 억울하게 불려오신 거라는 말씀이신가요?"

"…."

남자는, '그렇다. 억울하다'라고 대답을 할 만도 한데, 아무런 말도 하지 않고 그냥 고개를 숙이고 한숨만 쉬었다.

"너무 걱정 마세요. 아마 ○○납품 건 때문에 그런 거 같은데, 그것과 관련된 것만 사실대로 이야기하시면 최소한의 처분으로 끝낼 수 있을 겁니다. 너무 걱정하지 마시고 저기 믹스커피라도 하나 타가지고 대기실에 가셔서 드시면서 담배라도 한 대 태우고 오세요. 뭐 저도 담배를 피우니까 여기서 피우셔도 되구요."

"정말 그래도 될까요?"

"예, 담배 피우세요."

"아니 그거 말고요. 괜히 검사님 바라시는 대로 얘기를 하면 더 큰 일이 나지 않을까 싶어서요."

"아니, 있던 일을 사실대로 얘기하고 선처를 바라는 건데 왜 큰일이 나겠습니까? 게다가 액수가 얼마 되지도 않잖아요. 다 얘기하라는 것도 아니고 이미 다른 건으로 구속된 피의자가 담당했던 납품 건 하나만 사실대로 말씀하시고 가시면 된다는 것 같던데 아닌가요?"

문제된 납품 건에 대해 구체적으로 이야기를 하지는 않았지만, 전반적인 표정 등을 보아서는 뇌물공여 건을 부정하지는 않는 듯한 태도였다.

"이런 조사 처음 받아보세요?"

"예, 처음이죠."

"처음이라 걱정되실 텐데 너무 긴장하지 마세요. 사실대로만 얘기하시면 최대한 선처도 가능할 겁니다."

"계장님께서 좀 도와주세요."

한참을 이런 식의 대화를 이어가고 있는데, 외근을 나갔던 직원들이 체포한 피의자와 함께 우리 사무실로 들어왔다. 남자는 수갑을 찬 채로 체포된 피의자의 모습을 보고 좀 겁을 먹고 놀라는 듯싶기도 했다. 선임계장이 자기 자리에 앉아 있는 나를 보고 이야기를 했다.

"검사님, 남의 자리에 앉아 뭐 하시는 겁니까? 뭐 훔쳐갈 거라도 있는지 찾고 있는 거죠?"

선임 계장이 나를 처다보고 웃음을 지으며 짓궂은 말투로 이야기를 했다.

"아니에요. 파일 하나 옮겨가려고 복사 중이었어요."

선임 계장에게 대답을 하며 일어나 내 자리 쪽으로 가면서 보니 그 업자는 당황해서 어쩔 줄 모르고 있었다. 곤혹스러운 표정이 역력했다. 다시 그 납품업자에게 이야기를 했다.

"아까 우리가 얘기했던 대로만 하시면 분명히 선처받으실 수 있을 거예요. 그러니까 너무 걱정하지 마세요. 그리고 저 무서운 사람 아닙니다."

후에 전해 들은 바에 의하면, 뇌물공여혐의에 대한 조사는 무척이나 순조롭게 진행되었다고 한다. 그 업자가 약속대로 법의 허용범위 내에서 최대한 선처를 받을 수 있었음은 물론이다.

검사답지 않은 복장

울산 시절의 일은 아니지만, 부장검사 시절에도 이런 검사답지 못한 편안한 복장 덕(?)을 본 기억이 있다.

2013년 3월 의정부지검에서 특수, 공안 업무를 전담하고 있는 형사5부장으로 근무할 때의 일이다. 프로스포츠 승부조작과 관련하여 모 유명 농구 감독에 대한 구속영장을 청구해

놓고 사무실에서 영장 발부 여부를 기다리고 있는 중이었다. 꽤 관심을 끌었던 사건인지라 엄청난 수의 취재진이 우리 청 현관 앞에 진을 치고 소식을 기다라고 있었다. 자정이 넘어 영장이 발부된 것을 확인하고, 필요한 보고를 마친 후 퇴근을 하려다가 걱정이 되었다. 지나가는 말로 직원에게 '나가다가 취재진들이 따라붙어서 이것저것 질문하면 괴로울 텐데'라고 이야기를 했다. 그랬더니 직원이 웃으면서 이렇게 이야기를 하는 것이었다.

"부장님! 부장님 얼굴이나 옷차림 보고 검사라고 생각할 사람 하나도 없어요. 게다가 법조인명록에 올라 있는 사진도 지금과는 완전히 다른 모습이잖아요! 그냥 모르는 척 슬쩍 퇴근하셔도 돼요."

친한 직원의 말이라 웃어넘기면서도 그 말을 어떻게 받아들여야 하는가 싶기도 했다. 하지만, 그 직원의 말이 맞았다. 청 현관 부근에서 기다리던 수많은 취재진들은 늦은 시간 1층 현관에 나타난 나의 모습을 힐끗 쳐다보더니 조용히 다시 하던 일을 열심히 할 뿐이었다. 내 걱정과는 달리 나에게 사건 수사 상황이나 영장 발부 여부에 대해 쫓아오며 물어보는 사람은 단 한 명도 없었다. 그곳에는 나와 전화 통화를 여러 번 했던 기자들도 몇 명이 있었지만, 내가 자신과 통화했던 그 부장검사라고는 전혀 생각하지 못한 모양이었다.

이런 '검사답지 못한' 편한 복장으로 근무를 했다지만, 공판 관여, 회의 참석 등 공식적인 자리나 누군가 내 사무실에 공적인 인사를 하러 찾아올 때에는 늘 복장을 갖추어 입으려 노력했다. 공식적인 경우에는 설령 후배가 찾아왔을지라도 제대로 복장을 갖추지 않고 맞이했던 적은 한 번도 없었다.

　요즘도 운동복이나 모자, 청바지 등 최대한 편한 차림으로 돌아다니고 있다. 지난 수개월간 정장을 입을 일도 거의 없었다. 많지도 않은 몇벌 정장이지만 슬슬 정리를 생각해야 할 때가 된 듯싶다. 그래도 한두 해에 한 벌씩은 정장을 구입했는데, 조금은 서운한 기분이 들기도 한다.

새 출발,
미국연수 이후
다시 울산지검

　형사부 6개월, 1년간의 특수부 근무를 마치고 2002년 8월 1일부터 2003년 8월 1일까지 꼭 1년간 미국으로 국외장기연수를 떠났다. 가기 전에는 1년이 꽤 길다고 생각했는데 금세 돌아올 때가 되어버렸다. 시간이 쏜살같이 흘러버렸다. 잠시 눈감았다가 뜨니 벌써 귀국 비행기에 올라 있는 듯한 그런 기분이었다.

　울산에서의 근무기간이 6개월밖에 남지 않았기에 당연히 형사부로 배치될 것이라 생각을 했다. 그런데 예상과 달리 원래 있던 특수부 특수2 전담 검사로 다시 배치가 되었다. 자리는 같았지만 변한 것이 너무나도 많았다. 1년 동안 특수부장님은 물론, 함께 일할 직원들도 모두 바뀌었고 수사 환경도 완전히 바뀌어버렸다. 지금도 그렇지만 검찰 근무 시절은, 늘 크고 작은 변화로 어수선하기만 했던 그런 시절이었던 것 같다. 제대로 일을 할 수 있을지 정말 걱정스러웠다.

가장 큰 변화의 이유는 연수기간 중이었던 2002년 10월 발생한 서울지검 고문치사 사건이었다. 이로 인해 법무부장관, 검찰총장이 사퇴하고 관련자들이 처벌을 받았음은 물론, 검찰 일선의 수사 관행도 크게 바뀌게 되었다.

관행적으로 이루어져 왔던 밤샘 조사가 완전히 금지되었다. 또한 그 이전부터 논란이 있었던 인지부서의 파견 경찰관 제도도 폐지되었다. 아울러 수사 착수부터 종결까지 수사 검사실의 재량을 통제하는 여러 새로운 절차들이 새롭게 마련되었다. 그렇게 엄청난 변화를 겪게 되니 노련한 수사관들이 인지부서 배치를 꺼리는 현상까지 생기게 되었다.

그 이전부터도 '주말, 저녁 시간은 가족과 함께', 따라서 '금요일 오후 시간 이후부터는 신건 피의자 체포 자제'라는 우리 검사실만의 운영지침을 세워두고 있기도 했다. 그러니 나로서는 밤샘 조사 금지는 환영할 만한 당연한 조치였다. 하지만, 인지부서 수사활동(특히 지방 특수부의 경우)에 있어 큰 역할을 담당해 왔던 파견 경찰관의 복귀 지시는 나로서는 납득하기 어려웠다. 어떤 면에서는 조그만 사건으로 호들갑을 떨며 과잉 대응을 하는 것처럼 보이기도 했다. 뭔가 대책을 마련한 것처럼 보여주려 손대지 않아도 될 것까지 함부로 바꾸어버린 것이 아닌가 싶어 큰 불만을 갖기도 했다. 어쩌면 파견 경찰관 등 파견 직원들의 의욕 과잉에서 그 사건이 발생한 것처럼 책임을 전가하고 여론을 호도하려는 비겁한 조치가 아닌가 싶기도 했다.

수많은 사건을 함께 수사하며 정이 들었던 유능한 형사들이 제대로 된 대접도 받지 못하고 슬그머니 소속 경찰서로 복귀할 수밖에 없었다는 말을 전해듣고는 화가 나기까지 했다. 매우 심각한 사건임이 분명하고, 개선 방안을 내놓을 필요성에도 동의했다. 하지만, 개개인이 느낄 서운함이나 배신감 등은 전혀 고려하지 않은 채, 고민 없이 내려진 그런 식의 의사결정에 큰 실망감을 느낄 수밖에 없었다.

법무연수원에서 4주 동안 해외 연수 결과를 정리하는 시간을 갖고, 울산지검으로 복귀했다. 배치된 부서, 전담 업무는 그대로였지만, 직원들이 모두 바뀌었음은 물론, 사무실도 신축한 4층으로 옮겼는지라 예전에 일하던 그곳이라는 느낌은 전혀 들지 않았다. 직원은 계장 두 명, 실무관 한 명 등 세명에 불과했고, 모두 이전에 인지부서에서 근무해 본 경험이 없는 특수부 신참들이었다. 또한 전담 업무에 '컴퓨터범죄'가 포함되어 있는데도, 이를 담당할 직원은 배치표상으로만 우리 검사실 소속으로 되어 있었을 뿐, 실제로는 별도 사무실에 근무하며 완전히 다른 업무를 처리하고 있는 상황이었다.

중수부나 서울지검 특수부 등, 중요 인지부서와 달리, 당시 지방 특수부 검사실은, 각각의 검사실이 하나의 독립된 팀과 비슷하게 움직이고 있었다. 특별한 일이 없으면 일체의 외부 지원 없이 압수수색, 체포, 수사, 영장청구 등, 인지수사와 관련된 일체의 업무를 독자적으로 수행했었다. 그런 상황에서 계장 두 명만으로 온전히 인지 수사 업무를 수행하는 것은 불가능한 일이었다. 예전처럼 일하려면 우선 인력 확보가 절대적으로 필요했다.

윗분들에게 보고를 드리고, 배치표상 형식적으로만 우리 검사실 소속으로 되어 있었던 주임 한 사람을 우리 사무실로 자리를 옮겨 근무를 하도록 했다. 설령 우리 검사실에서 특별한 업무가 주어지지 않더라도 반드시 매일 우리 검사실로 출근하고, 우리 검사실 업무를 우선적으로 처리하도록 지시했다. 한 명 늘린 것으로는 당연히 부족한지라 최소한 한 명 정도는 어디에선가 추가로 더 지원을 받아야만 했다. 예전처럼 경찰로부터 지원을 받을 수도 없어서 고민이 되었다. 그러던 차에 경제사범 전담 검사실에 국세청 직원 한 명이 파견되어 수사 업무를 돕고 있다는 사실을 알게 되었다.

그 국세청 직원과 만나 추가로 직원 파견이 가능한지를 물어보았다. 그 직원의 대답은, 6개월 이상의 장기간은 어렵겠지만, 몇 달 정도의 일시적 파견 요청이라면 관할 세무서에서도 그리 부담 없이 파견을 해줄 수 있다는 것이었다. 6개월 단기 파견이지만 이후의 일은 나중에 고민하기로 하고, 일단은 단기로라도 파견을 받기로 결정을 했다. 마침 전임 검사로부터 재배당을 받은 타청 송치 경제사범(거액의 다단계사기조직 주범 사건) 사건도 있고, 조세범처벌법 사건도 몇 건 가지고 있었는지라, 그 사건 수사에도 당연히 도움이 될 듯싶었다.

그렇게 파견된 국세청 직원은 우연히도 우리 검사실 H 계장과 학교 동창 사이였다. 큰 어려움 없이 팀워크를 금세 갖출 수 있었다. 사무실 직원들끼리 금세 친해진 모습을 보니 왠지 사무실이 훨씬 더 활기차게 바뀐 느낌이었다. 아쉬운 대로 인력은 확보가 되었으니, 이제는 특수부에서 수사를 할 만한 괜찮은 첩보를 입수할 차례였다.

대검 등에서 내려온 쓸 만한 수사 첩보는 단 한 건도 없었다. 사실 괜찮은 정보면 내려보낼 일도 없으니 별 기대를 하지 않기도 했다. 수사 첩보를 자체적으로 수집하는 것도 쉽지 않았다. 나처럼 아무런 연고 없는 지역에 근무하는 경우에는, 지역 고유의 인적 네트워크를 통해 전파되는 풍문이나 쓸 만한 소식으로부터 소외될 수밖에 없었다. 그러니 자체적으로 수사 단서를 확보한다는 것은 만만한 일이 아니었다. 게다가 골프 취미도 없고 술도 즐겨 마시지 않는 나로서는 '끈끈한 인적

네트워크'와는 거리가 멀었다. 그런 경로로 자체 첩보를 입수한다는 것은 완전히 남의 나라 이야기였다.

예전에 통영에 근무하면서는 지역 정보지에 실린 조그마한 광고를 수사 단서로 삼기도 하고, 피의자나 참고인과 오랜 대화 끝에 얻은 단편적 정보를 수사 단서로 삼아 수사를 진행하기도 했다. 하지만, 그런 경우는 정보의 진위 확인과 내사 등에만 최소 몇 개월의 시간이 필요한 것이 보통이었다. 하지만, 나는 당시에 전출 시까지 딱 6개월간의 특수부 근무 기간만이 남아 있는 상황이었으니, 그와 같은 시간적 여유를 누릴 수 있는 처지가 못 되었다. 게다가 윗분들은 수사 성과를 기대하며 배당까지 줄여주겠다고 약속을 한 터였다. 미국 연수 이전에는 파견 형사들이 쓸 만한 정보를 틈틈이 입수해 왔음은 물론, 진행되는 사건이 꼬리에 꼬리를 물어 새로운 사건 수사에 대한 부담을 느낀 적이 없었다. 그러다가 수사 첩보라는 게 완전히 메말라 버린 처지가 되니 정말 막막하기만 했다. 엄청난 부담감이 느껴졌다. 너무 스트레스를 받기도 해서 이럴 바에는 차라리 특수부 근무를 포기하고 형사부로 전출을 시켜달라고 요청해 볼까 하는 생각도 했다.

당시 우리 검사실에는 여죄를 밝히기 위해 전임 검사가 거의 반년 가까이 피의자와 씨름을 해왔던 사건이 한 건 있었다. 다단계 사기 혐의로 체포되어 형사부의 다른 검사실에서 구속 기소된 후 1심 재판을 받고 있는 나름 거물 사기범이라고 했다. 현재 재판 진행 중인 것보다 훨씬 규모가 큰 다단계 사기 추가 건이 있었는데 전임 검사가 그 사건을 이송받아 함께 가지고 있는 상황이었다. 전임 검사는 그 사건과 관련하여 관심을 끌 만한 압수물이 있는데, 그걸 근거로 여죄를 밝혀내면 꽤 성과를 거둘 수 있을 것이라고 인수인계를 해주었다. 그 사건을 우리 청으로 이송한 서울 쪽 검사로부터 직접 전해 들은 것이라고 했다. 우리 검사실의 계장들에게 물어보니, 지난 몇 개월간 그 압수물에 기재된 내용들에 대해 다각도로 수사를 진행했지만, 큰 성과는 거두지 못했고, 그 때문에 아직까지 추가 기소가 되지 않고 있는 상황이라고 이야기를 했다.

나로서는 조금 납득이 되지는 않는 상황이었다. 우선 기록을 가져다가 검토해 보기로 했다. 살펴보니, 추가 건으로 이송된 다단계사기 건은 이미 기소된 사건보다 피해 규모도 크고 피해자들도 몇 배로 더 많아서 죄질이 훨씬 무거운 사건이었다. 아울러 현재 1심 공판이 이 사건의 병합을 기다리며 계속 지연되고 있어 신속한 처리도 필요해 보였다.

피의자는 꽤 큰 다단계회사를 설립하여 수천 명의 다단계 조직 가입자들에게 피해를 입혔는데, 당시 범죄사실에 적시된 피해규모는 1,000억 원 이상으로 지금 기준으로 보아도 적지 않은 금액이었다. 아울러 노후자금 등, 소중한 돈을 모두

내가 살아온 길

투자했던 피해자들은 거의 대부분 피해변제를 받지도 못한 채 피의자의 엄벌을 바라고 있는 상황이었다.

그런데도 사건이 처리되고 있지 않았던 이유는 피의자 체포 과정에서 발견된, 유력인사들에 대한 로비 내역이 기재된 로비 장부 때문이라고 했다. 기록에 사본이 첨부되어 있었지만, 실물이 보고 싶어 실물을 대출해 오도록 했다.

실물을 보니, 허름한 수첩 한 권이었다. 피의자 자필로 유력인들의 연락처와 함께 옆에 뜻을 알 수 없는 숫자 등 간단한 메모 등을 기재해 놓은 것이었다. 그것이 말하던 '로비 장부'라는 것이었다. 사실 그 수첩의 진위여부조차 확신하기 어렵다는 생각도 들었다. 특별한 별도의 증거 없이 이 수첩 한 권만을 가지고 피의자로부터 어떻게 진술을 받아낼 생각이었는지 궁금하기도 했다. 추가로 이송된 사건의 양형 감경을 레버리지 삼아 피의자로부터 필요한 진술을 받아내려고 했던 것이 아닌가 싶어 계장들에게 물어보니 그렇다는 취지로 이야기를 했다.

아무런 객관적 근거도 없는 상황에서 피의자의 수첩에 유력인사의 이름이 기재가 되어 있다는 사실만을 근거로 삼아 '뇌물' 등 부패 범죄와 관련된 진술을 받아내려고 했다는 것이 좀처럼 납득하기 어려웠다. 게다가 별다른 성과도 없이 피의자와 말씨름만을 하면서 몇 달 동안 사건의 처리를 미루어왔다는 점도 나로서는 선뜻 동의하기 어려운 수사방식이었다.

피의자는 이런 상황을 마치 즐기기라도 하는 듯했다. 법원, 검찰 출신 유력 전관 변호사를 각각 한 명씩 선임하여 수사 및 재판에 대응을 하고 있기도 했다. 피의자를 불러 다시 물어보기 전에 계장들과 향후 수사 방향에 대해 진지하게 상의를 해 볼 필요가 있었다. 계장들에게, 이 사건 여죄 수사와 관련해서 추가로 객관적인 증거를 확보할 방법이 있을지, 피의자의 수첩 기재 내용이 로비와 관련된 것임을 진술해 줄 추가 참고인 등이 있는지에 대해 물어보니 그런 것을 기대하기는 어려울 것이라고 했다.

사실 내 생각도 계장들의 생각과 전적으로 같았다. 두 가지 이유에서 사건처리를 더는 미룰 수 없다는 생각이 들었다. 피의자에게 최후 통첩을 하고 반응을 지켜본 후 사건을 즉시 처리하기로 마음먹었다.

첫째로는, 매우 죄질이 무거운 사건임에도 사건 처리가 너무 지연되고 있는 상황이었다. 수첩의 기재 내용이 로비와 관련된 것이라고 하더라도, 피의자의 자백 이외에 특별한 객관적인 증거의 확보가 불가능하기에 피의자가 순순히 이야기를 할 가능성은 거의 없었다. 아울러 쓸데없이 이 사건에 시간을 끌며 매달리기보다는 아예 새로운 첩보를 입수하여 그 사건에 최선을 하는 것이 훨씬 낫겠다는 생각이 들었다.

둘째로는, 설령 피의자가 로비 사실을 털어놓더라도 그것을 정상 참작 사유로 삼아 피의자에게 유리하게 구형을 하는 등 선처를 해 주는 것이 내키지 않았다. 피의자로 인해서 큰 재산을 날리는 등 피해를 본 피해자들은 피해 배상과 피의자의 엄벌을 바라고 있었다. 이미 기소되어 재판 진행 중인 사건의 구형은 징역 7년 정도였는데, 이송받은 추가 사건의 경우에는 그보다 피해 규모나 피해자 수 면에서 훨씬 죄질이 무거워서 피의자를 엄벌에 처할 필요가 있는 사안이었다. 피의자를 만난 적은 없었지만, 피해 회복에는 전혀 관심이 없고 어떤 식으로든 형량을 줄여보려고 수작을 부리려는 것이 분명한 듯싶었다. 피의자의 농간에 놀아나서는 안되겠다는 결심이 설 뿐이었다.

구속된 피의자를 불러 간단히 면담을 했다. 소환되어 불려 온 꽤 지긋한 나이의 피의자로부터 받은 첫 인상은 '노회함' 그 자체였다. 객관적인 증거도 없이 이런 사람을 상대로 몇 달간 말씨름을 해온 것은 분명한 시간 낭비라는 생각이 들었다.

"○○○ 씨, 제가 새로 이 사건을 맡게 된 검사예요."

"예···."

이미 검찰 출신 전관 변호사로부터 들어서 알고 있다는 듯한 말투였다.

"전임 검사님으로부터 인수인계는 잘 받았습니다. 지금 재판은 잘 받고 계세요?"

"여기 검사실에 있는 추가 사건 때문에 좀 늦어지고 있습니다."

"아, 그럼 빨리 처리해 드려야겠네요."

"아… 예…."

"그나저나 제가 이 수첩을 찾아서 봤는데, 이게 어떤 내용인가요? 뭐 일부 공무원 이름이나 유력인사 이름이 적혀 있기는 하던데... 이게 로비 장부입니까? 뭐 그런 얘기도 있던데요."

"… 아닙니다."

"그냥 연락처 적어놓고, 우연히 만난 사람들 기억하기 위해서 메모해 놓은 것이지 로비 장부는 아니다. 그런 말씀이신거죠?"

"예, 그렇습니다."

"그런데, 여기로 이송 이전의 다른 검찰청에서는 세무 공무원 한 사람에 대해서 뇌물을 줬다는 취지로 진술하신 것으로 알고 있는데, 그건 맞나요?"

"예, 그런 적은 있습니다만, 후회하고 있습니다."

"그럼 이 장부는 뭔가요? 여기 적혀 있는 사람들에 대해서도 뭐 말씀하실 것이 없으신가요?"

"… 이건 아닙니다. 예전에 말씀드린 것과 같습니다. 그냥 연락처를 적어놓은 겁니다."

"그렇군요. 제가 터놓고 솔직히 말씀드릴게요. 저는 이번 사건이 이미 기소된 사건보다 죄질도 중하고 여러 사람들에게 큰 피해를 끼친 사건이라서 엄벌에 처해야 한다고 생각해요. 피해 액수나 피해자들의 억울함을 생각해 보면 시간 끌면서 처리를 지연할 사건도 아니라고 생각하고요. 게다가 이건… 제 생각에는 옛날 건과 합쳐서 무기징역형을 구형해야 할 사건이 아닌가 싶기도 해요."

"…"

피의자는 이미 이런 비슷한 이야기를 많이 들었는지 전혀 당황하는 모습이 아니었다.

"그래서 사실 저는 바로 처리를 하고 싶은데, 전임 검사님이나 다른 분들 생각은 조금 다른 것 같네요. 여러 변호사님들께서 찾아오셔서 수사에 협조하라고 설득할 테니 선처해 달라는 취지로 말씀을 하고 계시기도 하고 말입니다. 그래서… 제가 바로 처리하지 않고, 한 번 기회를 드리려고 합니다. 제가 딱 일주일 기회를 드릴게요. 다음 주에 소환해서 나오셔서 협조하실 것이 있으면 협조하시고, 아니면 안 하셔도 됩니다. 그 이후에 저는 바로 사건 처리하겠습니다. 저는 이런 사건으로 시간 끌고 싶지도 않고 아무런 객관적인 증거도 없이 계속 협조하라고 강요를 할 수도 없어요. 게다가 저는 ○○○ 씨가 저지른 죄가 워낙 무거워서 엄벌을 받을 필요가 있다는 게 제

소신이에요. 구형을 낮춰주겠다면서 필요한 진술을 받아내는 것도 싫구요. 그러니 그렇게 알고 오늘 돌아가셔서 일주일간 잘 생각해 보세요."

피의자는 아무렇지도 않은 듯한 태연한 표정으로 내 이야기를 듣다가 구치소로 돌아갔다. 얼마 후 검찰 출신 전관 변호사가 내 사무실로 찾아왔다. 피의자와 접견을 하고 온 듯싶었다. 예전에 했던 말을 반복하는 그 선배 변호사에게 단호하게 이야기를 했다.

"이미 몇 달을 허송세월 하도록 만들었는데, 저는 그럴 생각이 없습니다. 그리고 수첩 내용을 믿을 수도 없지만, 설령 그 로비 리스트가 사실이더라도 피의자가 그 부분을 말을 안 해도 괜찮다고 생각합니다. 그런 자백을 했다고 구형을 낮춰주기는 싫으니까요. 수많은 사람들에게 엄청난 피해를 끼친 사건인데, 사실 중형을 받아 마땅합니다. 저는 선처를 해주기가 싫습니다."

선배 변호사는, 그 사건이 법원 전관 출신 모 변호사와 함께 맡아서 변론을 하고 있는 사건인데, 피의자에게 그 취지를 잘 전달하고 최대한 협조하라고 설득을 할 테니 조금만 더 기다려 달라고 했다. 하지만 나는 '다음 주까지 시간을 주었고, 일주일이면 생각하기에 충분한 시간'이라는 이유로 더 시간 여유를 줄 수는 없다고 단호하게 이야기를 했다.

약속했던 일주일 후 피의자를 다시 소환했다. 피의자에게 수첩에 기재된 내용에 대해 진술할 생각이 있느냐고 물었지만 피의자로부터 아무런 의미 있는 대답도 들을 수 없었다. 그저 딴소리를 하거나 침묵을 지킬 뿐이었다. 더는 피의자와 입씨름을 하고 싶은 생각은 전혀 없었다. 피의자를 돌려보내며 이야기를 했다.

"이제 부를 일은 없을 겁니다. 바로 병합 기소하겠습니다. 재판 빨리 끝내실 수 있도록 해드릴게요."

피의자는 알겠다는 투로 대답을 했지만, 내 말을 믿는 표정이 전혀 아니었다. 피의자를 돌려보내고 기존 사건에 추가 건을 병합기소하기 위하여 공소사실을 작성하기 시작했다. 함께 일하는 계장 한 사람이 나에게 이야기를 했다.

"얼굴 표정이나 이런 게 좀 달라진 것 같기도 한데, 좀 기다리는 게 어떨까요?"

"아니요. 그럴 생각이 전혀 없습니다. 저런 식으로 몇 달을 시간을 끌면서 여러 사람들을 우롱해 왔는데 거기 놀아날 생각 전혀 없습니다. 게다가 원래 죗값을 제대로 받는 게 맞아요. 진심으로 반성해서 스스로 여죄를 밝히는 것이라면 몰라도, 다른 사람과 관련된 여죄를 밝히는 조건으로 선처해 줄 생각은 전혀 없습니다."

내 말의 취지를 계장도 충분히 이해를 하는 듯했다. 추가

기소를 위한 병합신청서, 공소사실, 공판카드, 증거목록, 논고문(검사의견서라고도 한다. 검찰업무처리 지침에 따르면, 징역 10년 이상을 구형하는 경우에는, 검사의견서를 반드시 작성해서 첨부하도록 되어 있다) 등을 모두 작성해서 피의자를 곧바로 추가 기소했다.

며칠 후 검찰 출신 선배 변호사가 검사실로 찾아와 면담을 요청했다. 공소장을 받아 실제로 추가 기소가 된 것을 알게 된 피의자가 그 선배 변호사에게 도움을 요청한 모양이었다.

"좀 기다려주지… 바로 추가 기소를 하신 모양이던데…."

"더 어떻게 기다립니까? 지금까지 전임 검사가 몇 달이나 시간을 줬지 않습니까? 게다가 저는 그 수첩 내용도 믿을 수 없고, 믿고 싶지도 않습니다."

"나도 피의자에게 최대한 협조를 하라고 설득하는 중이니까, 좀 기다려주시면 안 될까? 바로 결심해서 구형하지 마시고… 내가 최대한 설득해 볼게…."

"몇 달을 버티던 사람이 갑자기 변할 리가 있나요. 저는 기다릴 생각 없습니다. 공판검사에게도 바로 결심하라고 얘기해놨습니다. 그리고 설령 바로 결심이 안 되어도 피의자를 다시 만날 생각 전혀 없습니다."

"그러지 마시고… 내가 다시 한번 설득을 해볼게. 공판기일 연기라도 해놓고 좀 기다려주면…."

"저는 그렇게는 못합니다. 그리고 부를 생각도 없습니다."

"내 얼굴 봐서라도 한 번만 더 기회를 주세요. 내가 가서 얘기를 할 테니 기일을 연기하고 다시 한번 불러서 물어봐 주세요."

"저는 그렇게 하기 싫습니다. 다만… 정 그렇게 말씀하시니, 이렇게 해드릴 수는 있어요. 그러면 선배님께서 가서 설득을 해보시고 말이 통할 것 같으면 저희 검사실로 연락주세요. 그럼 기일 이전에 소환을 해서 한번 물어볼게요. 기일 연기는 안 되고, 그렇게는 해드릴 수 있습니다."

얼마 후, 검찰 출신 선배 변호사로부터 '피의자가 최대한 협조를 하겠다고 하니 피의자를 다시 한번 소환하여 면담을 해달라'라는 내용의 연락이 왔다. 우리 검사실 계장들은 이제 피의자가 협조를 할 수도 있다며 기대를 거는 듯했지만, 내 생각은 전혀 그렇지 않았다. 뭔가 있다면 진즉에 이야기를 했을 것이었다. 피의자가 이제 와서 이야기를 한다는 것도 미덥지 않고 그런 진술에 신빙성이 있다고 보기도 어려울 듯싶었다.

계장들에게 "큰 기대를 걸지 말아라. 그리고 뭔가 이야기를 하더라도 그 말을 바로 믿고 일을 진행할 생각은 전혀 없다. 그리고 만일 오늘도 바로 얘기하지 않고 뜸을 들이며 간을 보는 듯한 태도를 보이면 바로 돌려보내고 다시는 얼굴 볼 생각이 없다. 그때는 끝이다"라고 단호하게 이야기를 했다.

며칠 후 피의자를 소환했다. 예의 바른 태도로 검사실로 들어섰지만, 피의자의 표정은 내 기분 탓인지 '내가 이럴 줄 알았다. 나를 안 부를 리가 없지'라고 이야기를 하는 것처럼 느껴졌다. 피의자를 자리에 앉도록 한 다음 먼저 확실하게 말을 꺼냈다.

"○○○ 변호사님께서 하도 간곡하게 말씀을 하셔서 오시라고 했습니다. 그런데 면담 전에 제가 미리 말씀드릴 것이 있습니다. 협조할 것이 있으면 분명하게 바로 말씀하세요. 만일 오늘도 빙빙 말을 돌리기만 하고 주저하는 듯한 모습을 보이시면 오늘 면담은 바로 종료할 것이고, 앞으로는 절대로 소환할 생각이 없습니다. 아시겠죠?"

"예, 알겠습니다."

"그럼 제가 여쭤볼게요. 이 수첩에 쓰여진 인물들과 관련해서 저희한테 사실대로 진술하시고 협조하실 것이 있는가요?"

"그게… 제가 참 고민을… 많이 해봤는데, 제 입장에서는 아직 시간이 더 필요하고 조금만 시간을 더 주시면 제가…."

피의자가 더 말을 하려는 것을 중단시키고 곧바로 피의자를 구치감으로 데려가도록 했다. 피의자의 변호인에게 더 이상 절대로 피의자를 소환 조사하지 않을 것이라는 내 뜻을 확실히 전달했다. 공판 검사에게도 연락을 해서 최대한 신속히 결심할 수 있도록 노력하고, 반드시 무기징역을 구형해야 할 사안이니 수사 검사와 상의 없이 함부로 감경 구형해서는 안 된다는 내 뜻을 확실히 전달했다. 공판검사도 상황을 이해하고 반드시 그렇게 하겠다고 대답을 했다.

피의자를 돌려보낸 후, 피의자가 우리 검사실로 '고민하고 있으니 꼭 한 번만 더 소환을 해달라'는 취지로 여러 통의 편지를 보내왔다. 피의자의 변호인도 우리 검사실로 찾아와 어느 정도 설득이 된 것 같으니 피의자를 다시 한번 소환을 해달라는 취지의 요청을 수차례 했다. 나는 피의자의 변호인에게 '피의자를 신뢰할 수 없어 더 이상 피의자를 면담할 생각이 전혀 없으며 진심으로 협조할 생각이 있다면 그 취지를 편지에 기재해 다른 검사실로 보내서 다른 검사실에서 수사를 하면 될 것이다. 우리 검사실은 그 사건에 더는 관여하지 않겠으니 이제 우리 검사실로 편지를 보내지 말라'는 취지로 얘기를 했다.

그 이후에도 피의자로부터 몇 통의 편지가 우리 검사실로 배달되었다. 대부분의 내용은 자신은 뭔가 협조할 수도 있으니 자신을 한번 만나달라는 것일 뿐, 여전히 구체적인 제보 등과는 무관한 쓸데없는 내용들뿐이었다. 그 취지를 간략히 정리하여 수사보고서로 작성한 후, 편지와 함께 모두 공판검사실로 인계하여 법정에 제출토록 조치를 취했다. 얼마 후 피의자에 대한 사건이 모두 결심되고 피의자에 대해 무기징역형이 구형되었다. 그 이후 1심 법원에서 피의자에 대해 꽤 무거운 징역형이 선고되었다는 이야기를 들었다. 우연히 피의자와 같은 수용실에 수감된 다른 피의자로부터 전해들은 바로는, 1심 판결에 불복해서 즉시 항소장을 제출한 피의자는 내 욕을 엄청나게 해대면서 부산구치소로 옮겨 갔다고 한다.

하늘은
스스로 돕는 자를
돕는다
- 뇌물저축왕

오래 시간을 끌던 사건을 깨끗하게 정리를 했기에 몸은 가벼워졌지만, 우리 검사실이 앞으로 어떤 일을 해야 할지에 대한 고민은 전혀 해결되지 않고 여전히 남아 있었다. 뭔가 의미 있는 수사 첩보를 입수해야만 했다. 윗분들께 보고를 갈 때마다 '미국 가기 전에 큰 사건을 많이 했다는데, 기대가 많아'라는 은근한 말씀에 꽤 부담스러웠다. 그렇지만 초조하다고 해서 아무 사건이나 함부로 수사에 착수할 수는 없는 일이었다.

계장들과도 상의를 해보았지만 특수 경험이 많지 않는 계장들은 수사 첩보 수집이라는 새로운 과제에 난감해하는 표정이었다. 그때까지 하나도 없던 수사 첩보를 물건이라도 사오듯이 급하게 구해올 수는 없는 일이었다. 고민을 하던 중, 예전 특수부장님의 소개로 알게 된 지인을 만나 청 근처 식당에서 함께 저녁 식사를 하게 되었다. 다른 후배와도 함께 자리를 하자고 했는데, 이런저런 이유를 들어 거절을 하고 둘이서만 식사를 하기로 했다. 둘이서 만난 김에 슬쩍 물어보고 싶은 것들이 있어서였다.

"혹시 울산○○○○본부는 요즘 어떤가요? 예전 그 사건 이후로 좀 조용해지지 않았나요?"

"뭐 좀 조용해지기는 했지만, 그때뿐이지요. 그리고 워낙 거기가 심한 곳이라서요"

예전 선배들로부터 예의 주시해야 할 부서라는 말을 귀가 따갑도록 전해 들었다. 사건사고가 끊이지를 않는 부서였는데, 일전에 큰 사건을 겪고도 전반적인 분위기는 여전하다는 취지였다.

"그렇게 큰일을 겪고도 변한 게 없다는 말인가요? 대단하네요"

"그게 한두 사람 구속된 것 가지고 개선되겠습니까? 지난번 그 사람이야 워낙 유명했으니까 터질 일이 터진 것이구요. 사실 그만큼 심하지는 않아도 문제되는 사람들은 수두룩할 겁니다."

"그럼 문제되는 사람들이 누군지 소문이라도 들어보신 것이 있으세요?"

"글쎄요… 그건 저도 잘은 모르죠…."

"뭐 그냥 풍문이라도 말이에요. 지금 뭔가 해야 하는데 아무런 첩보도 없어서 정말 고생하고 있습니다. 진짜 하찮은 정보라도 있으면 좋은데… 전혀 감이 안 잡히네요."

"저는 그냥 별로 쓸데없는 뒷말들만 몇 개 들었습니다. ○○동 유흥주점에 가면 여전히 거기 드나드는 공무원들이 제법 있다고 하더라구요. 술 좋아하는 사람이 변할 리가 없으니까요. 그리고 뭐 지나가며 들은 말로는 ○○지역 어느 공사현장 함바집 운영하는 사람이 ○○○○○본부 ○○ 계장의 애인이라는 말도 있고 그렇더라구요."

"예? 함바집이요?"

"예, 그게 돈이 좀 되는 모양인데, 현장 함바집을 운영한다네요."

"원래 식당하던 사람인 모양이죠?"

"그건 아니고 뭐 그 공무원이 현장 함바집을 차려준 거 아닐까 싶기도 하고 그렇네요."

"그런데 애인이라뇨, 결혼 안 했습니까? 그 공무원 미혼인가요? 결혼할 사람 호감을 사려고 그런 건가요?'

"저도 누군지는 잘 모릅니다. 그냥 ○○지역 공사현장이었는데, 함께 차를 타고 가던 친구가 지나가는 말로 얘기하는 걸

들었습니다."

단순한 가십거리 일 수도 있지만 관심이 갔다. 잘하면 사건 단서로 삼을 만 하다는 생각이 들었다. 우선 대상자의 범위를 좁혀보려고 이런저런 질문을 해보았지만, 그 지인은, 자신도 지나가는 말로 들은 것이라 그게 누구이며 어느 현장인지는 정확히 알지 못한다고 이야기를 할 뿐이었다.

함바집°은 특정 공사 현장의 근로자들을 상대로 거의 독점적으로 식사를 공급할 수 있기에 제법 돈이 된다고 했다. 함바 식당의 운영권을 주겠다고 속여 돈을 가로채는 전문 편취 사범이 있을 정도였다. 만일 현장의 공사업체에게 요구하여 함바집의 운영권을 자기의 애인에게 주도록 한 것이었다면 경제적 이익의 수수 행위로서 뇌물죄로 의율(법규를 구체적인 사건에 적용하는 일)이 가능할 수도 있었다. 만일 그렇다면 그냥 쉽게 넘어갈 수 있는 문제는 아니었다.

다만, 그게 누구인지, 또 어느 공사현장인지 정확히 알지 못하는 것이 골치 아플 뿐이었다. 풍문으로 전해들은 내용이 모두 사실이라고 해도 결코 단시일 내에 해결할 수 있는 사건은 아니었다.

지인과 헤어져 집으로 돌아와 내내 어떻게 해야 할지 고민을 했다. 너무 막막한 첩보였다. 게다가 성공 여부를 장담할 수도 없었다. 내내 고민한 끝에 오래 걸리더라도 한번 그 첩보

○ 일본어 한바(はんば, 飯場)에서 유래. 본래 뜻은 공사 현장의 임시 숙소나 허름한 집을 일컫는 말이었다.

를 근거로 내사를 해보기로 결심을 했다. 어차피 다른 쓸 만한 첩보가 하나도 없는 상황이기도 했다.

그다음 날 출근하여 먼저 ○○지역에서 진행 중인 공사 중 ○○○○본부와 관련이 있는 공사의 목록을 확보하도록 했다. ○○지역의 목록만을 확보하면 티가 날 수도 있으므로 그 밖의 몇 지역을 더 추가하여 목록을 제출받아 확보했다. 그다음으로는 문제된 ○○지역에 사업자등록이 된 함바식당의 목록도 파악을 하도록 했다. 파견된 세무서 직원이 큰 도움이 되었다. 이런 식으로 하나하나 확인을 해나가기 시작했다.

한편으로는 ○○○○본부의 직원 명단도 필요했는데, 이것은 예전에 수사했던 기록에 편철되어 있는 것을 그대로 복사하여 활용하기로 했다. 공연히 새로 명단을 요청해서 직원들이 동요하거나 눈치를 채도록 하는 것보다는 최신 버전은 아니더라도 예전 자료를 활용하여 수사를 하는 것이 훨씬 나을 것 같다는 판단에서였다.

쉽지 않을 것으로 생각했는데, 내사 이후 한달 남짓 지났을 무렵부터 뭔가 조금씩 가능성이 보이기 시작했다. 여러 정황상 공사와 관련된 도면 등 주요 공문서가 결탁한 업체로 통째로 넘어갔을 가능성이 매우 높다는 사실을 여러 경로로 확인할 수 있었다. 그중 울산에 연고가 없는 한 업체에 주목을 하게 되었다. 울산이 아닌 부근 도시에 사무실을 둔 업체였는데,

대표는 50세가량의 여성이었다. 여러 정황상 불법적인 경로로 도면을 입수해서 입찰에 참여했을 가능성이 매우 높아보였다.

관련 정황을 최대한 소명을 하여 그 업체에 대한 압수수색영장을 발부 받았다. 압수수색영장 청구 이전에 관련 결재를 받기 위해 윗분들에게 보고를 하는데, 윗분들이 "이번에는 뭔가 되는 거야?"라면서 사건 성공에 대한 기대감을 숨기지 않고 직설적으로 표현해 큰 부담감이 느껴졌다.

갑자기 뭔가 떠오르는 생각이 있어 대표의 가족 관계 등을 다시 파악을 해보도록 했다. 예감이 적중했다. 같은 주소에서 동종 업체가 운영되었던 적이 있음이 확인되었다. 결국 위 업체는 과거 다른 이름으로 운영되었던 업체가 이름을 바꾼 것이었다. 과거 업체의 대표는 현재 대표의 남편 L이었다. 또한 그 L의 경우, 뇌물공여 등의 혐의로 과거 모 지검 특수부에서 구속기소되었던 전력도 있음을 확인할 수 있었다.

과거 판결문과 기록 등을 입수하여 확인해 보니, 우리가 의심하고 있는 것처럼 공사수주 대가로 관급공사 담당 공무원에게 뇌물을 건네는 방식으로 사업체를 운영하다가 처벌받았던 것음을 확인할 수 있었다. 이름을 바꾼 현재 업체의 실제 대표는 남편 L이고 명의상으로만 대표를 부인 이름으로 해놓은 것이 분명해 보였다.

실제 압수수색을 통해 우리의 예상이 모두 맞았음을 확인할 수 있었다. 사무실에서 근무하고 있는 업체의 실제 대표는 남편 L이었고, 그 사무실에서 시청 공무원으로부터 유출되었음이 확실한 공사도면 파일 등 관련 서류 일체도 모두 확보할 수 있었다. 뇌물이 입증되지 않더라도 그와 같은 서류의 유출과 이를 이용한 관급공사 수주 행위만으로도 위계에 의한 공무집행방해 등 여러 죄명으로 처벌이 가능한 사안이었다. 남편 L을 즉시 피의자로 전환하여 체포하고 유출된 도면 등 일체를 확보하여 바로 사무실로 돌아오도록 했다.

얼마 후 직원들과 함께 업체의 실제 대표인 L이 우리 사무실로 들어섰다. 일단 물꼬는 텄지만 쉽게 뇌물공여사실에 대해 자백을 받을 수 있을지 걱정이 되었다. 과거에 이미 검찰 수사를 받고 구속된 적도 있으니 자백을 받는 것이 결코 쉽지 않을 수도 있겠다는 생각도 들었다.

현장에 나갔던 직원들 말로는 그날은 돌아가신 L 아버지의 기일이어서 L은 원래 그날 오후 4시 무렵에 퇴근할 예정이었다고 했다. 우리가 조금만 늦게 도착했더라면 L을 놓치고 사무실 압수수색을 알아챈 L이 한동안 종적을 감출 수도 있었던 상황이었다. 필요한 절차를 마치고 L에 대한 신문을 시작하려다가 L에게 질문을 했다.

"오늘이 아버님 기일이에요?"

"예, 그렇습니다."

눈치 빠른 직원이 금방 조회결과를 가져왔는데, 그날이 L 아버지의 기일이라는 말이 거짓은 아니었다. 잠시 생각을 하다가 L에게 '심난하겠다. 유감이다'라고 이야기를 했다. L이 한숨을 쉬며 지나가는 말처럼 한마디를 툭 던졌다.

"예전에도 저 때문에 공무원들 많이 다쳤습니다. 정말 이번에는 이렇게 되고 싶지 않았습니다. 저 혼자 처벌받으면 안 되겠습니까? 제가 도면 출처 등에 대해서 그냥 말 안 하면 그만 아닙니까?"

"글쎄요. 그건 그렇지만은 않을 것 같은데요…."

이미 뇌물 공여사실을 털어놓은 것이나 마찬가지로도 볼 수 있는 취지의 이야기였다. 계속 신문을 이어가려다가 L에게 잠시 고민할 시간을 주는 것도 괜찮겠다는 생각이 들었다. L에게 어찌 보면 황당한 이야기를 꺼냈다.

"저쪽에 빈 방이 하나 있는데, 제가 시간을 좀 드릴 테니 혼자서 촛불이라도 켜놓고 마음으로라도 아버님 기일 그냥 지나치지 않도록 해보세요. 너무 심란해하지 마시구요. 어쨌든 사건을 잘 해결할 수 있는 방법을 저도 궁리를 해볼게요. 양초 말고 필요하면 술도 한 병 사다 드릴 수 있습니다."

당시 4층을 증축해서 일부만 우리가 사용하고 있었던 때라 사무실 옆 방은 빈 채로 직원들의 휴게 공간 등으로 활용되고 있었다. L에게 그 방으로 옮겨 잠시 혼자 있을 시간을 주도록 했다. 그 방에 CCTV가 설치된 것도 아니었고 잠금장치는 물론 창살도 전혀 없었으니 잘못하면 L이 도주하거나 자해 등 큰 사고가 날지도 모르는 일이었다. 직원들의 걱정이 대단했다. 나도 물론 걱정이 되었지만, 약속대로 30여 분가량 L이 그 방에서 혼자 있을 수 있도록 해주었다.

얼마쯤 후에 우리 사무실로 돌아온 L이 이야기를 시작했다.

"제가 협조할게요. 이렇게 맘고생하는 것도 싫습니다. 다 얘기하겠습니다."

"그런가요?"

"예, 생각해 봤는데, 다 털고 가는 게 좋을 것 같습니다. 검사님 물어보시는 거 다 말씀드릴게요."

"기분 나쁘게는 듣지 마시고, 혹시 도면 같은 것 유출시킨 것에 대해서 혼자 처벌받기 싫어서 괜히 그렇게 말씀하시는 것 아닙니까?"

"아닙니다. 저도 고민 많이 했습니다. 그냥 다 말씀드릴게요."

"알겠습니다. 그럼 바로 조사 시작하겠습니다."

L은 약속대로 울산시 ○○○○본부에서 발주한 공사와 관련해서 도면 유출경위, 뇌물공여사실 등을 모두 순순히 사실대로 진술을 했다. 이런 경우도 있구나 싶었다. 정말 예상 밖의 순조로운 출발이었다.

"그럼 됐네요. 조사는 이것으로 됐습니다."

"다른 것은 안 물어보시나요?"

"제가 울산시 것만 여쭤보겠다고 했잖습니까?"

"그렇지만 정말로 다른 것은 안 물어보시나요?"

"괜찮습니다. 더 물어볼 것이 없습니다. 더 물어봐야 하나요?"

"아닙니다. 그나저나… 저는 이제 구속이 되는 거죠?"

예전에도 뇌물공여죄로 구속되었던 전력이 있는 L은 이번에도 당연히 구속될 것이라고 생각을 했는지 걱정스럽게 물었다.

"저도 생각을 해봤는데요. 지난번과 좀 다르게 이게 요구형 뇌물이잖아요. 자기들이 먼저 도면 같은 거 건네줄 테니 그 대가로 돈을 달라고 했던 것이라는 말이에요. 그리고, 적극적으로 최대한 협조도 하셨고, 그래서… 저는 일단 불구속 상태로 수사를 하려고 생각 중입니다. 다만, 법원에서 어떻게 할지는 저도 모르겠어요. 법원에서는 나쁘게 볼 수도 있으니까요."

"정말이십니까?"

"예, 저도 고민을 많이 해봤는데, 그렇게 결심했습니다. 물론, 윗분들께서도 괜찮다고 허락하셔야 될 일이기는 합니다만, 일단 제 생각은 그렇습니다. 다만, 한 가지 조건이 있습니다. 저희가 지금 그 뇌물을 요구해서 받은 공무원 N, K 두 사람을 잡으러 가야 하거든요. 그런데 그 사람들 잡혀올 때까지는 저희가 석방을 못 해드려요. 그러니까 일단 오늘 밤은 유치장에서 주무셔야겠습니다. 그리고 내일 N, K 두 사람 신병이 확보가 되면 즉시 석방해 드릴 텐데, 그럼 요 앞에 어디 사우나라도 가서서 씻고 쉬시다가 다시 저희 검사실로 출석을 해 주세요. 혹시라도 N, K 두 사람이 극력 부인을 하면 대질조사를 할 수도 있으니까요. 그때는 여기 대기실에 계셔도 되고, 검찰청 부근 다방이나 이런 데 편하게 있으셔도 됩니다. 저희 연락만 받으시면 돼요. 불편하시겠지만, 그렇게 좀 도와주세요."

L은 조금 놀라는 듯했지만, 고마워하면서 당연히 그렇게 하겠다고 약속을 했다. 이제 N과 K의 신병을 확보할 차례였다. 당장 잡으러 갈 수도 있었겠지만, 우선 윗분들에게 수사진행 상황에 대해 간단히라도 보고를 드려야 했다. 나는 그때까지 수사상황을 정리해서 보고를 하고, 직원들은 아침 일찍 청 밖에서 만나 ○○○○본부로 N과 K를 체포하러 가기로 했다.

다음 날 아침, 현장에 나간 직원들을 기다리고 있는데 전화가 왔다. N과 K가 ○○○○본부로 출근을 하지 않아 수소문을 해보니, ○○○○본부에 무슨 행사가 있어 직원들 상당수가 경주 모 호텔의 행사장소로 갔다는 것이었다. N과 K도 그곳에 갔을 것이라는 말이었다. 혹시라도 눈치를 채고 달아난 것이 아닌가 싶어 걱정이 되기 시작했다. 초조한 마음으로 경주로 간 직원들로부터의 전화를 기다렸다. 얼마 후 직원들로부터 전화가 왔다. 행사 현장 주차장에서 N과 K의 신병을 큰 문제없이 확보했다는 연락이었다. 정말 초조하게 기다렸는데 그제서야 좀 마음을 놓을 수 있었다.

사건이 정말 쉽게 풀려가고 있었다. 상급 공무원인 N은 잘못했다면서도 전혀 자신의 잘못을 쉽게 인정하지 않았는데, K는 우리 사무실로 들어선 순간부터 순순히 자신의 잘못을 인정했다.

"애인한테 함바 운영할 수 있도록 해준 것 맞지요?"

"예, 그렇습니다. 잘못했습니다."

K는 깊은 한숨을 쉬기도 하고 울먹이기도 하면서 우리가 묻기도 전에 여러 이야기를 술술 털어놓기 시작했다.

"제가 이런 날이 올 줄 알면서도 이렇게 잘못을 저질렀네요. L에게 도면 파일, 관련 자료 넘겨주고 돈 받은 것도 맞습니다. 그리고 그 돈을 N과 나누어 가졌습니다. 정말 죄송합니다. 저도 처음부터 그럴 생각은 아니었는데, 상급자인 N이 이렇게 돈을 받는 것이 당연하다고 이야기를 해서…."

"그래서 돈을 받기 시작했다는 말인가요?"

"예, 그렇습니다. 처음에는 받는 게 꺼려졌는데, 나중에는 아무렇지도 않게 돈을 받았네요. 그러다가 함바집까지 부탁하게 되었습니다. 정말 후회스럽습니다."

"그럼 이거 말고도 많이 받았다는 말이네요."

"예, 물어보시면 다 말씀드리겠습니다. 하지만, N계장은 저보다 심한 사람입니다. 저한테 '이런 자리에 있을 때 잘 챙겨둬야지. 흥청망청 돈을 쓰면 되냐'라면서 뇌물을 받으면 저축해놓는 통장을 보여주기도 했습니다. 상당히 많은 돈이 저금되어 있는 것을 보았습니다."

K는 우리가 알지 못했던 사실에 대해서도 정말 술술 털어놓기 시작했다. 그의 말로는 이번 기회에 모든 잘못을 인정하고 새로 출발하고 싶어서 모든 것을 털어놓기로 결심을 한 것이라고 했다. 정말 진술에 거침이 없었다.

문제는 N이었다. N은 여러 증거를 들이대자 어쩔 수 없이 L과 관련된 뇌물수수 행위와 도면 유출행위 등은 인정을 했지만, K가 이야기를 한 통장의 존재에 대해서는 말도 안 되는 이야기라면서 극력 부인을 할 뿐이었다. 하지만, K는 분명히 자기가 그 통장을 보았다면서 그 차명계좌의 명의인이 여자였고 이름이 S였던 것으로 기억하며, ○○은행 통장이었다는 점까지 확실하게 진술을 하고 있었다. 그 통장을 보았을 때 워낙 강한 인상을 받았기 때문인지 그런 세세한 것까지 상세하게 기억을 하고 있었다. 그 진술을 토대로 다시 한번 N을 추궁을 했다. 필요하다면 S라는 이름으로 ○○은행에 계좌가 개설되었는지와 그 거래 내역을 확인해 보면 될 것이고, 부인을 해도 시간 끌기에 불과할 뿐 소용이 없다고 설득을 하기도 했다.

오랫동안 고민을 하며 침묵을 지키던 N이 드디어 말문을 열었다. 아직도 기억이 생생한 그의 첫 마디는 "그 돈 모으느라 정말 고생을 많이 했는데, 그 돈을 모두 뺏기는 겁니까?"였다. N의 형수 명의로 개설된 차명통장은 N의 집 화장실 변기 물통 안에 비닐봉지에 넣어진 채 숨겨져 있었다. 입금되어 있는 금액도 상당했지만, 입금되었다가 다른 계좌로 인출되어 관리되고 있는 돈도 상당해서 총 금액이 4억 원이 넘었다. N은 모든 돈이 뇌물은 아니라고 주장했지만, 나중에는 '뇌물을 받은 것은 맞지만, 큰 금액 몇 개를 제외하고는 정확히 누구로부터 돈을 받은 것인지 기억을 하지 못한다'라는 취지로 진술을 하였다.

뇌물 공무원이라는 것 말고는 N은 정말 성실한 사람이었다. 그때까지 평생 술과 담배를 멀리하며 살았다고도 했다. N의 가족들도 N을 집과 직장만을 오가는, 정말 고지식하고 한눈을 팔지 않는 성실한 사람으로 알고 있었다. N은 오랜만에 얻은 이 기회를 그대로 놓칠 수는 없어 뇌물을 받은 돈은 한 푼도 허투로 쓰지 않고 만들어놓은 차명 통장에 바로 입금을 해서 차곡차곡 모았다고 했다. 보통 쉽게 번 돈은 쉽게 쓴다고 하는데 그런 면에서 N은 정말 특별한 경우였다.

K의 말에 의하면, 함께 뇌물을 받기 시작한 이후 N은 K의

헤픈 씀씀이를 보고 여러 차례 잔소리를 하기도 했다고 한다. '이런 기회가 쉽게 오는 것이 아니다. 이런 자리에 있을 때 돈을 알뜰하게 많이 모아두어야 한다'라는 말도 N으로부터 들은 적이 있다고 했다. 그렇게 잔소리를 하면서 K에게 자랑삼아 자신의 차명통장을 보여주었던 것이었는데, 그것이 N의 발목을 잡게 된 것이다.

N의 차명계좌에는 적게는 수십만 원에서부터 많게는 수천만 원에 이르는 돈이 수시로 입금되고 있었다. N은 전체 입금액이 모두 뇌물임을 순순히 인정하면서도 큰 금액 몇 개를 제외하고는 누구로부터 무슨 명목으로 받은 뇌물인지는 전혀 기억해 내지 못했다. 그 무렵 N이 담당했던 ○○○○본부 발주 공사 목록을 제시해도 그 내역을 기억하지 못하는 것은 마찬가지였다.

하지만, 수천만 원 정도의 큰 금액의 경우에는 그것을 누구로부터 받은 것인지 어느 정도 특정이 가능했다. 함께 돈을 받은 K가 그 내역에 대해 진술하는 경우도 있었다. 보통 뇌물수수사건의 경우, 공여자의 진술을 확보한 후 이를 근거로 수뢰자를 조사하기 마련이다. 이 경우에는 반대의 상황이 되어버렸다. 수뢰자가 먼저 뇌물수수 사실을 밝히고, 그 뇌물을 건네준 몇몇 공여자들을 불러 조사하는 상황이 벌어지게 되었다.

통상 공여자들은 처벌 위험성이라든가 향후 사업의 어려

움 등을 이유로 공여사실을 순순히 털어놓지 않는다. 때로는 수뢰자의 동료 공무원들로부터 '그렇게 불어놓고 나중에 제대로 사업을 할 수 있을지 두고 보자'는 은근한 협박까지 받는 경우도 있다고 한다. 그런데, 이 경우는 일반적인 경우와 너무나도 달랐다. N과 K에 대한 뇌물공여자들인 업체 관계자에게 연락을 하면 '결국 이런 날이 올 줄 알았다'라는 반응을 보이는 경우가 많았고, 공여진술도 순순히 받아낼 수 있었다.

N은 업자들 사이에서 '철저하게 약속한 뇌물을 받아내는 사람'으로 소문이 나 있었다고 한다. 울산지역에 사업 근거를 두지 않은 업체들의 경우, 뇌물을 적극적으로 요구하는 N에게 실망한 나머지 더는 울산지역 공사에 참여하지 않기로 결정하고 어쩔 수 없이 건넸던 뇌물액 이외에 추가 금품을 제공하지 않으려 했던 업체들도 일부 있었다고 한다. N은 그런 업체들에게 일일이 전화를 걸어 '약속했던 대로 돈을 주지 않으면 다른 지역 공사도 못 하도록 할 테니 두고 보자'라는 협박 전화를 하기도 했다. 부산 지역에서 공사를 하는 업체에는 '부산 출장 가는 길에 울산에 들러서 약속했던 돈을 주고 버스를 타고 가면 된다. 버스터미널에서 만나자'라는 억지를 부리기도 했다고 한다. 정말로 보기 힘들 정도로 적극적인 뇌물수수행위자임이 분명했다.

당시 이런 적극적 뇌물수수행위를 상납자들이 알면서도 방임했을 가능성, 또는 상납 가능성도 있다고 보여 이 부분에 대해서도 추가로 조사를 하게 되었는데, N의 대답이 정말 걸작이었다.

"그 사람들한테 내가 왜 돈을 나눠줍니까? 내가 알아서 내 일을 했을 뿐이고, 그 사람들이 나를 도와준 것도 없는데 말입니다. 한 푼도 상납한 것은 없습니다."

실제로 상납 가능성을 염두에 두고 다각도로 수사를 진행했지만, K의 진술도 N과 일치하는 등, N의 상납 사실을 전혀 확인할 수 없었다. 오히려 같은 부서 직원들 중에서 N과 함께 금품을 수수한 몇 명이 확인되어 그중 수수 금액이 큰 사람들을 추가로 구속하게 되었다. 단순한 첩보에서 시작한 사건이 꽤 큰 규모의 구조적 공직비리사건으로 커지게 된 셈이었다.

마음먹고 하나하나 따져가며 수사를 진행한다면 무한정 계속 수사를 진행할 수도 있었겠지만, 언제까지나 그 사건을 계속 수사할 수는 없는 노릇이었다. 울산시는 물론 성실히 근무하고 있는 ○○○○본부 소속 공무원들의 사기 문제도 고려를 해야 했다. 윗분들과 상의해서 자체적인 제도 개선 등 자정 노력을 약속받고 일부 문제가 있어 보이는 문제 공무원들에 대해서는 시청 쪽에 징계 등 처분을 맡기기로 하고 수사를 종료하기로 했다.

이 사건은 몇몇 일간지, 주간지와 방송 등에 그 내용이 꽤 자세히 소개되었다. 대검으로부터 구조적 지역 비리 척결의 모범사례로 격려를 받았음은 물론이다. 금품 수수의 횟수, 금액은 물론, 죄의식 없이 뇌물을 축재의 수단으로 삼았다는 점에서 언론이 관심을 갖는 듯싶었다.

20여 년이 지난 지금까지도 우리 사건을 심층 취재하여 보도한 주간지 한 부를 기념 삼아 잘 간직하고 있다. 생각이 날 때면 이 잡지를 틈틈이 뒤적거리기도 한다. 이 모든 일이 엊그제 일처럼 생생한데, 잡지에 실려 있는 20여 년 전의 내 모습은 남의 모습을 보는 것처럼 낯설기만 하다.

문형배의 선고

2005년 2월 말 법무부를 사직하고 삼성전자 경영지원총괄 법무팀으로 자리를 옮겼다. 평생 직장이라고 생각하고 꽤 진지한 고민 끝에 옮겨 간 것이었지만 처음 생각처럼 오래 근무하지 못하고 1년 6개월 만인 2006년 9월 경력검사 임용 형식으로 다시 검찰로 복귀하게 되었다.

잠시 동안의 근무였지만 예전 신입사원 시절과는 다른 많은 것을 보고 배울 수 있었다. 일부러라도 검사로서의 경력에 단절이 생긴 것에 후회는 하지 않으려 노력했다. 아내는 그런 외유가 '한 번쯤은 거쳐가야 했을 열병' 같은 것인지도 모르겠다고 했다. 그러니 모두 잘된 것으로 알고 긍정적으로 받아들이라는 것이었다.

하지만 늘 마음이 한결같을 수는 없으니 가끔씩은 과거 선택의 순간을 되돌아보는 경우도 있을 수밖에 없다. '왜 법무부를 그만두었을까?', '법무부를 그만두지 않았더라면 어떻게 되었을까?', '삼성에 계속 근무를 했더라면 어땠을까?', '내가 왜 그런 결심을 했던 것일까?' 등등 지나온 여러 순간들을 돌이켜 보면서 말이다. 이런 생각을 하다 보면, 중요한 선택의 순간에서 각기 다른 결정을 내리고 그에 따라 주인공의 인생이 완전히 바뀌게 되는 모습을 차례로 보여주던 예능 프로그램이 떠올라 혼자 웃게 되는 경우도 있다.

누구나 살면서 여러 중요한 선택의 순간을 겪게 되기 마련이다. 내 경우도 그랬다. 이과 선택, 전자공학과 진학, 사법시험 준비, 결혼, 이직, 복귀 등과 같은 순간들 말이다. 내 경우를 보면, 사법시험을 준비하기로 마음먹을 때도 그랬지만, 삼성을 그만둘 때도 '어떻게 살지'를 고민을 했을 뿐, '과거에 쌓아온 경력은 어떻게 하고'라는 고민을 했던 적은 없는 것 같다. 일관되지 않은 삶의 경로를 따라온 것에는 비교적 낙천적이고 긍정적인 내 성격이 한몫 했을 수도 있다. 물론, 늘 나를 믿고 내 결정을 지지해 준 아내의 덕이 컸다.

축적해 온 과거의 아이덴티티에 집착해서 미래를 결정하는 사람인가 그렇지 않고 훌쩍 떠날 수 있는 사람인가를 따진다면, 나는 후자에 속한다고 볼 수 있다. 내가 과거에 집착하지 않고 훌쩍 떠날 수 있는 인간형임은 부정할 수가 없는 것이다. 제멋대로 살아온 것치고는 다행히 큰 어려움 없이 지금까지 잘 버텨올 수 있었다. 정말 고마운 일이고 운이 좋았기에 가능했다.

1년 6개월간의 비교적 짧은 외유였기에 돌아올 결심을 하고 복귀도 할 수 있었던 것 같다. 아마도 그 기간이 더 길어졌다면 결코 검찰로 복귀하기는 쉽지 않았을 것이다. 비록 짧은 외유 기간이었지만, 검사 재직 중에 느끼기 어려웠던 많은 것들을 깊이 생각해 볼 기회였다. 외부인의 시선으로 검찰을 객관적으로 바라볼 수 있었던 것도 좋은 점 중의 하나로 꼽을 수 있을 것 같다.

과거 검찰로 복귀할 당시의 기사를 검색해 보았다. '대기업에 갔던 어느 검사의 귀환○', '민원인에 빚진 기억이 떠올라 복귀 결심∞ - 삼성전자 상무보에서 검사로 돌아오는 유혁 변호사' 등의 신문 기사를 찾을 수 있었다. 기사에서도 언급된 것처럼 '성공했던 사건들의 좋은 기억'은 내가 복귀한 큰 동기가 되지 못했다. 오히려 생각한 만큼 최선을 다하지 못했던 소소한 사건들에 대한 후회, 소소한 사건들을 처리하면서 만났던 사연 많은 민원인들과의 잊지 못할 기억이 내가 복귀를 결심하게 된 이유 중 큰 부분이었다. 예전에 울산에서 있었던 '5,000원 사건'도 그런 이유 중 하나가 되어주었다.

○ 2006. 9. 13. 경남일보 기사
∞ 2006. 9. 6. 서울신문 기사

복귀 후 처음 배치된 곳은 창원지방검찰청이었다. 임용 발표 며칠 전 지금은 돌아가신 어느 선배님께서 전화로 '이번에 배치받은 곳은 저 멀리 바닷가인 모양이야'라고 말씀을 해주셔서 대충 그럴 것이라고 짐작은 했었는데 예상대로였다.

창원은 통영지청 근무 시절 본청이었기에 자주 가본 적이 있고, 마산, 진해, 부산 등을 가면서 자주 들렀었기에 매우 익숙한 곳이었다. 또, 전기연구원에 근무하고 있는 손아래 처남이 살고 있어서 낯설다는 느낌이 전혀 들지 않기도 했다. 아내도 다행스럽게 생각하는 눈치였다. 한편으로는 통영지청 근무 시절 친하게 지냈던 선배가 근무하고 있기도 해서 나름 든든하게 느껴지기도 했다.

2006년 9월에 창원에 발령을 받아 2008년 2월에 의정부지검으로 자리를 옮겼으니 약 1년 6개월을 창원에서 근무한 셈이다. 근무하는 동안 그 이후로도 계속 인연을 이어가며 친하게 지내게 된 선후배들도 여럿 만났지만, 공판실(당시 창원지검에는 공판부가 설치되어 있지 않았고, 형사1부 산하에 공판검사 네 명이 공판 업무를 나누어 담당하고 있었다) 소속 공판검사로 근무를 하며 훌륭한 법조 선배 몇 분도 알게 되었다.

나는 공판실 최고참 검사로서 형사합의부 및 형사항소부 두 개 재판부의 공판에 관여하게 되었다. 형식상 두 개의 재판부라고 하지만, 판사 세 명으로 구성된 한 개의 합의부가 일주일의 하루는 사건의 죄질이 무거운 1심 합의 관할 사건의 재판 업무를, 또 다른 하루는 창원지법 관내 지원들에서 1심 재판이 선고된 단독 판사 관할 사건에 대한 항소심 재판업무를 담당하는 구조라서 실제로는 한 개의 재판부를 담당하고 있는 것과 마찬가지였다.

내가 담당한 재판부의 재판장이었던 분이 나중에 헌법재판소 재판관이 되신 문형배 부장판사님이었다. 서울법대 동기인 검찰 출신 선배로부터 듣기로는 일찍 사법시험에 합격해서 좋은 성적으로 사법연수원(18기)을 수료했지만, 본인이 희망을 해서 부산, 창원 지역의 지역 법관으로 근무하고 계신 분이라고 했다. 어떤 검사들은 '모 연구회 소속 판사'라는 이유로 공안사건 공소유지 등 업무와 관련해서 우려를 표하기도 했다. 하지만 직접 공판 업무를 수행하며 재판장님의 재판 진행을 지켜보니 그런 걱정은 정말 쓸데없는 말에 불과함을 알 수 있었다.

후배로서 함부로 평을 꺼내는 것이 조심스럽지만, 재판장님은 매우 소탈하고 인간적으로 느껴지는 분이었다. 개인적 소신과 직업 법관으로서의 소신을 혼동하지 않는 객관성과 직업적 양심을 갖춘 훌륭한 법관이라는 내 나름의 평가도 하게 되었다. 그 무렵, 삶을 포기하고 우발적으로 범행을 저지른 피고인에게 진심 어린 위로와 함께 집행유예를 선고하며 책을 긴넨 일화는 지역 주요 언론을 비롯한 여러 매체들을 통해 많이 소개되기도 했다. 요즘은 꽤나 유명해진 일화의 현장에서 내가 공판 검사로서 당시 선고 장면을 직접 목격했다고 이야기를 꺼내면 듣는 사람들이 많이 신기하고 궁금해하기도 한다. 사람들이 궁금해하는 바로 그 현장에 있었던 것이니 말이다. 참 재미있는 일이다.

그 무렵 공판실 근무 시절에 있었던 기억에 남는 일화가 하나 더 있다. 1심에서 징역 1년 6월의 실형을 선고받고 항소한 '여호와의 증인' 신도에 대한 병역법위반 항소심 사건이었다.

2018년 헌법재판소와 대법원에서 병역법 일부 조항에 대한 헌법불합치결정과 이에 따른 병역법위반 무죄 판결을 선고하기 이전까지 우리나라에는 '양심적병역거부'를 전제로 한 '대체복무제도'가 마련되어 있지 않았다. 이 때문에 현역병 소집을 받고도 제때 입영하지 않는 경우 병역법위반 혐의로 기소되어 통상 징역 1년 6월을 복역한 후, 징역형 실형 집행 사유로 병역면제 처분을 받는 경우가 일반적이었다.

이 사건도 피고인이 모두 자백을 했고 징역 1년 6월이 선고되었다는 점에서 여느 병역법위반 사건과 전혀 다를 것이 없어 보였다. 다만, 약간 특이한 점이 있다면 1심 법원에서 실형을 선고하면서도 피고인을 법정 구속하지 않아서 항소를 한 피고인이 불구속인 상태에서 항소심 재판을 진행하게 되었다는 것뿐이었다.

당연히 항소한 피고인의 항소이유 진술 및 검사 의견 진술을 간단히 마치고 결심을 할 줄 알았는데, 문 재판장님께서 피고인에게 이런저런 질문을 하기 시작하셨다.

'어떤 이유에서 병역을 거부하는 것인지', '폭력을 거부하는 구체적인 근거가 어떤 것인지, 성경의 어떤 말씀을 폭력 거부의 근거로 생각하는지' 등, 어찌 보면 당연해 보이는 듯한 질문이었다. 한참 동안의 질문을 마치고 문 재판장님은 마지막으로 이렇게 덧붙였다.

> 오늘 이야기한 것 이외에도 본인의 입장이나 현재 처지와 관련해서 하고 싶은 이야기가 있으면 글로 정리해서 다음 기일까지 제출을 해주세요.
> 충분한 근거나 확실한 신념도 없이 그냥 다른 사람들의 행동을 그대로 모방해서 병역을 거부하는 것인지 아니면 진정한 신념에 근거해서 병역을 거부하는 것인지 어느 쪽인지를 분명히 해둘 필요가 있어 보입니다.
> 그리고 이건 피고인에게 할 말은 아니지만, 1심 재판부가 야속하네요. 대법원의 확고한 판례와 헌법재판소의 합헌 결정으로 병역법위반 사건에 대해서 우리 재판부가 함부로 결정을 내릴 수 있는 상황이 아닙니다. 그런데 1심에서 징역 1년 6

월을 선고하면서도 피고인을 법정구속하지 않고 불구속 상태로 항소심으로 보냈습니다.

이해를 못할 바도 아니지만, 궂은 일이라고 볼 수도 있는 그런 결정(법정 구속)을 항소심 재판부에 떠넘기는 것을 저로서는 납득하기 어렵습니다. 어쨌거나 일단 피고인에게 입장을 정리해서 제출할 기회를 주겠습니다.

다음 기일 피고인으로부터 추가 입장문 등을 제출 받은 후 결심을 하면서 피고인에게 최종 진술 기회가 주어졌다. 당시 피고인이 했던 이야기 중 기억나는 부분을 정리하면 다음과 같은 내용이었다.

"저는 태어날 때부터 여호와의 증인이었고, 그 가르침에 따라 살아왔습니다. 저희 아버지께서도 여호와의 증인으로 징역 1년 6월을 선고받고 복역하셨고, 형도 징역 1년 6월을 선고받고 복역을 했습니다. 이제는 제 차례가 되어 저도 복역을 해야 합니다. 저는 공무원이 되고 싶은 마음도 있었지만, 제가 여호와의 증인으로 병역법위반 범죄자로 징역 1년 6월을 복역해야 하기에 그 꿈을 오래전에 접기도 했습니다. 저는 현재 상황에서 왜 대체복무가 허용되지 않는 것인지 도무지 이해가 되지 않습니다. 어쨌거나 이렇게 이야기를 할 수 있는 기회를 주신 것에 대해서 재판장님께 감사드립니다. 당당히 1년

6월을 복역하고 출소해서 열심히 제 인생을 살아가도록 하겠습니다."

피고인의 말이 거짓말은 아니라는 생각이 들었다. 선고 기일은 2주 후로 잡혔던 것으로 기억한다. 당시 항소심 재판은 오전 일찍 30분에서 한 시간가량 판결을 선고한 후, 그다음부터 신건 및 속행건을 이어가는 방식으로 진행되고 있었다. 선고기일 전날 배석 판사로부터 전화가 왔다.

"류 검사님, 내일 선고 들어오실 때 도장 좀 가지고 와주세요."

선고기일에 법정구속을 하는 경우, 검사의 집행지휘 도장이 필요하기 때문에 이런 요청을 받는 경우가 종종 있었다. 어떤 사건 때문에 그런 요청을 하는지 충분히 짐작이 갔다. 선고기일이 되어 법정에 들어서니 평소보다 방청객 등 사람들이 많아 보였다. 선고가 시작되고 얼마 후 그 병역법위반사건 피고인의 이름이 호명되었다. 피고인석에 선 그 청년은 평소와 달리 넥타이까지 맨 깔끔한 정장 차림이었다.

판결 선고가 시작되었다.

"피고인이 제출한 서면은 잘 읽어봤습니다. 피고인의 입장을 충분히 이해합니다. 하지만, 피고인, 우리나라와 같은 분단 상황에서 그리고 대법원과 헌법재판소가 같은 사안에서 분명하게 입장을 밝히고 있는 상황에서 피고인의 주장을 그대로 수용할 수 없음은 분명합니다. 피고인도 이런 재판부의 입장을 이해해 주기 바랍니다. 여러 고민이 있었지만 다음과 같이 선고합니다."

피고인의 항소가 기각되고, 피고인을 법정 구속한다는 취지가 고지되었다. 재판장이 구속집행에 따른 구속통지를 집으로 하겠다는 취지를 이야기하자 피고인이 대답을 했다.

"여기 부모님 두 분 모두 나와 계십니다."

알고 보니 구속이 확실한 피고인의 '환송'을 위해 부모, 형제, 친구들이 모두 법정에 나와 있었다. 그래서 평소보다 방청객들이 많은 것이었다. 구속영장의 검사집행지휘 란에 도장을 찍어 현장에 있던 교도관들에게 건네주었다. 피고인은 담담하게 교도관들의 지시에 따라 자리를 뜨면서 뒤를 돌아 방청석을 바라보며 손을 흔들기도 하고 허리를 굽혀 인사를 하며 환송을 나온 지인들에게 작별 인사를 했다. 피고인의 부모님은 물론 몇몇 친구들은 흐느끼며 눈물을 흘리기도 했다. 피고인이 방청석을 향해 소리쳤다.

"아버지, 어머니, 걱정하지 마세요. 잘 다녀오겠습니다. 형, ○○아, ○○아… 몸 건강히 잘 다녀올게!"

작별 인사와 함께 피고인이 교도관들에게 이끌려 법정 옆 구속 피고인 대기실로 들어갔다. 대기실이 문이 닫히자 바라보던 피고인의 부모님, 형제, 친구들이 하나둘씩 일어나 자리를 떴다. 많은 사건의 선고를 경험했지만, 이런 무거운 마음으로 선고 장면을 지켜보았던 경우는 그리 많지 않았던 것 같다.

나는 이 사건 이전에는 '우리나라 헌법재판소와 대법원은 양심적병역거부를 인정하고 있지 않다'라고만 알고 있었을 뿐, 이러한 문제에 대해 진지하고 치열하게 고민을 해본 적이 한 번도 없었다. 그러나 이런 장면을 직접 보고 나니 법조인으로서 이런 문제에 너무나도 무관심했던 내 자신이 부끄러웠다.

그때로부터 10여 년이 지난 2018년 6월 드디어 헌법재판소에서 병역법 제5조 제1항에 대한 헌법불합치 판결이 선고되었다. 비록 늦었지만 다행스러운 판결이라는 생각이 들었다. 헌법재판소의 헌법불합치 판결 소식을 듣고 정장 차림으로 부모님에게 작별 인사를 하며 구속 집행이 되던 그때 그 피고인의 모습이 떠올랐다.

부장 시절

　전체 검사생활을 놓고 보면, 부장검사로 일하는 기간이 가장 행복한 시기라고 한다. 실제로 전체 검사들에 대한 직업만족도 조사 결과를 보면, 부장검사급 직위에 있는 검사들의 만족도가 가장 높고 스트레스도 가장 적게 받는다고 한다. 다만, 부장검사로 일하는 동안도 업무 스트레스 지수에 변화가 있는데, 'U'자형 커브를 그려서 부장검사 중반쯤에 접어들었을 무렵의 스트레스 지수가 가장 낮다고 한다.
　이유를 살펴보자면, 부장검사가 되면 수사검사로서 직접적인 사건 부담으로부터 벗어날 수 있으면서도 어느 정도 직업적으로나 경제적으로 안정기에 접어든 때문이 아닌가 싶다. 그러다가 차장검사 또는 검사장으로의 승진을 염두에 두어야 하는 부장검사 말년이 되면 또 다시 업무상 스트레스가 가중되기에 그처럼 스트레스 지수가 U자형 커브를 그리는 것이 아닐까 싶다.

그런 면에서 우리 기수(사법연수원 26기)는 꽤나 혜택을 받은 기수라고 할 수 있다. 요즘은 서너 번 정도 부장검사급 보직을 부여받아 길어야 5년 내외를 부장급 보직에서 보내는 것이 일반적인데, 우리 기수의 경우 동기들 모두 고르게 만 7년 이상을 부장검사급 직위에서 보낼 수 있었다. 그런 면에서 보면 참 운이 좋았던 기수라고 이야기할 수 있다.

부장검사로서 일하는 장점 중의 하나는 직접적인 사건 수사로부터 한 발짝 떨어져서 진행 중인 일들에 잘못된 점은 없는지, 어떻게 하면 더 좋은 결과를 거둘 수 있는지를 알려주는 객관적인 조언자로 지낼 수 있다는 점이다. 그러면서도 차장검사나 검사장과는 달리 직접 일하는 후배들과 가까운 거리에서 호흡을 함께 하면서 허물없이 지낼 수 있으니 그것 역시 장점이다.

부장검사로서의 첫 보직인 부산지검 공판부에는 총 14명의 검사들이 배치되어 있었다. 공판검사의 수가 가장 많은 서울중앙지검의 경우에는 몇 해 전에 공판부가 1부, 2부 등 여러 부로 나뉘어져서 각 부 소속 검사의 수가 열 명을 넘지 않았다. 그렇기에 14명의 부원들이 소속되어 있는 우리 공판부

보다 그 규모가 적었다. 그 덕분에 우리 부원들끼리는 '우리가 전국 최대부'라면서 인원수로는 우리 부를 능가하는 부가 없다고 즐겁게 이야기를 하기도 했다.

평소 같으면 별일이 없었을 공판부이지만, 1부장의 장기 부재 중 대결 업무 등을 맡아 고생을 하기도 했다. 그러다가 그 무렵 우리 청 최고의 관심 사건이었던 '소말리아 해적사건'의 '레드 팀' 임무를 맡아서 공판 계획 전반, 모두 진술, 검사 의견서 등의 평가 및 검토 업무를 맡기도 했다. 수사공판팀의 반대편 입장에서 허점, 논점 등을 검토하고 수정할 수 있도록 도움을 주는 역할이었다. 덕분에 진짜 해적도 볼 수 있었다. 기소 직전 수사가 거의 마무리가 되었을 무렵, 해적사건수사 등을 총괄하는 팀장인 옆방의 공안부장을 찾아가 이야기를 했다.

"선배님, 저 '간곡한' 부탁이 하나 있는데요."

"뭐길래… 간곡하다고까지 말씀하세요. 어려운 부탁인가요?"

"저, 해적 좀 직접 볼 수 있게 해주세요. 살면서 직접 해적을 만나본 사람이 몇이나 되겠어요. 저 정말 해적 한번 대면해 보고 싶습니다. 평생 잊지 못할 경험이 될 것 같아요."

"하하하. 그런 거라면 알겠습니다. 아시겠지만, 이 사람들이 전혀 영어도 못하고 소말리아어만 할 줄 압니다. 그래서 수사할 때는 이중 통역 요원도 있고 시간도 부족하고 해서 곤란하고, 저희가 조사 마치고 나갈 때 공판부장님께 연락드릴게요. 그때 나오셔서 잠깐 엘리베이터 앞에서 얼굴 보고 손짓으로 의사소통하시는 정도는 괜찮을 듯싶습니다."

영화 또는 역사책에서나 접했던 해적들이 현시대에까지 끊어지지 않고 해상무역로를 위협하고 있다는 사실이 신기했다. 가장 고전적 범죄 중의 하나가 '해적질'이라던데 그 해적을 직접 마주할 수 있게 된 것이다. 사법시험 준비 시절, 형법 각론의 '해상강도죄' 부분을 공부하기는 했지만, 이런 죄명을 경험해 본 검사들을 쉽게 찾아보기는 어렵다. 통영 근무 시절 전복양식장 침입 강취행위가 바다 위에서 벌어진 강도 사건이라는 이유로 '해상'강도죄로 의율 된 경우는 보았지만, 실제 '해적'이 이 죄명으로 의율되는 경우를 본 것은 처음이었다. 어쨌거나, 선배 덕분에 실제 소말리아 해적 중 한 명을 직접 만나 잠시나마 얘기를 해보는 색다른 경험을 할 수 있었다.

피의자를 조사하여 기소하는 등의 업무를 직접 수행하는 수사검사의 역할과 부장검사의 역할은 명확하게 차이가 나기 마련이다. 부장검사는 직접 사건을 처리하는 입장에서 놓칠 수도 있는 주요 쟁점을 챙겨주는 역할을 하기도 하고, 부서장으로서 직원들이 처리하는 여러 업무 전반을 총괄하는 업무를 수행한다.

공판부장 시절뿐만 아니라, 조폭, 마약을 전담하는 부산지검 강력부장, 특수, 공안사건을 전담하는 의정부지검 형사5부장 시절, 그리고 대검 조직범죄과장, 속초지청장, 의정부지검 형사2부장, 고양지청 형사1부장 등 여러 보직을 거치면서 후배 검사들과 함께 나름 이목을 끌었던 여러 인지사건, 형사사건 등을 처리했다.

그렇지만, 이런 일들을 성공시킨 주요 공로는 검찰 업무의 특성상 해당 검사실에 돌리는 것이 마땅하다고 생각한다.

부산지검 강력부장으로 근무할 당시 가장 기억에 남는 사건은 당연히 조직폭력배와 관련된 사건이다. 부산지검 공판부장을 마치고 강력부장으로 자리를 옮긴 직후, 강력부장실 한 켠에 있는 캐비닛에 무엇이 보관되어 있는지 들여다보았다. 그 캐비닛에서 선배 강력부장님들이 정리해 놓은 부산 지역 '조폭 계보도', 과거 조폭 관련자들에 대한 형사사건 판결문, 공소장 등, 오랜 시간 동안 정리되어 내려오고 있는 관내 조폭 현황에 대한 유용한 자료들을 많이 발견했다.

틈틈이 자료를 읽어보니 부산 지역에는 전통적 폭력조직인 '칠성파', '20세기파' 등 여러 조직들이 활동하고 있었는데, 그중에서도 칠성파와 20세기파는 서로 라이벌 관계를 형성하여 크고 작은 폭력사건을 수시로 일으키고 있었다. 게다가 최근에는 유흥업, 불법도박 등 과거의 전통적인 업종에서 벗어나 일부 영역에서는 합법적인 사업 분야로 진출을 꾀하고 있다는 것이었다.

재미있는 것은, 통영 시절 일부 관여하기도 했던 거제 지역 '거제 프라자파'와 관련된 자료도 상당수 포함되어 있었는데, 그 자료는 거제 프라자파 조직이 특가법상 '범죄단체'에 해당함을 쉽게 입증할 수 있는 자료이기도 했다. 이런 자료를 보니 통영 근무 시절 프라자파 조직을 처음으로 범죄단체조직죄로 의율하기 위해 엄청나게 고생을 했던 동기 검사의 모습이 떠오르기도 했다. '이런 자료가 있는 줄을 진즉에 알았더라면 좋았을 것을'이라는 생각에 아쉬워하기도 했다.

라이벌 조직인 칠성파와 20세기파의 충돌과정에서 여러 차례 살인 사건이 발생하기도 했는데, 그 사건 중 하나를 각색하여 제작된 영화가 2000년대 초에 크게 흥행을 했던 〈친구〉라고 한다. 이러한 조직들은 1990년대, '범죄와의 전쟁' 당시 범죄단체조직 등 혐의로 주요 조직원들이 일망타진된 이후 잠잠하다가, 그 무렵에는 예전의 세력을 완전히 회복하여 합법적 사업 분야로의 진출을 시도하고 있다고 했다.

여러 조직을 모두 한꺼번에 수사를 할 수는 없는 일이니 우선 양대 조직인 칠성파와 20세기파에만 집중을 하기로 했다. 전체적인 활동 상황을 알아볼 겸, 확보된 조직원 명단을 중심으로 여러 주요 조직원들에 대한 '범죄경력조회', '수사자료조회' 등을 해달라고 지시를 했다.

조회 결과를 살펴보니 재미있는 사실을 알게 되었다. 비록 집단적으로 사건, 사고를 일으키지 않고 조용히 지내고 있는 것처럼 보이지만, 조직원들 모두가 꾸준히 크고 작은 사건에 계속 연루되어 처벌을 받아왔음을 알 수 있었다. 그중 일부 조직원들은 현재도 여러 혐의로 경찰 또는 검찰에서 수사를 받고 있었다. 문제는 이런 사건들이 전체적 맥락에서 파악될 수 있도록 체계적으로 배당되지 못하고, 형사부 각 검사실에 흩어져 배당되어 일회성 사건이나 우발적 사건으로 가볍게 처리되고 있다는 것이었다.

그중에는 조직적인 움직임으로 보이는 사건도 몇 건이 포함되어 있었는데, 사건 직후에 통신조회 등의 방법으로 철저히 수사를 했더라면 추가 관련자나 지시자를 찾아낼 수도 있었을 것으로 생각되는 사건도 몇 건이 있었다. 당시 우리 부에는 모두 네 명의 검사가 있었는데, 두 사람은 마약사건 전담으로 마약수사관 및 마약과課와 함께 주로 마약사범을 수사하고 있었고, J 검사, C 검사 등 두 사람이 조직폭력 사건을 전담하여 처리하고 있었다.

배당주임 등에게 부탁을 하여 '우범자', '조직폭력사범'으로 분류된 송치사건 피의자가 있는 경우, 무조건 강력부장실의 사선 검토를 거치도록 했다. J 검사, C 검사에게도, 송치사건 중, 칠성파와 관련된 사건은 모두 J 검사에게, 20세기파와 관련된 사건은 모두 모아서 C 검사에게 배당하겠다고 이야기를 했다. 별개 범죄로 보면 사소할 수도 있지만, 그런 사건들을 하나하나 모아서 분석을 하다 보면 추가 관련자를 밝혀냄은 물론 더 중한 죄명으로 의율할 단서를 발견할 수도 있을 것이라는 생각 때문이었다.

'일이 되려면 된다'라는 말은 이 경우에도 통하는 듯했다. 내가 강력부장으로 부임하기 이전부터 강력부에 근무하고 있었던 C 검사는 그러지 않아도 경남 모지역 조합장 선거에서 청부폭력을 행사한 혐의 등으로 20세기파 두목 등 주요 조직원들에 대한 내사를 진행하고 있는 중이라고 했다. 다만, 일부 참고인들이 진술을 꺼리고 있는 데다가 두목이 '대포폰'을 사용하며 잠적한 상태라서 잠시 내사가 중단된 상태라고 했다. 솔깃했지만, 얘기를 듣고 보니 뭔가 확실한 돌파구 없이는 수사의 진전이 쉽지 않은 상황으로 보였다.

당시는 마약검사 두 명이 마약사범 단속에서 꾸준히 성과를 거두고 있었기에 실적에 급급해서 무리할 필요는 전혀 없는 상황이었다. 단기성과에 연연하지 않고 차분히 의미 있는 사건에 집중하기로 했다. J, C 두 검사에게도 초조해하지 말고 차근차근 수사를 진행하라고 했다.

두 검사들과는 별개로 내 나름대로 두 검사들을 도와줄 수 있는 방법을 이리저리 궁리하기 시작했다. 저녁 시간에 남포동, 광복동 등도 열심히 돌아다녔다. 제보자의 신원이 밝혀질 우려가 있어 자세한 경위를 설명하기는 힘들지만, 우연한 기회에 알게 된 제보자에게 솔직하게 사정을 털어놓고 최대한 도와달라고 부탁을 했다. 그런 부탁을 했지만 사실, 이야기를 하면서도 큰 기대는 하지 않았다.

그렇게 얼마쯤 지났을 무렵, 제보자로부터 연락이 왔다. 그냥 안부 전화인 줄로만 알았는데 사건 수사와 관련하여 정말 중요한 정보를 알려줄 것이 있다는 것이었다. 내 말을 듣고 자신이 나름 수소문을 해서 파악을 한 것이라고 했다.

제보자가 알려준 정보는 모두 확실한 것들이었다. 추가로 간단한 사실 확인을 하고, 그 외의 모종의 경로로 알아보니 20세기파 두목은 멀리 숨어 있는 것이 아니라 부산 지역 모처에 은신처를 마련해 두고 그곳을 중심으로 도피생활을 하고 있음을 알 수 있었다. 전화 세 대를 교대로 사용하면서 번호의 노출을 피하고 수시로 동선을 바꾸면서 수사기관의 추적을 따돌리고 있었다. 아울러 제보자 등을 통해, C검사가 수사 중인 사건과 별도로 20세기파 두목의 추가 여죄에 대한 확실한 근거자료 몇 가지도 함께 확보할 수 있었다. C검사에게도 이 자료를 모두 넘겨주고 우선 추가 범행으로 신병을 확보하자고 이야기를 했다. 이제는 검거만이 남은 상황이었다.

제보자와 함께 추가 범죄에 대한 주요 참고인 H를 부장실로 나오도록 하여 이야기를 들어보니 우리가 사전에 파악한 것이 모두 사실이었다. C 검사를 부장실로 오도록 하여 그간에 내가 확인한 내용을 모두 알려주고, H에게 부탁하여 C 검사실에서 모두 사실대로 진술을 하도록 했다.

돌파구가 생겼으니 그 후의 일은 일사천리였다. 다른 검사실의 지원을 받은 C 검사실에서는 남포동 부근에 잠복하다가 20세기파 두목을 검거하였음은 물론, 매일같이 조직원들을 무더기로 검거하기 시작했다. 사태가 악화되는 것을 눈치 챈 조직원들은 도주하거나 혹은 스스로 검찰청에 출석하여 여죄를 털어놓고 자발적으로 구속이 되기도 했다. C 검사가 꼼꼼하게 준비한 덕분에 검거된 조직원들 거의 모두를 범죄단체조직죄로 의율할 수 있었다. 대부분 가담 정도에 따라 중한 형을 선고받았다. 정말 오랜만에 검찰에서 직접 '범죄단체조직죄'의 수사에 성공한 사례였다. 그때 느꼈던 보람은 쉬이 잊을 수 없다.

내가 떠난 이후로도 J 검사는 칠성파에 대한 내사를 계속 진행하여 2013년 말, 칠성파 조직원 상당수와 2대 두목 H를 범죄단체조직죄로 의율하여 검거하는 성과를 거두었다.

양대 조직을 범죄단체조직죄로 의율하여 수사하는 과정에서 우여곡절도 많았지만, 그 이야기들을 모두 여기에 담을 수는 없을 것 같다. 지금은 변호사 또는 검찰 중간 간부로 일하고 있는 J모, C모 후배를 만나면 아직도 그때의 일화를 이야깃거리로 삼아 시간 가는 줄 모르고 떠들어대곤 한다.

부장검사로 일하는 장점은 여러 가지가 있지만, 그중 하나는 회식장소이라든가 부 운영과 관련된 여러 문제에 있어 나름 결정권을 가질 수 있다는 점이 아닌가 싶다. 술을 잘 마시지 못하는 나로서는 평검사 시절, 부회식때가 되면 '오늘은 또 어떻게 버티나' 싶어 늘 걱정을 하곤 했다. 술에 취해서 거의 인사불성 상태로 귀가한 적도 여러 번이었다. 지방 근무 시절에는 너무 취한 나머지 단 몇백 미터를 걸어가기도 힘들어서 택시를 잡아타고 집까지 간 적도 있었다.

술을 좋아하는 후배 검사들에게는 미안한 일이었지만, 부회식 때 음주는 최소한으로 자제하자는 것이 내 방침이었다. 대부분의 회식이 10시 이전에 1차에서 끝났고, 어떤 경우에는 영화나 공연 관람, 야구경기 구경 등으로 회식 모임을 대신하기도 했다. 부산 강력부 근무 시절에는 1차는 야구 관람이나 가벼운 음주를 곁들인 식사, 2차는 어묵 한 꼬치, 3차는 남포동 골목길의 아이스크림으로 마무리를 짓는 것이 정해진 회식 코스이기도 했다. 어쩌면 강력부 검사들에게는 전혀 어울릴 것 같지 않은 회식 풍경이었던 것 같기도 하다. 그런 덕분인지 후배 검사들과 함께 남포동 길을 걷다가 불법 오락실의 삐끼들에게 호객행위를 여러 번 당하기도 했다. 내 외모를 봐도 그렇고, 신나게 '형, 동생' 하고 떠들어대며 아이스크림을 들고 길을 걸어가는 우리들이 검사라고 생각한 사람들은 아마도 없었을 테니 어쩌면 당연한 일이기도 하다.

부장검사 시절의 또 다른 장점이자 보람을 꼽자면, 선배로서 후배들을 이끌고 지도해 주는 즐거움이 아닐까 싶다. 제대로 된 법조인 양성은 교과서를 통해서가 아니라 선배가 후배를 직접 가르치는 '도제 시스템'에 의해 이루어진다고 하는 말이 있다. 요즘은 로스쿨 제도로 법조인 양성 시스템이 조금은 바뀌기도 했지만, 과거 시행되었던 사법시험 시스템에는 문제점도 적지 않았던 것 같다.

법조인은 우리 사회에서 발생하는 여러 분쟁, 사건들을 법률적 측면에서 조화롭고 균형감 있게 해석하여 이를 해결하는 임무를 담당하고 있다. 그런데도 불구하고 자의 또는 타의로 일반적인 사회 환경과는 격리된 상황에서 특정 집단의 동료들하고만 어울려 공부를 하고, 그런 고립생활 끝에 시험에 합격하여 법조인이라는 자격을 얻도록 만들어진 시스템은 일반인들의 입장에서 볼 때 기이하게 느껴질 수밖에 없다.

오래 시험 준비를 한 사람일수록 자신만의 세계에 갇혀 독선과 오만에 빠진 사람이 될 가능성이 높은 것도 이런 이유 때문일지 모르겠다. 그렇기에 사법연수원, 그리고 법조인으로 첫발을 내딛은 직장에서 여러 선배들과 어울려 다양한 지식과 경험을 전수받고 진정한 의미의 '사회화'를 경험할 필요성은 더욱 크다고 할 수 있을 것이다.

게다가 실제 현장에서 접하는 실무와 교과서에서 익힌 법률지식과는 큰 차이가 있기 마련이라서 여러 경험을 갖춘 법조 선배들로부터 꾸준히 제대로 배워야만 진정한 법조인으로서 주어진 업무를 효율적으로 처리할 수 있는 실무지식과 능력을 갖출 수 있게 된다. 선배들의 다양한 경험이 지도 과정을 통해서 후배들에게 차례로 전달되는 것이다.

과거에 나도 경험했던 어려움을 겪거나 비슷한 실수를 저지르는 후배들을 보면, 예전에 선배들로부터 가르침을 받던 그 시절의 기억이 소록소록 떠오르곤 한다. 무조건 선배들의 가르침을 반복하지는 않았지만, 선배들이 가르쳐준 것들, 내가 익힌 것들을 하나라도 더 알려주기 위해 꽤나 애를 썼던 것 같다.

후배들을 지도하거나 업무 관련 지시를 하면서 내가 꼭 지킨 한 가지 원칙이 있다. 함께 앉아서 이야기를 하거나 함께 서서 이야기를 했지 나 혼자만 자리에 앉아 후배들을 세워놓고 이야기를 한 적은 한 번도 없었다. 후배들의 입장에서 볼 때, 아무리 편하게 대해주려고 해도 상급자인 부장이 어렵게 여겨질 수밖에 없다. 이런 상황에서 후배 검사들을 세워놓고 자신은 자리에 앉아 이야기를 하는 등 권위주의적으로 비칠 수 있는 행동을 하면 후배들이 마음 편하게 자신의 의견을 이야기하기는 어려울 것이다. 그렇기에 나는 늘 후배들이 내 사무실로 들어오면 나 역시 자리에서 일어서서 함께 이야기를 하거나, 책상 옆의 테이블 등으로 자리를 옮겨 앉아 함께 업무 관련 상의를 하곤 했다. 또 부장실에 올 때는 옷차림에 신경을 쓸 필요 없이 사무실에서 일하던 그 복장 그대로 필요 없이 편한 차림으로 드나들도록 했다.

덕분인지 후배들은 내 생각과 자신의 의견이 다를 경우에도 꽤나 자유롭게 자신의 의견을 이야기를 해주었던 것 같다. 아울러 후배들의 의견이 비록 나와 다르더라도 전체적으로 보아 크게 틀리지 않거나 수용 가능한 범위에 있다고 생각되면, 후배들의 의견을 존중하고 그 의견을 유지해서 사건을 잘 처리할 수 있는 방법이 무엇인지 조언해 주는 쪽을 택했다.

요즘도 다양한 분야에서 인정받으며 열심히 일하고 있는 여러 후배들의 소식을 자주 접하곤 한다. 언론 등을 통해 활동하는 모습을 보고 뿌듯함을 느낄 때도 있다. 여러 면에서 비판을 받아온 상황에도 불구하고 나와 함께 근무했던 후배들은 그런 비판을 이겨내고 여러 분야에서 인정을 받으며 법조인으로서의 자신의 역할을 충실히 해내고 있다. 이것이야말로 부장검사 시절의 가장 큰 보람이 아닌가 싶다.

사랑하는 그곳
―통영지청장 시절

2018년 7월 검찰 정기인사에 맞추어 금융정보분석원 FIU을 떠나 통영지청장으로 자리를 옮기게 되었다. 통상 검찰 인사에서 평검사로 근무했던 소규모 지청에 다시 지청장으로 부임하게 되는 경우는 매우 드물기 때문에 전혀 예상을 못 했었는데 통영지청장으로 발령을 받고 나니 의외라는 생각이 들기도 했다.

서울 출신이기에 '고향'의 의미에 대해 깊게 생각을 해본 적은 없었다. 하지만, 통영으로 발령을 받고 나니 과거에 근무했던 곳에 다시 근무하게 되었다는 익숙함이나 편안함 이상의 기쁨이 느껴졌다. 어쩌면 고향으로 돌아가서 근무하게 되면 느끼는 감정이 이런 것이 아닐까 싶기도 했다. 그 시절 같은 시간과 공간을 공유했던 사람들을 다시 만날 수 있다는 사실만으로도 기쁘고 흥분되는 느낌이었다. 그런 한편으로 조금은 걱정스럽기도 했다.

미숙하고 성급했던 초년 검사 시절, 부족하기만 했던 내 모습을 생생하게 기억하고 있는 사람들을 이제는 '지청장'이라는 자리에서 다시 마주해야 한다는 것이 조금 부담스럽게 느껴졌다. 어쩌면 나의 젊은 모습을 생생하게 기억하는 직원들이 '지청장님, 예전에 평검사 때는 안 그러셨잖아요'라며 놀릴지도 모른다는 생각에 슬며시 웃음이 나오기도 했다.

인사발표 이후, 통영에 함께 근무했던 선후배와 직원들로부터 많은 전화를 받았다. 모두들 축하해 주면서 옛날 통영지청의 6호 말석 검사였던 내가 통영지청장으로 다시 부임하게 되었다는 사실을 재미있어하는 듯했다. 그런 전화를 받으니 옛날 통영지청 시절의 일들이 더 생생하게 떠올랐다. 보람 있었던 일도 많았지만 철없이 행동했던 일들도 하나둘씩 떠오르는지라 부임 날짜가 다가올수록 걱정이 되기도 했다.

어쩌면 경험 부족, 철없음, 조급함 등으로 저질렀던 젊은 시절의 많은 실수를 반성하고 만회할 기회를 주기 위해 운명의 신이 다시 나를 통영지청에 근무하도록 한 것이 아닐까 하는 생각을 하기도 했다. 만약 그런 것이라면 정말 고맙고 다행스러워해야 할 일이기도 했다.

지청장으로 부임한 통영은 역시 고향처럼 낯익은 곳이었다. 예전의 젊은 직원들이 이제는 고참으로 청의 주요 인력이 되어 있었다. 법원, 해경, 육경°, 관련 지자체 등과 간담회를 할 때마다 예전 친숙했던 얼굴들을 다시 만날 수 있어 반갑기도 했다. 물론, 예전 평검사 시절의 철없었던 일화라도 나오기 시작하면 때로는 정말 부끄러워 얼굴이 빨개지는 일이 있기도 했지만 말이다. 어쨌거나 세월이 지나서도 그렇게 잊지 않고 나를 기억해 주는 사람들이 있는 것이 정말 고마웠다.

사람들뿐만 아니라 풍경, 사무실조차도 익숙하게 느껴졌다. 익숙한 풍경들을 볼 때마다 그리운 옛 기억들이 그때 느꼈던 그 감정과 함께 겹쳐져 떠올랐다. 지청장실에서 혼자 앉아 있다 보면, 예전에 지청장님들을 모시며 경험했던 기뻤던 순간, 서운했던 순간 등 여러 추억들이 마치 어제 있었던 일처럼 생생하게 떠오르기도 했다. 특히 지청장실의 오래된 서류함에서 평검사 시절에 작성했던 서류들을 발견했을 때의 그 기분은 뭐라고 표현해야 할지 모를 정도로 먹먹하고 아련했다.

통영지청 후배들은 검찰 조직의 후배들이기도 했지만, 젊은 시절 통영지청 평검사로 근무했다는 공통의 경험을 공유했기에 더욱 각별하게 느껴졌다. 통영지청에 근무하는 동안 풍부한 업무 경험을 쌓도록 돕고 좋은 추억도 만들어주어야겠다는 책임감이 느껴졌다.

○ 통영은 해경(해양경찰)이 있는 지역이라 일반 경찰은 '육경'(육상경찰)이라고 불러 구별을 하는 경우가 많았다.

검사 수가 예전의 두 배 이상으로 늘어나다 보니 각 검사들이 청 업무 전반의 의사결정에 참여할 기회는 대폭 줄어든 상태였다. 또 한편으로는 주말 부부로 지내는 검사들이나 미혼 검사들이 늘어나다 보니, 주말이면 통영을 떠나는 경우가 많아 예전처럼 통영, 거제, 고성 등 관할 구역의 명소들을 돌아볼 기회가 많지 않은 듯싶었다. 업무량도 많은 마당에 통영처럼 아름다운 곳에 근무하면서 그 지역을 충분히 둘러볼 기회를 갖지 못하는 후배들이 안쓰럽기도 했다.

이런 상황에서 청 전반의 업무를 넓게 이해할 수 있도록 간부 회의 등에 평검사들을 적극적으로 참여시키기로 했다. 또한 부장검사 등이 참석하는 외부행사에도 후배 검사들이 함께 따라가거나 대신 참여할 수 있는 기회를 자주 만들도록 했다. 그와 아울러 저녁 회식 등의 장소는 새로 만들어진 신시가지보다는 항남동 등의 구도심으로 잡아 세병관, 충렬사, 강구안, 서호시장, 해저터널 등 이곳저곳 의미 있는 장소들을 둘러본 후 식사 장소로 이동해서 모임을 갖기도 했다.

수군통제영의 세병관 뒤편에는 한눈에도 쉽게 알아볼 수 있는 커다란 나무가 한 그루 남아 있다. 이 나무는 수령이 몇백 년 이상의 고목으로 오래전 구청사 시절부터 법원과 검찰 사이에 자리를 잡고 있었던 나무였다. 옛 청사 건물들은 모두 없어지고 통제영 부속 건물들이 복원되어 들어섰지만 이 나무를 기준으로 예전 법원, 검찰 구청사의 위치가 어디였는지를 대충이나마 가늠해 볼 수 있다.

이 나무 앞에 서서 후배들에게 법원 검찰 등의 구청사가 어디에 있었는지, 과거 부근에 있었던 충렬초등학교, 세무서 등의 위치, 구청사 시절의 일화, 수항루, 세병관 등에 대한 이야기를 해 주고 그 부근 전통시장으로 자리를 옮겨 저녁 식사를 하기도 했다.

이처럼 하루하루를 평온하게 지냈으면 좋겠다는 마음이었지만, 검찰 업무의 특성상 늘 이렇게 한가롭고 마음 편하게만 지낼 수는 없었다. 통영, 거제, 고성 등 관할 구역 이곳저곳에서 크고 작은 사건들이 끊이지 않았기에 꾸준히 처리해야 할 업무량도 상당한 편이었다. 지청장으로 근무하는 1년여 기간 동안 후배 검사들이 처리한 많은 사건들을 보았지만, 2018년 10월 말에 접했던 '거제 신오교 살인 사건'은 아직도 잊을 수가 없다.

통영지청과 같은 규모의 '부치지청'(부장검사는 있지만 차장검사는 없는 검찰청)의 경우, 대부분의 형사사건은 부장 결재로 처리되지만, 구속 사건처럼 중요도가 높은 사건의 경우에는 지청장까지 검토 후에 사건을 처리하도록 규정되어 있다.

2018년 10월 말경, 부장검사의 결재를 거쳐 지청장실로 올라온 구속사건 한 건을 검토하게 되었다. 검찰에서 사건을 처리하면서 경찰에서 송치한 죄명을 의율을 바꾸어 다른 죄명으로 기소하는 경우는 종종 있기 마련이지만, 이 사건의 경우 후배 검사가 변경하여 의율한 죄명이 '살인'이었다.

피의자의 구타로 인해 피해자가 사망한 사건에 대해서 경찰은 '상해치사죄'를 적용하여 송치했는데, 후배 검사는 '살인죄'로 죄명을 바꾸어서 기소하는 것이 맞겠다고 보아 의율을 변경한 것이었다. 부장검사도 의율 변경에 큰 문제가 없다고 보았는지 결재란에 후배 부장검사의 도장이 날인되어 있었다. 사안의 중대함 때문에라도 사건 기록을 꼼꼼히 검토해 보지 않을 수 없었다. 후배 검사에게 전화를 해서 지청장실로 오도록 했다.

"죄명을 살인으로 바꿨는데, 이거 괜찮을까?"

"피해자는 아주 왜소한 사람인데요, 이런 연약하고 왜소한 피해자의 머리를 발로 수없이 걷어차서 그 때문에 피해자가 사망했습니다. 최소한 미필적 고의는 있었다고 보아야 할 것 같고, 그래서 죄명을 변경한 겁니다."

기록을 살펴보니, 사건의 개요는 이러했다.

피해자 윤모씨는 매우 왜소한 체격의 50대 후반 여성이었다. 윤모씨는 결혼은 했지만 오래전에 남편과 사별하고 그때부터 폐지를 주워 모아다 팔며 홀로 생활해 왔고 자식은 없다고 했다. 윤모씨는 신오교 부근에 있는 폐쇄된 여객선 터미널 부근에서 살고 있었는데, 해가 질 무렵이 되면 근처 의자에 앉아 저녁 석양을 바라보며 조용히 혼자 노래를 부르는 모습을 자주 볼 수 있었다고 한다.

사건이 발생한 10월 초 늦은 저녁 시간, 피해자는 그날도 평소처럼 혼자 버려진 터미널 부근 의자에 앉아 부근 도심의 바다를 바라보다가 근처 긴 의자에 누워 쉬고 있었던 모양이었다. 피의자는 그런 피해자에게 다가가 아무런 이유 없이 이리저리 끌고 다니며 수십 분간에 걸쳐 발로 머리와 가슴 부위 등을 집중적으로 때렸고, 이로 인해 피해자가 다발성골절, 뇌경막하출혈 등으로 인해 결국 사망한 사안이었다. 이런 일이 일어났다는 사실 자체가 믿어지지 않을 정도로 끔찍하고 가슴 아픈 사건이었다.

"살인으로 볼 증거는 어떤 게 있지?"

"CCTV 화면이 있습니다. 증거기록에도 CCTV 영상이 있는데, 그걸 보시면 지청장님도 살인으로 의율하는 게 맞다고 생각하실 것 같습니다."

"아직 안 봤는데, 일부 화면을 출력해서 기록에 붙여놓은 것만 봤어."

"그걸 보시면, 제가 왜 살인으로 죄명을 변경했는지 아실 수 있습니다."

"그거 말고는?"

"대검에 피의자 휴대폰을 보내서 포렌식을 했는데요. 거기서 사건 이전에 피의자가 '사람이 죽으면', '사람이 죽을 때, 목' 등과 같이 살인과 관련된 여러 키워드로 꽤 많이 검색을 한 내역이 나왔습니다. 그리고 사건 이후에 피의자가 파출소에 잡혀간 상태에서 휴대폰을 이용해서 피투성이가 된 자기 신발 등을 촬영하고 SNS에 접속을 했던 내역도 확인됐구요. 그런 것을 보면, 우발 범죄가 아닐 수도 있습니다."

"CCTV 화면은 꼭 봐야 할까?"

"예, 보셔야 할 것 같습니다. 범행 장면이 처음부터 끝까지 다 녹화가 되어 있습니다. 저도 마음이 너무 아프고 힘들었지만 다 봤습니다."

후배 검사를 돌려보낸 후, 증거 기록에 첨부된 CCTV 영상을 재생했다. 범행 전 과정이 녹화된 영상의 모습은 너무나도 끔찍했다. 설령 원한 관계에서 저지른 범행이라도 이렇게까지 사람을 잔혹하게 때릴 수 있을까 하는 생각이 들었다. 무릎을 꿇고 살려달라고 비는 피해자의 모습을 보는 순간 너무나도 마음이 아파 영상을 계속 볼 수 없을 지경이었다. 후배 검사에게 다시 연락을 해서 지청장실에서 보자고 했다.

"동영상 봤어. 권 검사, 살인죄로 의율을 변경한 것은 잘한 것 같네."

"예."

"범행 동기가 뭐래?"

"그게 특별한 동기를 찾을 수 없습니다. 그냥 저항할 수 없을 약자를 상대로 분풀이를 한 것 아닌가 싶기도 하고… 군입대를 앞두고 화풀이를 한 것이 아닌가 싶기도 하고 그렇습니다."

"피해자가 아주 왜소해 보이던데…."

"예, 키가 140센티미터가 채 안 되고, 몸무게도 40킬로그램이 안되는 아주 왜소한 사람입니다."

"가족은…."

"남편과는 십여 년 전에 사별했고, 자식은 없어서 혼자 폐지를 주워서 어렵게 생활해 왔다고 합니다."

"목격자가 있던데."

"예, 지나가던 목격자들이 범행 장면을 보고 신고를 했구요. 현장에서 도망가려던 피의자를 검거해서 경찰에 넘겼습니다."

"계속 피해자의 머리 부위만 발로 차던데…."

"예, 그렇습니다. 정말 잔인할 정도로 피해자의 머리만 발로 수없이 가격을 했구요…."

"힘들겠지만, 다시 한번 동영상을 봐줬으면 좋겠어. 지금이 상태로도 살인죄 유죄 판결은 문제없어 보이지만, 좀 더 확실히 해두고 싶어서 그래. 동영상을 다시 보고, 실행 착수부터

행인들한테 붙잡힐 때까지 전체 시간이 얼마나 되는지, 그리고 치명상을 입을 수 있는 부위인 머리나 가슴, 배 등을 각각 몇 회씩 발로 차고 때린 것인지 일일이 숫자를 세서 이걸 정리한 수사보고서를 기록에 붙여줬으면 좋겠어. 그럼 더 확실히 미필적 고의가 있다는 것이 드러나겠지. 필요하다면 공소사실도 '몇 분에 걸쳐 머리 부위를 ○○회, 가슴 부위를 ○○회 등 강하게 발로 걷어차…' 이런 식으로 정리해 주면 좋겠고… 또, 살인죄로 의율하면서 강력사건이 된 것이니까 대검에도 사건 처리와 관련해서 정보보고를 해야 할 거야. 또 중한 구형을 해야 하니까 의견서(논고문)도 잘 준비해야 할 것 같아."

후배 검사에게 사건처리와 관련해서 조언을 해준 다음, 이 사건을 다시 한번 차분히 생각해 보았다. 이 사건 장소는 예전에 통영지청에 근무할 때부터 놀러 다니며 자주 지나다니던 낯익은 곳이었다. 인적이 많지는 않지만 이런 범죄가 일어날 곳이라고는 전혀 예상하기 어려운 장소인데 그곳에서 이런 끔찍한 일이 일어났다는 것이 믿기지 않았다. 그런 평화로운 장소에서 왜소하고 저항할 능력도 없는 무력한 피해자를 상대로 이런 흉악한 범죄를 저지른 것이라는 사실에 너무나 화가 나기도 했다.

꼼꼼히 기록을 검토해 준 후배 검사에게 진심으로 고맙다고 이야기를 해주었다. 후배 검사의 작은 노력이 저세상에 있는 피해자에게 조금이나마 위로가 될 수 있기를 간절히 마음속으로 빌기도 했다.

이 사건은 뒤늦게 세간에 알려져서 '약자를 상대로 한 무차별적 폭력 범죄 사례'로 여론의 주목을 받게 되었다. 거제시 등 지방자치단체, 범죄피해자지원센터, 법사랑위원회를 비롯한 각 단체들도 이 사건에 큰 관심을 갖고 불우이웃 지원, 방범등 추가 설치 등 재발 방지를 위해 필요한 후속조치가 이루어질 수 있도록 큰 도움을 주었다.

어떤 사회가 얼마나 성숙되고 발전된 사회인지를 알려면, 사회적으로 가장 소외되고 약한 존재―그것이 사람이든 동물이든, 그 무엇이든―가 그 사회에서 어떤 대접을 받는지를 살펴보면 된다는 말이 있다. 이 사건의 경우, 비록 우리 사회가 연약한 피해자를 제때 지켜주지는 못했지만, 사건 처리에 있어서만큼은 피해자의 입장을 대변하거나 피해자를 위해 울어줄 사람이 아무도 없다는 이유로 소홀히 해서는 결코 안 되겠다는 생각이 들었다. 다행히 이 사건은 후배 검사를 비롯한 여러 사람들의 노력으로 피의자에게 중형이 선고되는 등 올바르게 처리될 수 있었다. 일부 거제 시민들은 사건 현장에서 피해자를 위한 추모행사를 개최하고 억울하게 목숨을 잃은 피해자를 위해 진심으로 슬퍼하기도 했다.

이 사건을 처리했던 후배 검사는 미국 듀크대 로스쿨에서

LL.M.과정을 마치고 귀국한 후 법원으로 전관하여 현재는 판사로 재직 중이다. 전관이 확정된 후 인사 전화를 한 후배에게, 그때 그 사건을 떠올리며 '정말 고마웠다. 어디에서 어떤 일을 하든 억울한 사람이 없도록 훌륭하게 일을 처리해 줄 것이라고 믿는다'라며 축하해 주었다.

통영지청을 떠나며

　통영지청장으로 부임한 지 1년이 조금 넘게 지난 2019년 7월 말 고검 검사급 인사 발령에 따라 대구고검 검사로 발령을 받게 되었다. 어느 정도 예상한 결과였지만, 서운한 마음을 완전히 버릴 수는 없었다. 인사이동 패턴이 비정상적인 상황이기는 했지만, 마음속으로는 '한 임지 정도는 더 갈 수 있지 않을까' 하는 생각을 했었기 때문이 아니었나 싶다.

　그 무렵 통영으로 내려와 함께 지내고 있던 아내와 인사 결과에 따라 어떻게 할 것인지 꽤 오래 고민을 했었기에 법무부에 미련 없이 사직서를 제출했다. 삼성전자를 떠나 검찰에 복귀한 지 꼭 13년 만에 검사생활을 마치고 새출발을 하게 된 것이었다.

사직서를 제출한 후 짐을 정리하다가 지청장실 옆의 소회의실을 잠시 둘러보았다. 소회의실 한쪽 벽면에 걸려 있는 역대 지청장들의 사진을 하나하나 바라보다가 예전 평검사 시절에 모셨던 K 지청장님의 사진에 눈길이 머물렀다. 그 몇 해 전 갑작스럽게 돌아가신 K 지청장님은 짧게 모셨지만 기억이 많은 분이었다. 검사들을 부부 동반으로 식사에 초청해 주신 적도 있었다. 또 급박한 순간에 조직의 장이 어때야 하는지를 직접 보여준 고마운 분이기도 했다.

"세월이 흘러 청년 류혁이 통영지청장이 되었네요. 내가 뵈었던 통영지청장님은 연륜과 인품이 느껴지는 훌륭하신 선배님의 모습이었는데, 당신도 직원들에게 그런 인상을 줄 수 있었으면 좋겠어요. 어쨌든 부임해서 잘하세요. 통영지청 직원들이 예전 당신 모습을 기억하고 있으니 더 잘해야 할 거예요."

소회의실에 붙어있는 K 지청장님의 사진을 볼 때마다 아내의 말이 떠오르곤 했다. 지청장실의 짐을 정리하던 그날 K 지청장님의 사진을 조용히 바라보며 정말 많은 생각을 했다.

명예퇴임식을 겸한 퇴임식은 최대한 간략히 하기로 했다. 아내에게 '금방 마치고 돌아올 테니 안 와도 된다'라고 이야기를 했다. 아내도 그러겠다고 했는데, 퇴임식 전날 마음이 바뀌었는지 아내가 나에게 조용히 이야기를 했.

"아무래도 내가 혁이 씨 퇴임식에 가보는 게 맞을 것 같아요. 그래도 오래 근무했던 일을 그만두는 것인데요. 서울에서 옷은 안 가져왔지만, 여기 마트에 가서 싼 정장이라도 하나 사서 입고 갈 테니까 그렇게 알아요."

그날 저녁 아내는 북신동 마트에 마음에 드는 옷이 딱 한 벌 남아 있어서 그걸 싸게 사왔다면서 나에게 보여주었다. 그 다음 날, 퇴임식을 마치고 바로 서울 집으로 출발할 수 있도록 관사에 남은 마지막 짐을 모두 꾸려 미리 차에 옮겨놓고 잠자리에 들었다.

퇴임식 당일, 직원들에게 그동안 너무나도 고마웠었다고 이야기를 하고 간단하게 퇴임식을 마쳤다. 두 번이나 근무한 통영에 정이 들어서 그런 것인지 벅차오르는 감정에 길지 않은 퇴임사를 마치는 것도 쉽지는 않았다. 통영에 근무하는 내내 '만약에 검사 생활을 어디에선가 마치게 된다면, 기왕이면 아름답고 정이 많이 든 이곳 통영이 좋겠다'는 이야기를 하곤 했는데, 그것이 정말 현실이 되어버린 것이었다. 서울로 올라오는 길, 아내에게 '그만두기 전에 통영에서 다시 살아볼 수 있었던 것이 정말 꿈같고 감사한 일이다'라고 이야기를 했다. 아내도 그렇다고 했다. 그렇게 고마운 마음으로 통영 근무를 마쳤다.

다시 감찰관으로

　비록 검찰은 그만두었지만 바로 변호사일을 시작하지는 않기로 했다. 어차피 계속해야 할 일인데 서두를 필요가 없다며 배짱을 부리고 싶었던 것 같기도 하다. 대신 아내와 함께 예전부터 생각해 왔던 미국 횡단 여행을 떠나기로 했다. 미국 연수 시절 미국 횡단 여행을 해보기는 했지만, 당시에는 시간 부족 등 여러 이유로 '나이아가라 폭포', '옐로우스톤 국립 공원' 등 유명 관광지 몇 곳을 가보지 못했는데, 이번 기회에 방문을 해보기로 마음을 먹었다.
　8월 한달은 그동안 만나지 못했던 지인, 친구들을 만나러 다니고, 미국 횡단 여행 계획을 세우는 등 한가하게 보냈다. 나중 일은 나중에 고민하고 우선은 마음 편하게 훌쩍 여행을 떠나보자는 생각뿐이었다. 여행 계획을 짜는 동안은 실제 여행을 하는 것 못지않게 마음이 편하고 미래에 대한 걱정도 모두 사라지는 듯했다.

여행을 마치고 잠시 쉬다가 후배들이 운영하는 작은 법무법인으로 출근하기로 했다. 길게 보고 큰 욕심 없이 후배들과 마음 편히 지내면서 즐겁게 지낼 생각이었다. 하지만, 늘 그렇듯 사람 사는 일이 처음 계획대로 되는 것은 아니기 마련이다. 작은 법무법인이라지만 어찌 보면 '전쟁터' 같은 상황이었다. 취미생활에 몰두하는 등, 유유자적하며 여유를 부릴 형편이 전혀 아니었다. 최선을 다하지 않으면 후배들에게 큰 부담을 줄 수도 있겠다는 생각에 책임감을 느끼지 않을 수 없었다.

나름 최선을 다해서 열심히 일하려고 노력했다. 거의 매일 저녁 약속을 잡아 이리저리 바쁘게 생활을 했다. 약속이 많다 보니 11시 이전에 귀가하는 날은 거의 없었던 것으로 기억한다. 우스운 얘기지만 대리운전 마일리지도 꽤나 많이 모았던 것 같다. 그런 생활에 조금씩 적응이 되어가던 11월 말의 아침, 평소처럼 한강 산책로에서 아침 달리기를 마치고 돌아와 보니 부재중 전화 한 통이 걸려와 있었다. 저장되어 있지 않은 모르는 번호였다. 혹시라도 업무와 관련된 전화일지도 모른다는 생각에 바로 연락을 했다.

"안녕하세요. 류혁 변호사입니다. 제가 전화를 못 받았는데, 부재중 전화가 찍혀 있어서 연락드립니다. 혹시 전화하셨나요?"

"예, 안녕하세요. 선배님, 아실지 모르겠지만 저 ○○○입니다. 제가 일을 하다 보니 선배님 말씀을 하시는 분들이 몇 분 계셔서 선배님께 전화를 드렸습니다."

"예? 그렇습니까? 아… 안녕하세요. 어떤 일이시죠?"

"저, 선배님, 변호사 일은 어떠세요?"

"아. 이제 막 시작한 것이라서요. 어쨌든 열심히 노력은 하고 있습니다."

"사건은 많이 하고 계신가요?"

"그만두고 여행도 다녀왔고, 변호사 업무 시작한 지 겨우 한달 남짓인데요. 사건이 많지는 않습니다."

"아 그렇군요. 저, 그런데 혹시, 공직에는 관심이 없으세요?"

"예? 공직이라니요? 어떤 일을 말씀하시는 건가요?"

"지금 말씀드릴 수는 없구요. 그나저나, 생각이 있으신 건가요?"

시내를 가다가 특정 종교단체에서 일하는 사람들로부터 '도를 아십니까?'라든가 '운명에 관심이 있으신가요?'라는 질문을 받아본 적은 있었다. 하지만, 전화 상대방으로부터 '공직에 관심이 있으세요?'라는 질문을 받으리라고는 전혀 예상을 하지 못했기에 솔직히 당황스러웠다. 도대체 무슨 일이 일어나고 있는 건지 감을 잡을 수가 없었다. 무슨 법무부 산하 위원회 위원으로 위촉이라도 되는 것인가 하는 생각을 하기도 했다. 어쨌거나 내 생각을 솔직히 이야기했다.

"제가 해보니까 변호사 일이 크게 적성에 맞는 것 같지는 않네요. 어떤 공직인지는 모르겠지만, 작은 일이라도 고맙게 생각하고 열심히 해보겠습니다."

"제가 전화를 드리기는 했지만, 지금 상황에서 공직 임용이 확정되었다고는 말씀드릴 수는 없구요. 저희도 여러 과정을 거쳐야 합니다. 인사 검증 절차도 통과하셔야 하구요. 그럼 인사 검증에 동의하신 것으로 보고, 저희가 절차를 밟도록 하겠습니다. 아마 곧 연락이 갈 겁니다."

전화를 끊고 어리둥절한 표정으로 아내에게 전화 내용을 얘기해 주었다. 아내는 '그럴 리가 있느냐, 혹시 보이스피싱이 아니냐?'며 도무지 믿지 못하겠다는 표정이었다. 나는 '아닌 것 같다'고 대답을 하기는 했지만 전혀 예상하지도 못했던 전화인지라 나 역시 어떤 상황인지 확신을 할 수가 없었다. 전화를 끊고 하루쯤 지났을 무렵, 이야기를 들었던 것처럼 인사 검증과 관련된 전화와 이메일이 날아왔다. 인사 검증이라는 과정은 예전에 통영지청장 시절에도 이미 경험을 해본 적이 있었다. 걸려온 전화번호나 이메일 주소가 모두 과거 인사 검증 당시에 보았던 것과 같은 것이었다. 그걸 보니 그때서야 걸려 왔던 전화가 '보이스 피싱'은 아니었구나 하는 생각을 할 수 있었다.

이번의 인사 검증은 예전에 한번 경험해 봤던 인사 검증보다 훨씬 더 까다롭게 진행되는 느낌이었다. 요구하는 자료의 내용도 예전과는 조금 다르고 상세한 자료를 요구하는 경우도 있어서 무척이나 번거롭고 힘들게 느껴지기도 했다. 여러 차례 전화 통화를 하다 보니 인사 검증 담당자의 목소리가 꽤나 익숙해졌다. 하루는 전화를 걸어온 인사 검증 담당자에게 속마음을 털어놓으며 하소연을 했다.

"별별 자료를 다 요구하시네요. 도대체 어떤 자리이기에 이렇게 많은 자료가 필요한가요? 예전에는 이렇게까지 많은 자료를 제출했던 것 같지는 않은데 말이죠."

"좀 힘드시죠? 어떤 자리인지 말씀드려서는 안 되지만, 제가 알지 못하니 말씀드릴 수도 없네요. 통상 어떤 자리를 염두에 두고 진행하는 검증인지 정도는 저희에게 알려주는 경우가 많은데, 이 경우는 그것마저 전혀 알려주지 않아서요."

그런 이야기를 듣고 보니 나도 정말 궁금하다는 생각이 들었다. 그냥 법률 관련 부처 소속 위원회 위원 정도의 조용한 자리로 생각을 했기에 이렇게 인사 검증을 심하게 하리라고는 전혀 예상하지 못했다. 잠깐이라도 사직을 했던 사람이니

다시 공직으로 복귀시키기 전에 더 확실히 검증을 해야 한다고 판단해서 꼼꼼하게 살펴보는 것일 수도 있겠다는 생각도 들었다. 어쨌든 검증을 받고 있는 나로서는 대놓고 불평을 할 수 있는 처지가 아니라서 순순히 검증 절차에 따를 수밖에 없는 상황이었다.

거의 한 달 가까이 인사 검증 절차가 진행되었다. 하지만, 절차가 마무리된 지 꽤 되었는데도 연초가 될 때까지 아무런 소식도 듣지 못했다. 그렇다고 내가 먼저 연락을 해서 결과를 물어볼 수도 없는 노릇이었다. 그냥 기다릴 수밖에 없는 처지였다.

그 무렵에는 후배들이 운영하던 작은 법무법인을 떠나 집 근처 사무실을 하나 마련해서 개인 변호사 사무실 개소를 준비 중인 상황이었다. 아내와는 '잘 안된 모양이다'라며, 마음을 비우고 사무실 준비에만 전념하기로 했다. 그 무렵 적지 않은 돈을 들여 막 인테리어 작업을 시작한 참이기도 했다.

서초동을 떠나 집 근처 동네에 작은 사무실을 차리면, 사무실 운영비를 최소화할 수 있다는 생각이 들었다. 운영비가 적게 드니 사건 수임 부담이나 일에 얽매이지 않고 마음 편하게 변호사로서 업무를 수행할 수 있을 것 같았다. 사건을 많이 수임할 생각이 없으니 특별히 직원도 두지 않기로 했다. 서면 작성이라든가 상담, 조사 참여, 접견 등 변호사로서의 업무는 모두 내가 맡고, 아내는 하루에 너댓 시간 정도 사무실에 있으면서 나를 도와주기로 했다. 사무실이 집과도 가까우니 출퇴근 부담도 없고, 집에 해야 할 일이 있으면 언제든지 집으로 돌아가서 볼일을 볼 수도 있을 것이라는 생각이었다.

사무실은 고급스럽지는 않았지만, 혼자 쓰는 사무실로서는 부족함이 전혀 없었다. 사무용 책상 공간이 하나 남기까지 했는데, 말로는 '한 사람 더 채용하게 되면 쓸 자리'라고 둘러댔지만, 속으로는 '나만의 취미 공간'으로 점찍어 둔 자리였다. 그 공간을 볼 때마다 기분이 좋아서 절로 웃음이 나왔다. 사무실 위치는 몇몇 친구들의 출퇴근 길에서 가까웠는데, 친구들도 퇴근 이후에 마음 편히 모일 공간이 생겼다면서 꽤나 좋아했다.

그렇게 사무실이 거의 완성되어 갈 무렵, 처음 걸려왔던 그 전화번호로 다시 전화가 걸려왔다. 인사 검증 결과에 대해서는 별말이 없이 저녁 식사라도 함께하자는 것이었다.

식사 자리에서는 예상과 달리 현재 사는 곳, 통영지청장 퇴임 이후의 근황 등, 몇 가지 질문을 제외하고는 비교적 평범한 이야기들이 오갔다. 내가 궁금해하는 이야기는 전혀 나오지 않았다. 도무지 궁금증을 참을 수 없어 내가 어떤 자리에 대한 인사 검증을 받고 있는 것인지 물었다. 그런데 '지금은 여러 사정상 알려줄 수 없는 점을 이해하고, 그냥 기다려보라. 궁금해하면서 기다리는 것이 더 흥미진진하고 즐거운 일 아니냐?'라는 의외의 대답을 받았을 뿐이었다.

그다음 또 다시 전화를 받은 것은 저녁 식사 다음 날 늦은 오후였던 것으로 기억한다. 내가 인사 검증을 통과하고 임용이 확정되었으니 축하한다는 내용이었다.

"축하드립니다. 인사 검증을 통과하고 재임용이 결정되었습니다."

"예? 감사합니다. 그런데 어떤 자리인가요?"

"그게 지금은 말씀드릴 수 없고, '검사장급 주요보직'이라고만 알고 계시면 될 것 같습니다."

"예? 검사장급 주요보직이요? 그럼 제가 다시 검사가 된다는 말씀이신가요?"

"예, 그렇습니다."

"제가 다시 검찰로 돌아간다구요?"

"예, 그렇습니다."

도무지 믿어지지 않아서 몇 번을 되물었던 것으로 기억한다. 도무지 실감이 나지 않았다. 그냥 변호사 자격을 가진 사람이 갈 만한 정부 부처의 공무원 자리일 줄로만 알았는데, 다시 검찰로 복귀하게 된다고 하니 한편으로는 기쁘기도 했지만 너무나도 예상 밖의 일이라 놀라울 뿐이었다.

2020년 1월 8일 아침 급한 연락을 받고, 법무부로 향했다.

재임관을 위한 면접을 진행할 예정이니 나보고 참석을 해야 한다고 했다. 면접 과정에서 '검사장급 재임관'을 위한 면접임을 다시 확실히 알 수 있게 되었다. 한 시간가량의 면접을 마치고 귀가했을 무렵, 이곳저곳에서 전화가 오기 시작했다. 오래전부터 친하게 지내는 선배로부터 전화가 와 받았더니 대뜸 축하의 말을 해주었다.

"축하해. 검찰국장 면접을 봤다며?"

"예? 검사장급 주요 보직이라더니… 그게 그거였나요?"

"몰랐어? 기자들이 그렇게 이야기를 하던데?"

"예, 저는 '검사장급 주요보직'이라고만 들어서요… 저도 놀랍네요."

선배와 전화를 끊자마자 또 다른 전화가 쉴 새 없이 걸려오기 시작했다. 처음 받았던 기자로부터의 질문은, '검찰국장 면접을 본 것이 맞느냐. 인사위원회에 참여했던 사람들로부터 들은 이야기인데, 그런 내용이 맞느냐'는 취지였다.

검사로 임관하기 위해서는 면접뿐만 아니라 검찰 인사위원회의 심의를 거쳐야 하는데, 대검 소속 모 인사위원이 이례적 인사 결정이라는 이유로 심하게 반대를 하고 그 내용을 언론에 흘린 모양이었다. 그 무렵 여러 이유로 대검과 법무부 사이에 엄청난 적대적 긴장 관계가 형성되어 있었는데, 그런 상황도 크게 영향을 미친 듯했다. 나로서는 전혀 예상할 수 없었던

'검찰국장'이라는 중책에 거론된 이유로 구설에 오르는 것도 마음이 편하지 않은데, 예전에 근무했던 '삼성 출신'이라는 이유로 나를 비난하는 것이 너무나도 불편하게 느껴졌다. 나에 대해 잘 알지도 못하면서 부정적 프레임을 만들어서 나를 공정성, 객관성이 결여된 사람으로 매도하려는 것으로 여겨지기도 했다. 반대의 방법, 수단, 내용 면에서 모두 비열한 행태라고 생각할 수밖에 없었다.

지켜보니 검찰인사위원회의 심의 결과 등 여러 사정상 검사 재임관은 불가능해 보였다. 아내에게 '마음 비우자. 뭐 달라질 것도 없고, 기분 좋은 꿈을 꾼 셈 치면 되지 않겠느냐'고 이야기를 했다. 아내는 한편으로는 서운해하면서도 괜찮다며 나를 위로해 주었다. 오후 무렵 함께 부근 쇼핑몰로 가서 시간을 보내다가 영화 관람을 위해 대기하려던 중에 전화가 걸려왔다.

"선배님, 마음 많이 불편하시죠?"

"아닙니다. 저 때문에 오히려 여러 모로 고생하셨겠네요."

"이미 아시겠지만, 이번에는 좀 어려울 것 같습니다. 죄송합니다."

"아닙니다. 저는 어차피 개인 사무실을 하고 있으니까 걱정 안 하셔도 되구요. 그냥 좋은 꿈을 꾼 듯한 기분이니까 감사드릴 뿐입니다. 처음에 공직 인사 검증에 동의했을 때 이런 것은 전혀 예상을 못했는데, 어떤 분께서 저를 추천해 주셨는지 모르겠지만, 정말 감사하다고 꼭 전해주세요. 그리고 제 걱정 안 하셔도 됩니다. 정말 고맙습니다."

얼마간의 시간이 지난 후의 일이지만, 이 사건에 대해서 대학 시절 과 친구인 김모 교수가 자신의 SNS에 올린 글이 있어 그 글을 일부 인용해 보면 다음과 같다.

> 내가 아는 R은 평생 직무에 충실한 모범 공무원이었지만 사적으로 접하는 그는 매우 다양한 취미를 갖고 있는 리버럴에 가깝다. 법조계에서는 아마도 가장 흔한 취미일 것 같은 음주와 골프를 멀리하는 그는 15년이 넘은 구형 싼타페를 몰고 다니며 이미 잔뼈 굵은 아마추어 철인3종 경기 선수이며 프라모델 제작도 프로급이다. 천체망원경을 직접 제작하는 아마추어 천문가이기도 하며, 어디다 쓰려고 땄는지 잘 이해가 안되는 화물운송종사 자격증, 대형버스 운전자격증, 대형견인(과거의 1종 특수 트레일러) 운전면허증도 보유하고 있다.
>
> 이런 R의 소식을 최근에 언론보도를 통하여 접하게 되는 일이 잦아졌는데 그 첫 번째가 올 1월에 신임 법무부장관이 취임 첫 인사로 이미 검찰을 떠난 그를 검사장으로 임명하려 한다는 기사였다. 논란의 시기에 과거 그가 1년 남짓 'S전자'

에 적을 두었던 사실까지 거론되면서 그 사안은 극렬한 반대에 부딪혀 결국 무산되었다. 나는 그가 다른 이유보다 'S전자'에 재직했었다는 이유 하나로 지나치게 매도당하는 일이 매우 가슴이 아팠다. 내가 아는 그는 결코 1년 남짓의 'S전자' 재직 따위의 일로 공적인 판단에 영향을 받는 사람이 절대 아니기 때문이다.

친구의 글을 읽고 정말 고맙다는 생각이 들었다. 글을 쓴 김모 교수에게 전화를 걸어서 이야기를 했다.

"글 봤어. 부족한 친구를 너무 좋게 봐준 것 같아서 민망하네… 학력고사 수석하신 분께서 이렇게 좋게 봐주시니 영광이야. 내가 나중에 밥 한번 살게. 정말 고마워."

고마운 친구의 글에 속상함이 많이 풀렸던 것 같다.

가볍지 않은 소란이었지만, 며칠 지나고 나니 그런 일이 있었나 싶을 정도로 아무렇지도 않았다. 사무실 인테리어 공사도 모두 마무리가 되어 제법 그럴듯한 모습을 갖추게 되었다. 서초동과 달리 홍대 부근이다 보니 사무실 밖 풍경도 꽤 활기차고 밝은 느낌이 들기도 했다. 일을 시작했다고 널리 알린 것도 아니었는데 많은 건수는 아니었지만 사건도 조금씩 수임이 되기 시작했다. 아내와 함께 출근해서 사무실에서 하루를 보내는 것도 조금씩 익숙해지기 시작했다.

그런 생활이 한 달 남짓 지났을 무렵, 법무부 간부로 근무하던 연수원 동기로부터 갑자기 전화가 왔다. 혹시 현재 공석인 법무부 공모직 직위에 지망해 볼 생각이 없느냐는 것이었다. 적지 않은 비용을 들여 사무실 인테리어 공사까지 마치고 막 일을 시작하려던 차에 이런 제안을 받으니 정말 고민이 되었다. 사무실이야 그렇다 치고 수임한 사건의 경우 어떻게 해야 할지 걱정이 되기도 했다. 동기 말로는 지망을 하더라도 확정적으로 임용이 되리라고 보장을 할 수는 없다는 것이니, 무턱대고 사임을 할 수도 없는 노릇이었다.

좀 고민을 하다가 공모직 직위에 지원을 해보겠노라고 이야기를 했다. 이미 수임한 사건들은 어쨌거나 최선을 다해 수행하기로 했다. 공직 지원 이후부터는 새로운 사건을 맡을 수 없었다. 수임을 거절하자 서운해하시는 분들도 있었다. 나중에는 오해가 풀렸지만, 당시로서는 사건 수임을 거절하면서도 그 이유를 제대로 설명을 할 수가 없으니 정말 답답했다.

경제적 측면이나 여러 사정을 고려해 봤을 때 공직으로 돌아가는 것은 부담되는 선택이 될 수도 있었다. 수령했던 명예퇴직금도 모두 반납을 해야 하고 연금 수령 시점도 늦춰질 뿐만 아니라, 일하던 사건들에 대한 수임료도 모두 돌려주어야 했다. 도무지 경제적인 측면에서는 이해할 수 없는 결정이기도 했다. 그런데도 아내는 큰 망설임 없이 흔쾌히 내 결정에

동의해 주었다. 언제나처럼 '당신이 하고 싶은 일을 했으면 좋겠다'면서 말이다. 내가 그렇게 지내는 모습을 보는 것이 훨씬 마음이 편하다고도 했다. 늘 그랬지만, 나를 그처럼 믿고 지지해 주는 아내에게 너무나도 고마웠다.

다시 감찰관으로 임용되기까지는 지원 서류제출, 서류전형, 인사 검증, 면접, 고위공무원 역량 평가 등 여러 과정을 거쳐야 했기에 4개월 이상이 소요되었다. 당시는 코로나19가 막 시작되어 한참 유행으로 접어들 무렵이기도 했다. 공연히 감염이라도 되면 이런 여러 절차에 지장이 생길 수도 있다는 생각이 들어 외출 등 모든 외부활동이 조심스러웠다. 필요한 절차를 모두 마치고 2020년 7월 6일 자로 법무부 감찰관으로 임용되어 법무부로 출근을 하게 되었다.

감찰관 임용절차를 진행하던 무렵, 법무부에 근무하던 동기가 나에게 이런 말을 했다.

"제가 그 자리에 지원해 보라고 말씀드리기는 했지만, 절대로 쉽지 않을 거예요. 힘들 테니까 각오 단단히 하시는 게 좋을 겁니다."

그렇게 시작했던 감찰관을 2024년 12월 4일[○]에 그만두었으니 무려 4년 반 정도를 법무부에서 근무한 셈이다. 동기의 말처럼 나에게 결코 쉽지만은 않은 시간이었다. 아내에게 변호사 사무실을 그만두고 감찰관 지원을 했던 것이 미안하다

○ 사직서 제출 일자, 정식 수리 일자는 2024년 12월 11일

는 생각이 들 때도 있었다. 물론 보람 있는 순간이 없었던 것은 아니었지만, 전반적으로 보아 나로서는 정말 쉽지 않은 시간들이었다.

검사 생활을 하면서 검찰 전반의 감찰업무를 총괄하는 '대검 감찰부장'이라는 자리가 있다는 것은 알고 있었지만, '법무부 감찰관'이라는 자리가 어떤 자리이며 어떤 역할을 하는지에 대해서는 확실히 알지 못했다. 이 자리에 대해서 정확히 알게 된 것은 법무부 감찰관 자리를 지망하여 면접 등을 준비하면서부터였다. 동기로부터 '쉽지 않을 것'이라는 얘기를 듣기는 했지만, 대외적으로 드러날 이유가 전혀 없는 '감찰관'이라는 자리에서 내가 이렇게 많은 일을 겪고 공직을 그만두게 될 줄은 전혀 예상하지 못했었다.

감찰관으로 근무하는 동안 있었던 일들에 대해 너무 상세하게 이야기를 하는 것은 바람직스럽지 않다고 생각한다. 시간이 지나면 기억이 희미해지기 마련인지라 나중에라도 돌이켜볼 생각으로 일부 메모라든가 자료를 보관한 시절도 있었지만, 다행스럽게도 모든 어려움이 지나가고 대과 없이 공직을 그만둘 수 있었으니 아직도 가지고 있는 그 자료들이 나에게 더 쓸모가 있을 일은 없을 것이라는 생각도 든다.

4년 6개월간 감찰관으로 근무하면서 여러 비위 사건, 징계 사건, 사무 감사 등 업무를 수행했지만, 사적인 감정을 마음에

품은 채 공적 업무를 수행하거나 내가 그 입장에 있다면 받아들일 수 없는 사소한 이유를 문제 삼아 징계 절차를 진행한 적은 한 번도 없었다. 상대방과 조금이라도 인연이 있거나 문제가 될 가능성이 있는 사안에 대해서는 모두 사전에 '회피' 등 필요한 절차를 밟아서 나중에라도 논란의 소지가 없도록 깔끔하게 업무를 처리하려고 노력했다. 덕분에 처리했던 사안들 중에서 추후에 소청심사 등 불복절차를 통해 번복되는 경우는 거의 없었다. 징계 등의 불이익한 처분은 아무리 가벼운 것일지라도 직원들의 공직 생활에 큰 영향을 끼칠 수밖에 없고 직원들이 사기에 큰 영향을 주기 마련이다. 그렇기에 최대한 신중하게 절차를 진행해야 할 필요성이 있는 것인데, 그런 면에서 보면 참 다행스러운 일이다.

검사 윤석열

뭐니뭐니 해도 감찰관 재직 시절 가장 힘들었던 시기는 2020년 11월 말 윤석열 당시 검찰총장에 대한 징계사태 때였다. 여러 언론보도를 통해 알려진 바와 같이 윤석열 검찰총장에 대한 징계 청구는 2020년 11월 24일 나로서는 전혀 예상할 수 없었던 상황에서 급작스럽게 이루어졌다. 징계사건에 대한 조사가 마무리되면 함께 논의하기로 이야기가 되었던 법무차관(고기영)이나 기조실장(심우정)도 전혀 통보를 받지 못한 상황에서 절차가 진행되었기에 세 명 모두 크게 놀랄 수밖에 없었다.

잘 알려진 바와 같이 사태의 진행 과정에서 여러 의견 대립이 있었던 것은 사실이다. '절차 문제에서 빌미나 트집거리를 주어서는 안 된다'는 내 나름의 소신에 따른 행동이기는 했지만, 결과적으로 나의 행동이 윤석열 총장에게 유리한 방향으로 작용하였음도 부정할 수 없는 사실이기도 하다. 하지만, 분명히 밝히자면 나는 윤석열 검찰총장과는 학연, 근무연, 지연 등 모든 면에서 어떠한 인연이 없고, 그 외 다른 경로로 사적인 친분을 쌓을 기회가 전혀 없었다. 설령 함께 근무할 기회가 있었더라도 성격 등에 비추어 친해졌을 수가 없었다는 생각이 들기도 한다. 사실 윤석열이라는 사람과는 이러한 학연, 근무연뿐 아니라 삶의 방식(운전면허 여부, 운동, 취미, 음주, 학부 전공, 결혼관 등)도 나와는 완전히 다른 사람이라는 생각을 한 적도 있었다. 이런 내가 당시의 그 사태를 계기로 '친윤사단의 일원'이라는 오해와 지탄을 받는 경우도 있었으니 때로는 어이가 없어 헛웃음이 나오기도 한다.

내가 윤석열을 처음 만난 것은, 2020년 7월 초, 법무부 감찰관으로 부임한 직후 대검 검찰총장실에서였다. 당시 나는 신임 법무부 감찰관으로서 부임 인사차 당시 윤석열 검찰총장을 방문하게 되었다. 돌이켜 보면 첫인상이 그리 좋지만은 않았다.

당시 윤석열은 슬리퍼를 신고 반팔 와이셔츠의 맨 윗단추는 풀어 젖힌 모습으로 나를 비롯한 일행들을 맞이했다. 그런 태도가 어찌 보면 나를 얕잡아보며 무시하려는 듯한 모습으로 느껴지기도 했다. 총장실 응접의자에 비스듬히 앉아 한 손으로는 연실 부채질을 해대면서 특유의 거만한 목소리로 '내가 이름이 비슷한 류혁○ 부장은 좀 아는데, 류혁은 전혀 모르겠네'라며 이야기를 하던 그 모습이 아직도 생생하다. '후배라 마음 편하게 생각해서 그러나 보다'라며 애써 좋은 방향으로 생각하려고 했지만, 당연히 좋은 기억일 리 없었다.

직접 만난 것은 그때가 처음이었지만, 사건 기록을 통해서 '윤석열 검사'의 모습을 접한 것은 그보다 훨씬 이전인 2010년 여름 무렵이었다. 소위 '현대차 로비 사건'으로 윤석열 검사에게 구속되었다가 후에 대법원(주심 김영란 대법관)에서 전부 무죄 판결을 받은 사람들이 제출한 고소장(허위제보자를 처벌해 달라는 취지였다)을 수사하는 과정에서였다. 무죄로 판결된 사건 기록을 꼼꼼히 읽어보니 수사 착수 경위, 수사 방식, 증거 판단 등 여러 면에서 동의하기 힘들었다. 검사의 공소제기 내용에도 근본적인 의문이 들었고, 검사의 공소사실보다는 법원의 무죄 판결문이 훨씬 설득력 있는 느낌이었다.

현대차 로비 사건은 현대차그룹 계열사 등의 채무를 탕감해 달라는 부탁과 함께 뇌물을 받은 혐의로 변양호 전 재경부 금융정책국장 등을 기소한 사건이었다. 캐비닛 한 개 분량의 사건 기록과 대법원 판결문 등을 살펴보니 검사인 나로서도 도무지 어떻게 이런 근거로 과감하게 기소를 할 수 있었는지

의문이 들었다. 검찰은 변 전 국장에게 징역 10년, 박상배 전 산업은행 부총재에게 징역 12년 등 중형을 구형했지만, 대법원은 이 피고인들에 대해 무죄를 확정하며 검찰의 공소 제기 내용에 대해 근본적인 의문을 제기하였다. 당시 윤석열 검사 등이 이끌던 수사팀이 내세운 유력한 근거는 브로커 역할을 한 회계사 K모 씨의 진술이었다. 수사팀은 그의 진술을 주된 근거로 관련자 전원을 구속하였다. 그러나 K모 씨의 진술에는 의문점이 여럿 있었다. 그는 특정 가방에 뇌물 자금을 담아 과천청사나 은행 관계자 사무실에 찾아가 전달했다고 진술했지만, 과천청사 출입 기록이 전혀 없거나 일치하지 않았다. 은행 출입 경위에 대한 설명도 실제 상황과 다른 부분이 많았다. 이 사건으로 기소된 피고인들은 일관된 태도로 혐의를 부인한 반면, K모 씨의 경우 새로운 사실 관계가 드러날 때마다 진술이 수시로 바뀌었다.

K모 씨는 정관계 로비자금으로 수십억을 받아 전달했다고 주장했는데, 그의 계좌를 살펴보니 그 자금의 거의 90퍼센트 가까운 돈을 자신의 성북동 고급 주택 인테리어 비용 등으로 사용한 사실이 밝혀졌다. 게다가 K모 씨는 공무원들에게 청탁할 명목으로 금품을 받았다는 이유로 이미 구속 수감 중이었으며, 추후 재판 결과에 따라 추징금의 액수가 달라지고 거액의 추징금을 납부해야 할 수도 있는 처지에 놓인 사람이었다.

그렇기에 허위 진술의 유혹에 빠지기 쉬운 상황이었다. 모든 공소사실은 검사 본인의 주관적 시각이 아닌 다른 사람의 객관적 시각에서 유죄임이 분명해야 유죄 판결이 선고되기 마련이다. 이 사건 관련자가 아니라서 좀 더 객관적인 시선으로 사건을 바라볼 수 있는 입장에 있었던 나로서는 K모 씨 진술의 신빙성에 의문이 들었다. 이 사건에서 윤석열 수사팀과 의견을 같이 한 재판부도 있었다. 2심(항소심) 재판부는 1심의 무죄 판결을 뒤집고, 피고인들에 대해 유죄 판결을 내리기도 했다. 이때 2심 재판부가 K모 씨의 진술을 받아들인 이유가 매우 독특하다. 2심 재판부는 '오랜 세월 교회를 다니며 신앙생활을 한 신앙심이 깊은 성실한 교인으로서 거짓말을 할 특별한 이유가 존재하지 않는다'며, 객관적으로 드러난 자료를 모두 무시하고 K모씨의 진술을 전적으로 받아들였다. 하지만, 대법원은 이런 식의 증거 판단에 근거하여 유죄 판결이 가능한지 근본적인 의문을 제기하며, 분명하게 '아니다'라는 결론을 내렸다. 유죄 판결을 위해서는 '합리적 의심의 여지가 없는 수준의 확신'이 필요한데, 기록상으로는 그런 정도의 확신을 전혀 가질 수가 없었던 것이다. 결국 대법원은 한 사람을 제외한 피고인 전원에 대해 무죄를 선고하였다. 이 사람마저도 선처를 받을 수 있다는 검찰 출신 전관 변호사의 권유에 내키지 않는 허위 자백을 했던 것이라며 자신의 억울함을 호소하고 있는 상황이었다.

고소인들의 이야기만을 들어본 이후에 타청으로 전출하면서 내가 직접 그 사건을 처리하지는 못했다. 그 이후로도 가끔씩 그 사건 기록과 판결문을 읽어보았을 때의 황당한 기억이 떠오르곤 한다. 결국 인간적인 면에서든 직업적인 면에서든 윤석열이라는 사람에 대한 인상은 그리 좋지 못했던 편이다. 그는 좋은 검사가 아니었고 무엇보다, 좋은 사람이 아니었다.

힘들어서 언제라도 미련 없이 그만둘 수 있다고 생각했던 감찰관 생활이었지만, 12월 3일의 그날처럼 말도 안되는 이유로 그만두리라고는 전혀 생각하지 못했었다. 자리야 훌훌 마음 편하게 떠날 수 있는 것이지만, 정든 직원들과는 한 사람 한 사람과 따뜻한 작별 인사를 나누며 행복한 마음으로 떠나기를 바랐는데 결국 그런 인사조차 없이 짧지 않았던 감찰관 생활을 갑작스레 마친 것이 되었으니 그것이 조금은 아쉬울 뿐이다.

2024년 12월 11일 퇴직처리가 되고, 그달 17일 한박스의 짐이 사무실로부터 배달되어 왔다. 첫 출근 때도 딱 한 박스의 짐을 들고 출근을 했는데, 틈틈이 정리를 해서 그런지 거의 늘지 않아서 개인 물건은 여전히 한 박스 정도였다. 이런저런 생각이 많아서 그랬는지 풀어보지도 않고 한 구석에 처박아 두었다가 성탄 무렵이 되어서야 박스를 열어보았다. 함께 일하던 직원들이 내가 쓰던 물건들을 참 꼼꼼히도 포장을 해서 잘 보내주었다. 물건들을 꺼내 정리하면서 감찰관으로 재직했던 4년 6개월간 겪었던 기억들이 하나씩 떠올랐다. 그때만큼은 좋은 기억들이 훨씬 더 많이 떠올랐던 것 같다.

그제야 직원들에게 제대로 된 작별 인사도 하지 못하고 갑자기 떠난 것 말고는 큰 아쉬움 없이 감찰관 생활을 마쳤다는 안도감이 들었다. 이 한 박스의 짐이 어쩌면 나에게는 2024년도 크리스마스 선물이 될 수도 있겠구나 하는 생각에 웃음이 번졌다.

아쉬움이 아주 없을 수는 없겠지만 이번 퇴임도 쉽게 잊을 수 없는, 여러 감정이 복잡하게 어우러진 갑작스러운 떠남이 되어버렸다.

책을 마치며

언젠가 공직을 그만두고 떠나리라고 생각을 했지만, 2024년 12월 4일 새벽처럼 그런 모습으로 갑작스럽게 감찰관 자리를 떠나게 되리라고 생각했던 적은 없었다. 자리에 연연할 이유는 전혀 없었지만, 4년 6개월이라는 적지 않은 기간 동안 근무했던 자리인지라 떠날 때 무슨 말을 해야 할지, 어떻게 떠날지 나름 여러 궁리를 해보기도 했었다. 하지만, 엄청난 사건 앞에서 그런 생각들은 모두 다 쓸모없는 것이 되어버리고 말았다. 12월 3일 저녁 하루 일과를 마치고 법무부 사무실을 나서며 그 사무실로 다시는 돌아가보지 못하게 될 줄은 정말 꿈에도 몰랐으니 말이다.

사건 이후 일 년 가까운 시간이 지나며 내란 사태도 어느 정도 정리가 되었다. 아울러 내가 가장 오랜 시간 근무했었던 '검찰' 조직도 이제는 그 이름과 역할이 바뀌고 문을 닫게 되는 상황을 마주하게 되었다. 계엄사태는 온 국민에게 피해를 입혔지만, 그 주모자인 윤석열 본인이 근무했던 검찰청까지 윤석열과 같은 운명을 겪게 되어버렸다. 사태의 주된 책임자라고 할 수 있는 사람들은 자신들의 책임을 전혀 인정하지 않고 있음은 물론, 그 기세등등함은 어디 갔는지 제대로 된 목소리를 전혀 내지 못하고 있기도 하다. 아마도 '소나기'는 피해야겠다는 생각 때문에 그런 것은 아닌가 싶기도 하다.

아마도 그날 계엄이라는 사태를 예상한 사람은 그 사태를 주도한 핵심 주모자들 몇명을 제외하고는 단 한 사람도 없었을 것이다. 핵심 주모자들에게서 공통적으로 느껴지는 특징은, 평범한 일상에 대한 몰이해, 타인의 인격과 삶의 방식에 대한 무시, 권위적 태도, 내가 남과는 다른 대접을 받아야 한다는 특권 의식 등이 아니었나 싶다.

타인의 인격과 가치를 무시하고 수평적 인간관계를 부정하는 사람, 개인의 평온한 일상의 소중함을 이해하지 못하는 사람, 서로 간의 차이를 인정하며 조화롭게 살아가는 우리 사회의 다양성을 정면으로 부정하는 사람, 시대착오적 인간, 극단적 이기주의자이거나 정신착란에 빠진 사람이 아니고서는 그와 같이 엄청난 일을 함부로 저지를 수 없을 것이라는 생각을 하기도 했다.

당연한 말이겠지만, 시대착오적 인물에 의해 국민들이 일상을 위협받는 이와 같은 사태가 다시는 일어나서는 안 될 것이다. 그런 의미에서 이번 사태를, '자유권', '행복추구권', '권력분립' 등의 헌법 가치를 다시 한번 되새겨 보며 이를 지키고

자 하는 각오를 세우는 계기로 삼았으면 한다.

한편으로는, 사태 와중에서 검사들에 대한 국민들의 불신이 극에 달하여 검찰에 대한 급격한 변화가 이루어지게 되었다. 정해진 유예기간이 끝나면 검찰의 기능과 역할도 축소되고 이름마저 바뀌게 될 예정이기도 하다. 나름의 꿈을 품고 진로를 바꾸어가며 시작했던 검사의 길이 한줌도 안되는 소위 '정치 검사'들에 의해 무너지는 모습을 보는 것이 참담하기만 하다. 어쩌면 젊은 시절 입사하여 평생을 바친 회사가 외부 충격으로 도산하는 모습을 경험하는 회사원들의 심정이 이런 것이 아닐까 싶기도 하다. 내가 열심히 살아온 인생과 그간의 노력을 송두리째 부정당하는 느낌이 들기도 한다.

공직을 떠난 내 마음이 이럴 진데, 아직도 검찰에 남아 묵묵히 자신의 일에 충실해 온 수많은 후배들의 심정이 어떠할까 생각하면 마음이 무겁기만 하다. 때로는 '원인 제공자'라고 할 수 있는 사람들에 대한 비난과 분노를 한껏 늘어놓고 싶기도 했다. 하지만 그런 한편으로는 이런 엄청난 변화의 시기에 지나간 과거 일들을 이것저것 이야기하는 것이 과연 합당한 일일지 걱정스럽기도 하다.

사무실로부터 배달되어 온 짐을 정리하며 예전 사진들을 찾아보기도 하고 예전의 일들을 하나둘씩 기억해 보았다. 함께 일했던 동료들을 만나 즐겁게 옛 추억을 이야기하기도 했다. 이야기하는 내내 동료들의 표정에서 얼핏 '우리가 그처럼 열심히 해온 일들이 다 부질없는 일이었던가' 하는 서글픔 비슷한 감정이 엿보이기도 했다. 여러 생각 끝에 남다른 경로로 검사가 되어 평범한 동료들과 함께 내 나름 열심히 살아온 과정과, 그 길에서 만난 여러 사람들의 이야기를 차분히 정리해 보는 것도 어쩌면 의미가 있을 것이라고 생각하게 되었다.

겸손함과는 거리가 먼, '검사스러운' 모습에 실망한 국민들이 참으로 많은 듯하다. 하지만, 내 주변에는 일터에서 주어진 직업의 본질과 업무에 충실하려고 최선을 다하고, 직장 이외의 장소에서는 정말 평범한 모습으로 살아가는 모습의 검사들도 적지 않았다고 분명하게 이야기할 수 있다. 나 자신도 검사라는 직업이 우리 사회의 평범한 이웃들의 일상을 다루는 자리임을 한시라도 잊지 않으려 노력했다. 또한 평범한 직장인으로 훌륭한 선배, 훌륭한 동료들과 함께 근무할 수 있어 행복한 시간이기도 했다.

비록 검찰청이 폐지되는 법률이 통과되고, 기능과 역할에 큰 변화를 겪게 되었지만, 그래도 그 기능과 역할에 충실하려고 했던 수많은 '평범한' 검사, 수사관들의 노력이 모두 존재하지도 않았던 일처럼 잊혀지는 것은 너무나도 서글픈 일이다. 그런 이유에서 이 책을 통해 평범한 노력을 간단히라도 기록으로 남겨두고 싶은 마음이 생겼는지도 모르겠다. 멋진 무용담이나 화려한 수사 경험을 다룬 내용이 아니더라도, 한때 검찰에서 일하던 사람들이 어떻게 살고 일했는지를 남겨두는 것도 나름의 의미가 있을 것이다.

내 자신을 돌아보면, 당연히 실수가 없지 않았고 부족한 것도 너무나도 많았다. 철없고 여러모로 부족하기만 했던 초임 시절의 일들이 떠올라 부끄러움에 얼굴이 붉어질 때도 있다. 하지만, 훌륭한 선후배, 동료들의 도움, 가족들의 믿음과 격려 덕분에 조금이나마 성장할 수 있었고, 처음보다는 조금이라도 나아진 모습으로 공직을 떠날 수 있게 되어 너무나도 감사하다.

때로는 헤매고 방황하기도 했지만, 누가 뭐라고 하든 묵묵히 내 자신의 길을 걷기 위해 노력했다. 그 과정에서 만난 좋은 사람들이 내 삶의 길잡이가 되어주었다. 그들의 다양한 삶으로부터 많은 것들을 느끼고 배울 수 있어서 너무나도 행복했다. 각양각색 다양한 모습으로 살아가는 사람들을 지켜보는 것만으로도 벅찰 정도의 감동을 느낄 때도 있었다. 어려운 상황에서 가족들의 격려와 지지에 큰 안도감을 얻기도 했다. 지금까지 내가 살아온 과정과 공직 생활이 모두 이런 분들이 격려와 응원에 힘입은 것임은 너무나도 분명하다.

지난 12. 3. 사태 이후 위로와 격려를 해주시는 분들을 종종 만날 수 있었다. 그런 격려가 내 자신의 모습을 온전히 유지하며 흔들리지 않고 꿋꿋이 일상을 회복할 수 있는 힘을 주었다. 그런 분들께도 이 기회를 빌려 고맙다는 말씀을 드리고 싶다. 그런 말을 들을 때마다 그날의 내 선택과 행동이 지금까지 받아온 여러 사회적 혜택과 보살핌에 작은 보답이 되었을 수도 있겠다는 생각에 안도감이 들기도 한다.

사태 이후 일 년 가까이 흐른 지금, 이제는 과거의 모든 일들을 훌훌 털어버리고 완전한 일상으로 돌아갈 때가 되었다. 이제 공직을 떠났으니 더 즐겁고 행복한 일상이 될 수도 있을 것이라는 생각에 마음이 들떠 슬며시 웃음을 지을 때도 있다.

돌이켜 보면 부족한 내가 여기까지 잘 버텨올 수 있도록 여러모로 도와준 분들께 고마운 마음만 그득할 뿐이다. 시간과 공간을 함께했던 모든 분들께 진심으로 감사드리고 모두 행복하시기를 기원하며 글을 맺는다.